本项目由深圳市宣传文化事业发展专项基金资助

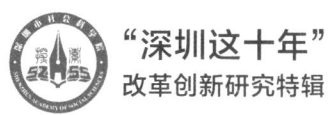

"深圳这十年"
改革创新研究特辑

产耀东 著

飞地经济实践论

新时代深汕特别合作区发展模式研究

中国社会科学出版社

图书在版编目（CIP）数据

飞地经济实践论：新时代深汕特别合作区发展模式研究／产耀东著.
—北京：中国社会科学出版社，2022.11
（"深圳这十年"改革创新研究特辑）
ISBN 978-7-5227-1028-0

Ⅰ.①飞… Ⅱ.①产… Ⅲ.①区域经济发展—经济发展模式—研究—广东 Ⅳ.①F127.65

中国版本图书馆 CIP 数据核字（2022）第 216537 号

出 版 人	赵剑英
责任编辑	党旺旺
责任校对	李　莉
责任印制	王　超

出　　版	中国社会科学出版社
社　　址	北京鼓楼西大街甲 158 号
邮　　编	100720
网　　址	http://www.csspw.cn
发 行 部	010-84083685
门 市 部	010-84029450
经　　销	新华书店及其他书店
印　　刷	北京明恒达印务有限公司
装　　订	廊坊市广阳区广增装订厂
版　　次	2022 年 11 月第 1 版
印　　次	2022 年 11 月第 1 次印刷
开　　本	710×1000　1/16
印　　张	14
字　　数	208 千字
定　　价	95.00 元

凡购买中国社会科学出版社图书，如有质量问题请与本社营销中心联系调换
电话：010-84083683
版权所有　侵权必究

作者简介

产耀东,现任深圳市人民政府副秘书长。1990年7月,中南政法学院(现中南财经政法大学)本科毕业。2016年12月,获得武汉大学博士学位,经济社会学研究方向。参与编写、主编过多部书籍,2012年中国财政经济出版社出版其主编的《财务总监纵横谈》一书。毕业后,在纪检监察和国资国企系统工作多年。2016年6月起,先后任深汕特别合作区管委会常务副主任(正局级)、管委会主任、党工委书记,深圳对口帮扶汕尾指挥部总指挥,挂任深圳市人民政府副秘书长和汕尾市委常委、副市长。2021年4月起,任现职。

内容简介

针对区域经济协调发展这一课题，本书以深汕特别合作区为例，详细介绍了深汕飞地的缘起、中国特色飞地经济的发展、中国飞地与国外飞地的不同、飞地发展的理论演变进程等内容，深刻剖析了合作区由三方共管到两方合作再到一方全面主导的利与弊，深入阐释了深汕飞地发展为什么采用将培育内生性创新动能与建立区域诱导增长极、产业梯度转移、要素禀赋互补相结合的组合式经济发展模式，科学论证了规划引领、基础先行、平台带动、产城融合的十六字实现路径，是兼具理论深度与实践高度，系统研究飞地经济发展的专著，对飞地经济发展具有较强的借鉴意义。

《深圳这十年》编委会

顾　　问：王京生　李小甘　王　强

主　　任：张　玲　张　华

执行主任：陈金海　吴定海

主　　编：吴定海

总序一

突出改革创新的时代精神

在人类历史长河中,改革创新是社会发展和历史前进的一种基本方式,是一个国家和民族兴旺发达的决定性因素。古今中外,国运的兴衰、地域的起落,莫不与改革创新息息相关。无论是中国历史上的商鞅变法、王安石变法,还是西方历史上的文艺复兴、宗教改革,这些改革和创新都对当时的政治、经济、社会甚至人类文明产生了深远的影响。但在实际推进中,世界上各个国家和地区的改革创新都不是一帆风顺的,力量的博弈、利益的冲突、思想的碰撞往往伴随着改革创新的始终。就当事者而言,对改革创新的正误判断并不像后人在历史分析中提出的因果关系那样确定无疑。因此,透过复杂的枝蔓,洞察必然的主流,坚定必胜的信念,对一个国家和民族的改革创新来说就显得极其重要和难能可贵。

改革创新,是深圳的城市标识,是深圳的生命动力,是深圳迎接挑战、突破困局、实现飞跃的基本途径。不改革创新就无路可走、就无以召唤。作为中国特色社会主义先行示范区,深圳肩负着为改革开放探索道路的使命。改革开放以来,历届市委、市政府以挺立潮头、敢为人先的勇气,进行了一系列大胆的探索、改革和创新,不仅使深圳占得了发展先机,而且获得了强大的发展后劲,为今后的发展奠定了坚实的基础。深圳的每一步发展都源于改革创新的推动;改革创新不仅创造了深圳经济社会和文化发展的奇迹,而且使深圳成为"全国改革开放的一面旗帜"和引领全国社会主义现代化建设的"排头兵"。

从另一个角度来看,改革创新又是深圳矢志不渝、坚定不移的命运抉择。为什么一个最初基本以加工别人产品为生计的特区，变成了一个以高新技术产业安身立命的先锋城市？为什么一个最初大学稀缺、研究院所数量几乎是零的地方，因自主创新而名扬天下？原因很多，但极为重要的是深圳拥有以移民文化为基础，以制度文化为保障的优良文化生态，拥有崇尚改革创新的城市优良基因。来到这里的很多人，都有对过去的不满和对未来的梦想，他们骨子里流着创新的血液。许多个体汇聚起来，就会形成巨大的创新力量。可以说，深圳是一座以创新为灵魂的城市，正是移民文化造就了这座城市的创新基因。因此，在经济特区发展历史上，创新无所不在，打破陈规司空见惯。例如，特区初建时缺乏建设资金，就通过改革开放引来了大量外资；发展中遇到瓶颈压力，就向改革创新要空间、要资源、要动力。再比如，深圳作为改革开放的探索者、先行者，向前迈出的每一步都面临着处于十字路口的选择，不创新不突破就会迷失方向。从特区酝酿时的"建"与"不建"，到特区快速发展中的姓"社"姓"资"，从特区跨越中的"存"与"废"，到新世纪初的"特"与"不特"，每一次挑战都考验着深圳改革开放的成败进退，每一次挑战都把深圳改革创新的招牌擦得更亮。因此，多元包容的现代移民文化和敢闯敢试的城市创新氛围，成就了深圳改革开放以来最为独特的发展优势。

40多年来，深圳正是凭着坚持改革创新的赤胆忠心，在汹涌澎湃的历史潮头劈波斩浪、勇往向前，经受住了各种风浪的袭扰和摔打，闯过了一个又一个关口，成为锲而不舍的走向社会主义市场经济和中国特色社会主义的"闯将"。从这个意义上说，深圳的价值和生命就是改革创新，改革创新是深圳的根、深圳的魂，铸造了经济特区的品格秉性、价值内涵和运动程式，成为深圳成长和发展的常态。深圳特色的"创新型文化"，让创新成为城市生命力和活力的源泉。

我们党始终坚持深化改革、不断创新，对推动中国特色社会主义事业发展、实现中华民族伟大复兴的中国梦产生了重大而深远的影响。新时代，我国迈入高质量发展阶段，要求我们不断解放思想，坚持改革创新。深圳面临着改革创新的新使命和新征程，市委市政府推出全面深化改革、全面扩大开放综合措施，肩负起创建社会主义现代化强国的城市范例的历史重任。

如果说深圳前40年的创新，主要立足于"破"，可以视为打破旧规矩、挣脱旧藩篱，以破为先、破多于立，"摸着石头过河"，勇于冲破计划经济体制等束缚；那么今后深圳的改革创新，更应当着眼于"立"，"立"字为先、立法立规、守法守规，弘扬法治理念，发挥制度优势，通过立规矩、建制度，不断完善社会主义市场经济制度，推动全面深化改革、全面扩大开放，创造新的竞争优势。在"两个一百年"历史交汇点上，深圳充分发挥粤港澳大湾区、深圳先行示范区"双区"驱动优势和深圳经济特区、深圳先行示范区"双区"叠加效应，明确了"1+10+10"工作部署，瞄准高质量发展高地、法治城市示范、城市文明典范、民生幸福标杆、可持续发展先锋的战略定位持续奋斗，建成现代化国际化创新型城市，基本实现社会主义现代化。

如今，新时代的改革创新既展示了我们的理论自信、制度自信、道路自信，又要求我们承担起巨大的改革勇气、智慧和决心。在新的形势下，深圳如何通过改革创新实现更好更快的发展，继续当好全面深化改革的排头兵，为全国提供更多更有意义的示范和借鉴，为中国特色社会主义事业和实现民族伟大复兴的中国梦做出更大贡献，这是深圳当前和今后一段时期面临的重大理论和现实问题，需要各行业、各领域着眼于深圳改革创新的探索和实践，加大理论研究，强化改革思考，总结实践经验，作出科学回答，以进一步加强创新文化建设，唤起全社会推进改革的勇气、弘扬创新的精神和实现梦想的激情，形成深圳率先改革、主动改革的强大理论共识。比如，近些年深圳各行业、各领域应有什么重要的战略调整？各区、各单位在改革创新上取得什么样的成就？这些成就如何在理论上加以总结？形成怎样的制度成果？如何为未来提供一个更为明晰的思路和路径指引？等等，这些颇具现实意义的问题都需要在实践基础上进一步梳理和概括。

为了总结和推广深圳的重要改革创新探索成果，深圳社科理论界组织出版《深圳改革创新丛书》，通过汇集深圳各领域推动改革创新探索的最新总结成果，希冀助力推动形成深圳全面深化改革、全面扩大开放的新格局。其编撰要求主要包括：

首先，立足于创新实践。丛书的内容主要着眼于新近的改革思维与创新实践，既突出时代色彩，侧重于眼前的实践、当下的总结，同时也兼顾基于实践的推广性以及对未来的展望与构想。那些已经产生重要影响并广为人知的经验，不再作为深入研究的对象。这并不是说那些历史经验不值得再提，而是说那些经验已经沉淀，已经得到文化形态和实践成果的转化。比如说，某些观念已经转化成某种习惯和城市文化常识，成为深圳城市气质的内容，这些内容就可不必重复阐述。因此，这套丛书更注重的是目前行业一线的创新探索，或者过去未被发现、未充分发掘但有价值的创新实践。

其次，专注于前沿探讨。丛书的选题应当来自改革实践最前沿，不是纯粹的学理探讨。作者并不限于从事社科理论研究的专家学者，还包括各行业、各领域的实际工作者。撰文要求以事实为基础，以改革创新成果为主要内容，以平实说理为叙述风格。丛书的视野甚至还包括那些为改革创新做出了重要贡献的一些个人，集中展示和汇集他们对于前沿探索的思想创新和理念创新成果。

第三，着眼于解决问题。这套丛书虽然以实践为基础，但应当注重经验的总结和理论的提炼。入选的书稿要有基本的学术要求和深入的理论思考，而非一般性的工作总结、经验汇编和材料汇集。学术研究需强调问题意识。这套丛书的选择要求针对当前面临的较为急迫的现实问题，着眼于那些来自于经济社会发展第一线的群众关心关注的瓶颈问题的有效解决。

事实上，古今中外有不少来源于实践的著作，为后世提供着持久的思想能量。撰著《旧时代与大革命》的法国思想家托克维尔，正是基于其深入考察美国的民主制度的实践之后，写成名著《论美国的民主》，这可视为从实践到学术的一个范例。托克维尔不是美国民主制度设计的参与者，而是旁观者，但就是这样一位旁观者，为西方政治思想留下了一份经典文献。马克思的《法兰西内战》，也是一部来源于革命实践的作品，它基于巴黎公社革命的经验，既是那个时代的见证，也是马克思主义的重要文献。这些经典著作都是我们总结和提升实践经验的可资参照的榜样。

那些关注实践的大时代的大著作,至少可以给我们这样的启示:哪怕面对的是具体的问题,也不妨拥有大视野,从具体而微的实践探索中展现宏阔远大的社会背景,并形成进一步推进实践发展的真知灼见。《深圳改革创新丛书》虽然主要还是探讨深圳的政治、经济、社会、文化、生态文明建设和党的建设各个方面的实际问题,但其所体现的创新性、先进性与理论性,也能够充分反映深圳的主流价值观和城市文化精神,从而促进形成一种创新的时代气质。

写于 2016 年 3 月
改于 2021 年 12 月

总序二

中国式现代化道路的深圳探索

党的十八大以来,中国特色社会主义进入新时代。面对世界经济复苏乏力、局部冲突和动荡频发、新冠肺炎病毒世纪疫情肆虐、全球性问题加剧、我国经济发展进入新常态等一系列深刻变化,全国人民在中国共产党的坚强领导下,团结一心,迎难而上,踔厉奋发,取得了改革开放和社会主义现代化建设的历史性新成就。作为改革开放的先锋城市,深圳也迎来了建设粤港澳大湾区和中国特色社会主义先行示范区"双区驱动"的重大历史机遇,踏上了中国特色社会主义伟大实践的新征程。

面对新机遇和新挑战,深圳明确画出奋进的路线图——到2025年,建成现代化国际化创新型城市;到2035年,建成具有全球影响力的创新创业创意之都,成为我国建设社会主义现代化强国的城市范例;到21世纪中叶,成为竞争力、创新力、影响力卓著的全球标杆城市——吹响了新时代的冲锋号。

改革创新,是深圳的城市标识,是深圳的生命动力,是深圳迎接挑战、突破困局、实现飞跃的基本途径;而先行示范,是深圳在新发展阶段贯彻新发展理念、构建新发展格局的新使命、新任务,是深圳在中国式现代化道路上不懈探索的宏伟目标和强大动力。

在党的二十大胜利召开这个重要历史节点,在我国进入全面建设社会主义现代化国家新征程的关键时刻,深圳社科理论界围绕贯彻落实习近平新时代中国特色社会主义思想,植根于深圳经济特区的伟大实践,致力于在"全球视野、国家战略、广东大局、深圳担当"四维空间中找准工作定位,着力打造新时代研究阐释和学习宣传习近平新时代中国特色社会主义思想的典范、打造新时代国际传播典范、打造新时代"两个文明"全面协调发展典范、打造新时代文化高质量发展典范、打造新时代意识形态安全典范。为此，中共深圳市委宣传部与深圳市社会科学联合会（社会科学院）联合编纂《深圳这十年》，作为《深圳改革创新丛书》的特辑出版，这是深圳社科理论界努力以学术回答中国之问、世界之问、人民之问、时代之问，着力传播好中国理论，讲好中国故事，讲好深圳故事，为不断开辟马克思主义中国化时代化新境界做出的新的理论尝试。

伴随着新时代改革开放事业的深入推进，伴随着深圳经济特区学术建设的渐进发展，《深圳改革创新丛书》也走到了第十个年头，此前已经出版了九个专辑，在国内引起了一定的关注，被誉为迈出了"深圳学派"从理想走向现实的坚实一步。这套《深圳这十年》特辑由十本综合性、理论性著作构成，聚焦十年来深圳在中国式现代化道路上的探索和实践。《新时代深圳先行示范区综合改革探索》系统总结十年来深圳经济、文化、环境、法治、民生、党建等领域改革模式和治理思路，探寻先行示范区的中国式现代化深圳路径；《新时代深圳经济高质量发展研究》论述深圳始终坚持中国特色社会主义经济制度推动经济高质量发展的历程；《新时代数字经济高质量发展与深圳经验》构建深圳数字经济高质量发展的衡量指标体系并进行实证案例分析；《新时代深圳全过程创新生态链构建理念与实践》论证全过程创新生态链的构建如何赋能深圳新时代高质量发展；《新时代深圳法治先行示范城市建设的理念与实践》论述习近平法治思想在深圳法治先行示范城市建设过程中的具体实践；《新时代环境治理现代化的理论建构与深圳经验》从深圳环境治理的案例出发探索科技赋能下可复制推广的环境治理新模式和新路径；《新时代生态文明思想的深圳实践与经验》研究新时代生态文明思想指导下实现生态与增长协同发展的深圳模式与路径；《新时代深圳民生幸福标杆城市建设研究》提出深圳民生幸福政策体系的分析框架，论述深圳"以人民幸福为中心"的理论构建与政策实践；《新时代深圳城市文明建设的理念与实践》阐述深圳"以文运城"的成效与经验，以期为未来建设全球标杆城市充分发挥文明伟力;《飞地经济实践论——新时代深汕特别合作区发展模式研究》以深汕合作区为研究样本在国内首次系统研究飞地经济发展。该特辑涵盖众多领域,鲜明地突出了时代特点和深圳特色,丰富了中国式现代化道路的理论建构和历史经验。

《深圳这十年》从社会科学研究者的视角观察社会、关注实践,既体现了把城市发展主动融入国家发展大局的大视野、大格局,也体现了把学问做在祖国大地上、实现继承与创新相结合的扎实努力。"十年磨一剑,霜刃未曾试",这些成果,既是对深圳过去十年的总结与传承,更是对今天的推动和对明天的引领,希望这些成果为未来更深入的理论思考和实践探索,提供新的思想启示,开辟更广阔的理论视野和学术天地。

栉风沐雨砥砺行,春华秋实满庭芳,谨以此丛书,献给伟大的新时代!

2022年10月

目　　录

引　言 ……………………………………………………（1）

第一章　深圳汕尾飞地经济合作的缘起 ……………………（8）
　第一节　深汕特别合作区的基本情况 …………………………（8）
　第二节　21世纪的课题：区域经济协调发展 …………………（15）
　第三节　飞地与飞地经济溯源 …………………………………（22）
　第四节　中国特色飞地经济的兴起 ……………………………（27）
　第五节　深圳与汕尾的飞地经济合作 …………………………（31）

第二章　深汕特别合作区的建立与发展 ……………………（37）
　第一节　深汕飞地经济合作的发展沿革 ………………………（37）
　第二节　从要素禀赋结构看特区与老区的携手 ………………（43）
　第三节　早期的管理模式：从三方共管到两方合作 …………（51）
　第四节　困境与反思：飞地管理模式的问题及其成因 ………（59）

**第三章　飞地新模式——深圳主导下的组合式
　　　　　发展模式** ……………………………………………（66）
　第一节　发展模式创新：建立区域经济增长极 ………………（66）
　第二节　攻坚克难：在探索与突破中前行 ……………………（74）
　第三节　再上层楼：培育内生性创新增长动能 ………………（81）
　第四节　管理模式创新：体制机制改革与制度建设 …………（88）

第四章　规划引领：基于新发展理念的战略布局 …………（94）
　第一节　引领前行：未来15年的发展蓝图 ……………………（94）

第二节　空间规划：飞地新城建设的战略布局 …………（102）
　　第三节　基础设施规划：引领高标准的公共服务 …………（109）

第五章　基础先行：迈向高新智慧新城的第一步 …………（121）
　　第一节　基础设施建设的适度超前发展模式 …………（121）
　　第二节　内联外通：交通基础设施建设 …………………（127）
　　第三节　全面夯基：市政基础设施建设 …………………（134）
　　第四节　对标深圳：公共服务设施建设 …………………（139）
　　第五节　超前谋划：合作区的智慧城市基础设施建设 ……（144）

第六章　平台带动：以政府杠杆撬动市场力量 ……………（149）
　　第一节　企业服务平台与产业带动平台 …………………（149）
　　第二节　打造创新产业带动平台　加速创新要素集聚 ……（155）
　　第三节　打造现代服务业带动平台
　　　　　　挖掘优势要素潜力 ……………………………（162）

第七章　产城融合：实现经济社会双跨越发展 ……………（171）
　　第一节　合作区"产城融合"的提出背景与实现路径 ……（171）
　　第二节　深汕"产城融合"先行尝试——聚焦鹅埠 ………（178）
　　第三节　精准扶贫5.0：以产城融合推动乡村振兴 ………（187）
　　第四节　深汕理念与价值的融合——基层治理 ……………（196）

参考文献 …………………………………………………………（203）

后　记 ……………………………………………………………（207）

引　言

深汕特别合作区原属汕尾市海丰县。我对海丰最早的认识来自中学语文课本里徐向前元帅所写的那篇《奔向海陆丰》，因此在我印象中这里是一个革命老区。1999年，因公出差的时候路过海丰县，早晨从繁忙建设中的深圳出发，向东奔驰100多公里，就进入了海丰县的鹅埠镇。汽车行驶在324国道上，车窗外是一片片大大小小的农田，不时可以看见当地农民在濛濛细雨中披着蓑衣，耕作于路旁的田间，一些简陋的村舍散落在远处的山脚下。这里几乎感受不到现代化的气息，与深圳的朝气蓬勃形成了强烈的反差。此后又好几次经过，每次总会有一种很强烈的感觉，那就是深圳年年都在变，像一个生命力极其旺盛的青年一直在大步奔跑，而这里却完全是另外一番景象，一年、两年、五年、十年，海丰县西部这片土地似乎一直在原地踏步。改革开放以来，珠三角地区的发展日新月异，而咫尺之遥的海丰县依然是被贫穷困扰的革命老区，一直未能改变落后面貌。每次看到这里的田野村庄都不免心生感慨，但在当时也只是感慨而已，从未曾想到自己会和这片土地结下一段不解之缘。

进入21世纪，党中央提出区域协调发展战略，这片土地终于迎来了发展的契机。2008年，在广东省实施产业转移战略的背景下，深圳与汕尾合作在海丰县鹅埠镇建立深汕产业转移工业园，拉开了通过飞地经济合作推动区域经济协调发展的序幕。2011年，产业转移工业园升级为省级特别合作区。2016年，我被安排到深汕特别合作区工作。上任前，市委、市政府领导找我谈话，明确交代第一天上班就要认真干，"你的任务，就像小孩摆积木一样，把产业项目一个个做起来，把美好蓝图变成一个个的现实"。到任之初，我踏遍了这里的山山水水，丈量了几乎所有的即将可建设的土地。这片土地虽然经过八年的建设，但这里的发展依然面临重重困难，仍然是十几栋破旧厂房，只有腾讯数据中心在运营；村道狭窄且坑洼不平，只有今天的创元路较宽，但认不出三股道哪个是主干道；给人的总体感觉就是杂乱无序，只有合作区管委会展厅——今天的政和楼一栋一楼大厅摆放着一张大幅的合作区规划效果图，图上是整齐有序的道路，错落有致的厂房、居民楼、商场、公园。

"创新引领发展，实干再造新城"。五年过去了，现在的深汕特别合作区已经发生了天翻地覆的变化，偏僻农村变成了滨海新区、产业新城，一座滨海智慧新城正逐渐显露出它独特的风采。作为深汕飞地经济的建设者之一，我亲身见证了深汕人充满艰辛而又卓有成效的奋斗历程。

始于 21 世纪初的中国飞地经济建设具有其独特性。一是以人民为中心的发展思想，作为解决区域经济发展不平衡问题的一种可行路径登上历史舞台，因此与西方殖民时代的飞地经济、当代"国际飞地"有本质上的区别。它绝不是损人利己的掠夺性经济活动，也不是以跨国公司等企业的利益为导向的一桩生意，而是以服务人民为宗旨，其初心、使命、任务与西方截然不同。二是以中国独特的国情与区情为依据，突破行政区划的限制，探索经济发展的新路径与新模式。三是以市场为动力，以飞出地与飞入地自愿合作为前提，运用市场经济的原则、方法和手段，充分发挥市场机制在资源配置中的基础性作用，充分发挥企业的市场主体作用。四是以政府为先导，政府在尊重市场规律的前提下，在飞地经济的战略定位、发展模式选择、发展规划引领等方面充分发挥先导作用，成为撬动市场力量的杠杆。

由于上述特殊性，21 世纪的中国飞地经济建设在很多方面既无成熟的理论可作指导，又无现成的经验可资借鉴。因此深汕人一直是在探索中砥砺前行，在百折不挠地攻坚克难中闯出一条新路。回首合作区的十年探索与实践，建设者们就如黎明前的早行者，在不断摸索中顽强前进，在走过最艰难崎岖的一段路途之后，如今终于是东方欲晓，看清了前面的道路。本书就是这一探索过程的真实记载，力图将深汕特别合作区对飞地经济的理论思考与实践探索展现在读者面前。

在21世纪中国特色的飞地经济建设中，极为关键的是发展模式的选择与具体实现路径的设计。在模式选择方面，最为重要的是飞地经济发展模式与飞地经济管理模式，深汕特别合作区对之进行了不懈的探索与创新；在具体实现路径的设计方面，深汕特别合作区提出了"规划引领、基础先行、平台带动、产城融合"十六字发展思路，有力保证了战略发展目标的实现。因此本书围绕上述重要问题逐一展开。

在21世纪飞地经济兴起之初，国内大多采用的是产业梯度转移模式，即经济相对发达的地区输出产业项目，而欠发达的地区提供土地交给前者管理，利税双方共享。这种模式有利于欠发达地区启动工业化、现代化的进程，能够实现一定程度上的共同发展。但在大多数情况下，依靠产业梯度转移并不能有效地缩小欠发达地区与发达地区的差距，尚不能保证实现真正意义上的协调发展；并且对于欠发达地区来说，这种具有较大的被动性的产业输入，往往很难充分发挥出本地的优势。

随着产业梯度转移模式的局限性在具体实践中被逐渐认识，飞地经济建设者们开始采用具有一定主动性的要素禀赋互补投入模式，即飞入地与飞出地从各自内在条件与外部环境状况出发，在对飞地的要素投入上灵活地实现优势互补，以形成适合于发展某些产业的要素禀赋结构，建立起发展这些产业的区域比较优势。这种模式的优势在于飞地对目标产业的选择具有了相当的主动性。

近些年来，国内的一些飞地还尝试建立区域经济增长极这一发展模式，即围绕推进性的工业部门主导组织具有活力的、高度联合的一组产业，其自身不仅能迅速增长，还能借助乘数效应推动其他部门的增长。在中国特色的飞地经济建设中，区域经济增长极一般不是由市场机制支配自发生成，而是充分发挥中国的制度优势，由政府通过科学的计划，充分发挥杠杆作用而引导生成的"诱导增长极"。此模式的优势是能够以主导产业带动相关产业的发展，有利于形成具有规模效应的产业集群；其不足之处则在于，在飞地采用这种发展模式，其产业经济对外部依赖性较大，难以形成内生性经济增长力量。

因此，深汕特别合作区创造性地提出了另外一种飞地经济发展模式——培育内生性创新增长动能，按照新结构经济学理论，有为的政府和有效的市场共同发挥作用，即除了发挥"自上而下"的政府推动力量，还充分利用"自下而上"的市场推动力量，尤其是技术创新的推动力量。设法在飞地形成内生性经济发展动力，并通过制度创新来促进区域创新系统、集群创新系统的形成。

在飞地经济发展模式的探索方面，深汕特别合作区经历了由单纯的产业梯度转移模式向组合式发展模式转变的过程。所谓组合式发展模式，就是将培育内生性创新动能与产业梯度转移、要素禀赋优势互补、建立区域诱导增长极四者组合在一起，使之相互补充、相互促进。这是国内外没有过的尝试，没有先行者的经验可资借鉴，深汕特别合作区率先做出了探索，并取得了显著成效。

选择什么样的飞地经济发展模式，就需要有什么样的飞地经济管理模式与之配套。既然深汕特别合作区选择了尚未有人尝试的发展模式，那么合作区管理机构必须对既有的体制、机制进行改革，创新出适应这种发展模式需要的飞地经济管理模式，探索政府、市场双重机制推动可持续发展的新模式与新路径。

"事非经过不知难"。从 2017 年起，深汕特别合作区对飞地经济管理模式进行了大胆创新，实现了合作区从两方共管向深圳全面主导的转变，并大力推进相关的制度建设。后来的事实证明，这一卓有成效的改革极大地提升了深汕飞地的建设和发展速度。

在模式选择之后，深汕特别合作区又科学设计了具体实现路径，提出了"规划引领、基础先行、平台带动、产城融合"的十六字发展思路。

中国特色飞地经济最突出的特点是市场与政府两只手共同作用，市场机制与政策机制相互协调、相互促进。在飞地经济建设前期，如果仅依靠市场机制的作用配置资源，需要经过反复多次的自发调节，在经历相当长的时期之后方能实现最优化。如果一个有为的政府能够在遵循市场规律的前提下，充分发挥先导作用，将能够大大缩短这一过程。而政府发挥先导作用，首先表现在对飞地经济发展进行科学的规划，充分发挥规划的战略引领与刚性控制作用。深汕特别合作区党工委、管委会在对整体性、长期性、基本性问题进行认真研究的基础上，依据客观情况与现实条件，为实现既定战略目标而科学地设计整套行动方案，从战略和战术上确立了未来十五年的行动纲领，以合理的规划引领飞地经济坚持正确发展方向，引领飞地建设始终坚持新发展理念，引领市场力量践行适宜的经济发展模式，引领各政府部门科学推进、积极作为。

建设一座城如同下好一盘棋，需要审时度势，立足长远谋划布局。深汕特别合作区的规划绘制的是一幅高新智慧新城的蓝图，将蓝图变为现实的第一步就是基础设施建设。在选择基础设施建设发展模式上，合作区党工委、管委会认为，有两个最为重要的因素必须同时予以考虑：一是需要适应合作区的战略定位，需要有利于实现总体发展目标；二是需要立足于现实条件，并最大限度地发挥其作用。在经过审慎研究之后，深汕特别合作区明确提出采取"基础先行"，提前为发展积蓄能量、备足后劲，避免基础设施建设滞后可能形成的发展瓶颈。"先行"有两重含义，一是基础设施建设先于城市主体功能，二是在基础设施建设上要先行一步，采用适度超前的发展模式。前者是所有产业、产业新城建设的共性要求，而后者则是深汕飞地依托深圳建设高新智慧新城、实现跨越式发展的个性特点。合作区党工委、管委会在基础建设的设计、规划与建设上极为注重短期、中期、长期相结合的原则，即当前必须有的基础设施应以"深圳速度"加紧建设，对于在不久的将来就会需要的基础设施可超前一步建设，对于稍长一段时期后可能需要的基础设施预留建设空间。

在中国特色的飞地经济建设中，政府的先导作用不仅体现在"规划引领""基础先行"两个方面，在这之后还需要继续发挥杠杆作用，撬动市场力量，即以合理的方式引导、带动目标产业的形成与发展。"基础先行"为产业的引进、可持续发展打下坚实的硬件基础。在制度安排方面，合作区继续发挥政府杠杆作用，采用平台带动来撬动市场力量。平台带动是指在政府主导下，有计划地、系统性地为目标产业准备其起步、发展所需要的各种条件，营造良好的营商环境，集聚市场力量，以有效带动、加速目标产业的发展。合作区首先通过制定合理政策，创造良好的营商环境，建立高效的企业服务平台；然后针对不同目标产业的特点，建立具有适配性的产业带动平台。目前，合作区建立的这些平台，对先进制造产业、生态康养产业、文化旅游产业的带动作用显著。

在中国特色的飞地经济建设中，必须把产业发展、城市建设与乡村振兴紧密结合起来，推动新型工业化、信息化、城镇化、农业现代化同步发展，加快形成工农互促、城乡互补、全面融合、共同繁荣的新型工农城乡关系。产城融合发展是科学统筹产业的引进发展和城市功能提升与完善。合作区将乡村振兴的战略规划、产业规划与城市规划有机衔接在一起，使乡村能够借飞地高新智慧新城建设的东风，快速提升公共服务基础设施水平，推进公共服务均等化，增强贫困群众的获得感。此外，合作区还通过产城融合发展全面加速贫困地区的城镇化、现代化进程，不仅与贫困地区在产业上合作共建，而且高标准地进行市政基础设施建设，快速提升公共服务水平，并以城市发展带动乡村振兴，呈现"城中有村、村中有城"的"都市乡村、田园城市"，实现经济社会双跨越发展，实现城乡双跨越发展。这种以产兴城、以城带乡的一体式扶贫，充分发挥了中国特色飞地经济建设的独有优势，有望走出一条具有飞地特色的脱贫之路，实现共同富裕。

"飞得这么远、飞得这么大、飞得这么彻底"的深汕特别合作区走过了一段极不平凡的艰辛历程，闯出了一条升级赶超的发展之路，以建设一座城市来带动周围的发展，把特区设在老区人民家门口，深入打造区域协调发展的飞地经济"样本"，这就是我写本书的缘由。

这段艰辛历程，深汕特别合作区的同事们给予了大力支持，没有大家一块苦、一块干、一块拼，这个"拼图"也难以实现，他们的鼎力协助有力地推动了我的实践研究和理论探索。在这里，我要衷心地感谢他们！

为了便于读者更好地从理论上理解和思考本书的内容，我引用了一些专家学者的观点。在此对原作者表示感谢,不妥之处请指正。

当前国内对飞地经济的理论研究尚罕见专门著作,因此笔者不揣浅陋,提出自己的拙见,以作抛砖引玉之用。限于学识与水平,书中的错谬之处应不少,恳请专家、学者、读者予以批评指正。

第一章　深圳汕尾飞地经济合作的缘起

第一节　深汕特别合作区的基本情况

深汕特别合作区下辖鹅埠、鲘门、小漠、赤石（含圆墩林场）四镇，原属广东省汕尾市的海丰县。陆地面积468.3平方千米，海域面积1152平方千米。截至2019年，区内户籍人口约为7.73万人。

一　陆海通达：合作区的地理区位

深汕特别合作区所辖四镇一场地处广东省东南沿海，位于北纬22°—23°，东经115°—116°。这里东接潮汕平原，西连珠三角，恰处于深圳与汕头两市中间。从陆路来看，合作区西与惠州市接壤，距惠州市中心70千米，距深圳市坪山区仅60千米，距深圳市中心福田120千米，距香港特别行政区185千米，距广东省会广州市200多千米；向东距揭阳市170多千米，汕头市200多千米；抵达珠三角城市群与粤东城市群的车程均在2小时左右。合作区位于粤东南红海湾边缘，拥有50.9千米的优质海岸线及天然优良的深水湾。从海路来看，合作区南距太平洋国际主航道仅12海里，东距汕尾港35千米，西距盐田港80千米，海上距离香港特别行政区仅一个半小时的航程。

二　海山胜境：合作区的自然环境

合作区地容地貌与深圳基本相似，兼有高山、丘陵、台地、平原、湿地，地势呈西北高、东南低的特点。西北部高山逶迤，横峰侧岭，坡陡谷幽，云蒸霞蔚；中部丘陵起伏，坡势低缓，茂林修竹，清泉潺潺；东南部台地错落，田地肥沃，当地人民世世代代耕作于此；南部接连红海湾，沿岸湿地密布，沙滩蜿蜒。

合作区地处北回归线南侧，属亚热带季风气候，常年光热充足，雨量充沛，加之依山傍海，因此拥有许多得天独厚的优势。西北部高耸的莲花山脉形成一道天然的屏障，不仅可以拦截从北方南下的冷空气，还能够阻挡从南海北上的低压气旋，使之在山脉南坡形成降雨带。这使得此地冬无严寒，夏无酷暑，长年气候温暖湿润。所谓"朔风怒吼树犹绿，寒气凛冽花尚红"，极具四季"花开不败，青树常绿"的岭南特色。并且，合作区空气质量优异，环境空气综合质量指数在广东省一直排名前列。

群峰耸立的山势、丰沛的降雨量，使得合作区西部、北部的水系相对发达。贯穿全境的赤石河是合作区内最大的河流，全长36千米，流域面积达382平方千米[1]，覆盖鹅埠、赤石两镇，流入小漠镇的沙浦渡后，在鲘门镇和小漠镇的交界处形成湖泊，名为"赤湖"，再向东注入南海小漠湾。赤石河两岸风光绮丽，由于这里基本没有工业污染，因此水体质地优异，例如赤石河上游的水质达到二类以上标准，可以直接饮用。同时，赤石河的水势落差较大，利于开发水电。赤石河的主要支流包括东坑河、鸡笼山水、大蕉围河、明热河、明溪河、凤河、南门河、九渡水等。其中，明热河上游的天然温泉是上天对此地的一大恩赐，温泉水质偏硅酸，富含氟、氡。占地680亩的水底山温泉山庄，在100余万亩原生森林环绕之中，是粤东最大的温泉池区[2]。

从总体看，合作区25°坡以下范围面积237.7平方千米，森林覆盖率79.79%。面朝碧波万顷的南海，坐拥富庶肥沃的平原，更有青翠宜耕的台地、连绵起伏的丘陵和层峦叠嶂的高山，乃是兼具多种地形地貌的风水宝地，自古就有"海山胜境"的美称。

---

[1] 《海陆丰历史文化丛书》编纂委员会：《海陆丰历史文化丛书（卷一）·人文志略》，广东人民出版社2013年版，第15—22页。

[2] 深汕合作区水底山温泉庄园网站，http://www.yulvhotel.com/hotel-972.aspx。

三　源远流长：合作区的历史沿革

在商、周时期，海丰地区隶属的百越之地，尚无鲜明的区域划分。至秦朝平定百越，始设立南海郡，海丰及今深圳宝安等地划归其管辖。东晋咸和六年（公元331年），晋成帝重新设郡置县，设置海丰县（源于"临海物丰"之意）连同宝安、怀安、兴宁、海安、欣乐五县，同属广东中东部的东官郡。南朝梁天监二年（公元503年），东官郡被划出一块区域设置梁华郡，下辖今惠州市惠城、惠阳、惠东全境及河源、汕尾海丰等地区，而东官郡辖地仅余今深圳市、珠海市、中山市、增城市、龙门县等地区。隋朝开皇十年（公元590年），全国撤郡设州，合并梁华郡、东官郡、始兴郡、义安郡为循州，直隶中央。至南汉乾亨元年（公元917年），循州下辖的海丰县、河源县、博罗县、归善县被划分出来，设置为祯州。宋真宗天禧四年（公元1021年），为避太子赵祯的名讳，改祯州为惠州。此后的近900年时间里，海丰均属惠州管辖。

中华民国初年（公元1912年），海丰隶属广东潮循道。民国十九年（公元1930年），隶属广东省第四行政督察专员公署。民国廿五年（公元1936年），广东以惠州为东区行政中心，一般称为惠州地区，辖惠阳、博罗、海丰、陆丰、河源、紫金、新丰、龙门8县。1940年3月加辖东莞、增城、宝安，共11县。1947年广东省行政区再作调整，行政督察区分省政府直接督察区和专署行政督察区，专署行政督察区第五区辖惠阳、博罗、海丰、陆丰、河源、紫金、龙门7县。

新中国成立后，海丰属广东省人民政府东江行政专员公署管辖。1950年，惠州地区改称为惠阳地区。1959年，海丰县划归汕头专区；1983年海丰再次划归惠阳地区管辖。1988年，惠阳地区拆分为东莞、河源、惠州、汕尾4市，其中海丰县的汕尾、红草、马宫、东涌、田墘、捷胜、遮浪7个镇的行政区域为汕尾市城区行政区域。自此，海丰县隶属汕尾市。

四　别具风采：人文脉络与民俗文化

自古以来，行政区划的设立与隶属变更，经常是依据地区的资源环境、人文脉络、地形地貌等来确定。合作区所在的海丰县与深圳原属的宝安县，自商周以来曾同属百越之地、东官郡、循州和惠阳地区。相同的行政区划隶属关系，使合作区与深圳的人文脉络从古代起就是同根相连。

海丰与深圳有着极其相近的人文精神。两地同处于东南沿海，原住民均主要以出海捕鱼为生。天长日久，人民丰富的海上阅历，使这里逐渐形成了勤劳善良又敢于斗争的妈祖文化，对当地民众产生潜移默化的影响。此外，与深圳一样，合作区四镇也紧邻港澳，与东南亚隔海相望，此地的居民自古就远航出海到异域谋生。出没于风涛不测之险的经历，逐渐培育出当地人不畏艰难、自强不息、敢为人先的侨乡文化，这与敢闯敢试的深圳特区精神异曲同工。

合作区所属的海丰是一片积淀了丰富民俗底蕴的土地。早在石器时代，就有一群土著先民在这里繁衍生息。因封建王朝兴衰更替带来的战乱与饥荒，让中原地区的人民饱受磨难，为远离动荡不安的时局，寻求和谐稳定的生活，他们南下迁徙到岭南地区，成为具有特殊身份的汉族支系——客家人。并由此形成了风貌独特的客家民系，逐渐开拓出独具风格的岭南文化。合作区四镇以客家人为主要聚居群体，无论是饮食习惯还是语言风俗，都与深圳龙岗、坪山、大鹏的客家居民有着一脉相承的同根性。

经过数千年的兴衰更替，这里沉淀出极富特色的传统地方民俗，其中最具代表性的要数白字戏、西秦戏、海丰麒麟舞（见图 1.1）。白字戏是用海丰方言演唱的地方剧种，它记载着历代海丰乡民的生活方式与文化思维习惯，富有海丰的乡土文化内涵。西秦戏是海丰的传统戏剧，2006 年被列入第一批国家级非物质文化遗产名录。武术表演类型的麒麟舞则是海丰的传统精华，是汕尾传统民俗活动之一，优美动听的伴乐和舒展可爱的舞蹈动作，令人赏心悦目；精彩纷呈的武术表演高潮迭起，具有很高的审美和娱乐价值。

合作区唯一的少数民族聚落——红罗畲族有 300 多年的历史，聚居了近 200 人。它位于合作区鹅埠镇上北村。一直以来，畲族聚居于环境相对封闭的山地，这使其传统的畲族文化得以保存，比如

(a) 白字戏

(b) 西秦戏

(c) 海丰麒麟舞

图1.1　白字戏　西秦戏　海丰麒麟舞

资料来源：海丰县文化馆供图。

红罗村的方言是中国畲语保存最完整的村落之一。在饮食方面，畲族人的食材大多取自天然，为保留食材原味，极少使用酱油等佐料。特色食品有萝卜糕，不仅美味还有祛湿等功效；此外，糯米酒、蜂蜜、山货也是畲族人不可或缺的特色美食。在服饰方面，畲族服饰图案的创作者大多是土生土长的劳动妇女，在设计和制作过程中她们随心所欲，别出心裁；技法上或挑中带绣，或织绣结合，从而使这些服饰图案花团锦簇、流光溢彩，显示出鲜明的畲族艺术特色。每年农历三月三的"乌饭节"是畲族人最盛大的节日，每逢此时，红罗村人都会穿上传统民族服饰，摆上畲族长桌饭，共同举办一场盛大的篝火晚会，展现别具特色的畲族舞蹈。这些独特的地方民俗成为此地的一张特色名片。

五　红色记忆：激情燃烧的岁月

在这块土地上，最激动人心的是深植于此的红色革命基因。海丰地处海防前沿，在近代西方列强殖民入侵与动荡不安的大革命时期，充满斗争精神的海丰人民不堪屈辱，奋起反抗。中国无产阶级革命家、中国共产党的早期重要领导人彭湃是广东省海丰县人。1923年，他在海陆丰成立了中国历史上第一个总农会，点燃了广东农民运动的燎原之火。1927年，彭湃在老家海丰建立苏维埃政权，掀起中国县级红色苏维埃革命政权建设的第一个高潮，同时也创建了海陆丰革命根据地，成为中国革命农村包围城市、武装夺取政权胜利道路的早期试验地之一。毛泽东称彭湃为"农民运动大王"、中国农民运动领袖。

在彭湃的领导下，海陆丰地区以开展农民运动和创立革命根据地而扬名于世，功昭史册！党的十一届六中全会确定海陆丰为全国十三块红色革命根据地之一。在近现代历史上，海陆丰是中国大规模农民运动和武装斗争的发源地、中国第一个县级苏维埃政权诞生地、中国最早开展土地革命的试验田，以及新民主主义革命时期广东省的红色革命火种集聚地。

1927年，南昌起义爆发后，其中一只革命队伍在广州起义失败，由徐向前等率领的红四师一路杀敌突围，翻山越岭，奔向海陆丰。在即将入境之时，海陆丰的工农民众在中共海陆丰县委的领导下，举行了第二次工农武装起义，积极响应党中央独立武装斗争、建立革命政权的号召，接纳了奔向海陆丰的周恩来、徐向前等革命志士，共同在赤石、碗窑等地奋勇拼杀，用鲜血与生命书写了海陆丰辉煌的红色历史。

1937年，日寇悍然发动"七七"事变，开始全面侵华。1941年日寇侵犯海陆丰[①]，饱受日寇摧残蹂躏的海丰人民，在中共地下党的团结下于海丰县成立青抗会，揭开了海丰人民抗日救亡运动的序幕。后期，青抗会等队伍与东江纵队的支队联合成立了东江纵队第六支队，与敌、伪、顽进行了近百次战斗，指挥著名的赤石、鲘

[①] 周波：《抗日战争前后海陆丰商业状况》，载中国人民政治协商协会汕尾市委员会文史资料工作委员会《汕尾文史（第二辑）》，汕尾市政协协议和文史委员会1992年版，第47—48页。

门、高潭三大战斗，并参与东纵组织的香港知名民主人士大营救，为抗日救亡不屈斗争。

合作区四镇中的赤石镇更是承载了丰富的红色历史。1925，周恩来率国民革命军东征军黄埔军校将士经过鹅埠镇水背村，突破赤石镇双宫岭守敌，成功跨过羊蹄岭驿道。第二次国内革命战争时期，海丰县第四区苏维埃政府在赤石镇成立。1929 年，中国工农红军第十七师第四十九团第二营在赤石镇明热峒延兴寨成立。1945 年，东江纵队第六支队在赤石镇大安峒成立，三年后，海陆丰人民自卫队在赤石镇改编为东江纵队第一支队的第五团和第六团，赤石镇的革命队伍不断壮大，革命力量也在日渐强大。1949 年 7 月，鹅鲘赤 1000 多人在赤石镇红场举行工农兵代表誓师大会，宣布海丰西部率先解放，赤石镇成为海陆丰解放的起点。

在大革命时期、土地革命时期、抗日战争时期和解放战争时期，海陆丰人民为了革命胜利，英勇不屈、不畏牺牲，进行了长期艰苦的革命斗争，在中国共产党革命史上留下了光辉灿烂的一页，为开创中国革命前进道路、夺取中国革命伟大胜利做出了重要贡献，也做出了巨大的牺牲。无数先烈为这片他们热爱的土地抛头颅、洒热血，澎湃、曾生、颜汉章、陈潮等人就是杰出的代表，他们领导的革命运动给这块土地深深植入了敢为人先、百折不挠的红色基因。据不完全统计，从土地革命到抗日战争再到解放战争期间，海陆丰参军达 2 万多人，支援前线人数近 30 万人，先后牺牲 3 万多人，其中有姓名查考的烈士多达 4349 人，未留下姓名的烈士难以计数，他们是海陆丰人民永远的骄傲与自豪！

第二节　21 世纪的课题：区域经济协调发展

一　区域经济发展不平衡问题

中国的经济发展战略经历了从均衡（20 世纪 50—70 年代）到非均衡（20 世纪 80—90 年代）再到协调发展（21 世纪）的动态演进过程。新中国成立后的一段历史时期内，全国的经济发展在计划经济体制下进行布局，采用的是均衡发展战略。至改革开放之初，改革开放的总设计师邓小平提出让部分地区先发展起来，然后由先发展起来的地区带动后发展的地区，最终达到共同富裕的战略构想。中国开始突破计划经济体制的束缚，遵循发挥比较优势的原则，经济发展战略从均衡模式转向非均衡模式。在这段时期，具有地理区位和资源禀赋优势，受到国家政策支持的东部沿海地区，率先实现了经济快速发展。这极大地增强了中国的经济实力，也深刻改变了国民经济的格局。在创造持续高速增长的"经济奇迹"的同时，也伴生了典型的发展中大国区域经济发展不平衡的问题。从全国范围看，东部沿海地区与中、西部地区的发展差距逐渐拉大；从各个区域看，不论是先发地区还是后发地区，其内部也普遍存在不同程度的经济落差。例如，广东省内的经济发展水平出现了明显阶梯，珠三角成为高阶地区，粤东、粤西、粤北成为低阶地区。

广东省是改革开放的排头兵，尤其是在1992年邓小平同志南方谈话后，更是加快了改革开放的前进步伐。珠三角地区凭借优越的地理区位、相对低廉的劳动力成本和优惠政策等优势，吸引了来自港澳台乃至全球的制造业进入，从而实现了经济高速发展，广东省也跃升为中国第一经济大省。同时，与其他地区一样，广东省的区域经济发展不平衡问题也日益突出，不同地区市县的经济发展差距持续拉大，粤东、粤西、粤北的发展迟滞与珠三角的高歌猛进形成了鲜明对比。从省内不同地区的GDP上看，2001—2008年粤东西北地区与珠三角地区的差距呈扩大趋势（见表1.1）。

表1.1　2000—2008年珠三角与粤东西北地区GDP及差值　　单位：亿元

	2001年	2002年	2003年	2004年
珠三角	9559.45	10953.96	12956.68	15485.39
粤东西北	2967.55	3181.16	3550.18	4079.27
差　额	6591.90	7772.80	9404.50	11406.11
	2005年	2006年	2007年	2008年
珠三角	18244.47	21686.34	25759.83	29945.66
粤东西北	4633.31	5457.80	6503.64	7741.13
差　额	13611.16	16228.55	19256.19	22204.53

资料来源：《广东统计年鉴2001—2009》。

从表1.1可见，分布在广东省东西两翼及北部的地区，没有像珠三角地区一样在改革开放的浪潮中实现经济腾飞。2001年，珠三角地区与粤东西北地区GDP差额为6591.9亿元；并且此后差距以年均2000多亿元的速度扩大，7年后（2008年）这一数值增加至22204.53亿元，相当于粤东西北地区2008年GDP总额的2.87倍。并且，地区间GDP差额的年度增加值基本上也呈逐年上升趋势，这意味着区域之间在加速拉开差距。

除GDP外，城市基础设施、基本公共服务也是地区经济发展状况的重要衡量指标。受经济发展水平的制约，粤东西北地区交通基础设施滞后，医疗卫生资源供给不足，教育资源尤其是优质教育资源也严重缺乏。与珠三角相比，粤东西北地区每平方公里的桥梁数约为珠三角地区的三分之一，每万人拥有的载客汽车数不足珠三角地区的五分之一；每万人执业医师数约为珠三角地区的一半；三个地区的学校数和高中毕业生人数均不足珠三角地区的一半（见表1.2）。这些不利的经济社会条件因素也会降低企业到粤东西地区投资设厂的意愿，进而制约当地产业发展与产业结构的优化升级。

表1.2　　2008年珠三角与粤东西北地区基本公共服务水平

	每万人执业医师数（人）	每万人拥有床位数（床）	每平方公里桥梁数（座）	每万人拥有载客汽车数（辆）	学校数（所）	高中毕业生数（万人）
珠三角	19.99	32.70	19.44	448.91	1892	22.36
粤东	8.98	14.50	11.19	106.54	804	9.21
粤西	9.46	21.93	7.03	61.73	735	11.33
粤北	12.30	23.13	5.55	65.54	921	10.58
粤东西北	10.26	19.80	6.65	78.29	2460	31.12

资料来源：《广东统计年鉴2009》。

以上数据表明，尽管广东省的发展在中国处于领先位置，但省内的经济水平也呈现明显的阶梯分布。广东省社科院发布的"2007年广东省地区综合竞争力评估与分析报告"，将广东省21个地级市

18　飞地经济实践论

按照经济发展水平分为三大类：一类地区为经济发展水平较高的城市，包括广州、深圳、东莞、佛山、珠海和中山6个，其中广州与深圳两市GDP已经超过万亿元；二类地区为经济发展水平中等的城市，包括肇庆、惠州、江门、汕头、潮州、茂名和韶关7个；三类地区为经济发展水平较低的城市，包括阳江、汕尾、揭阳、湛江、河源、云浮、清远和梅州8个。

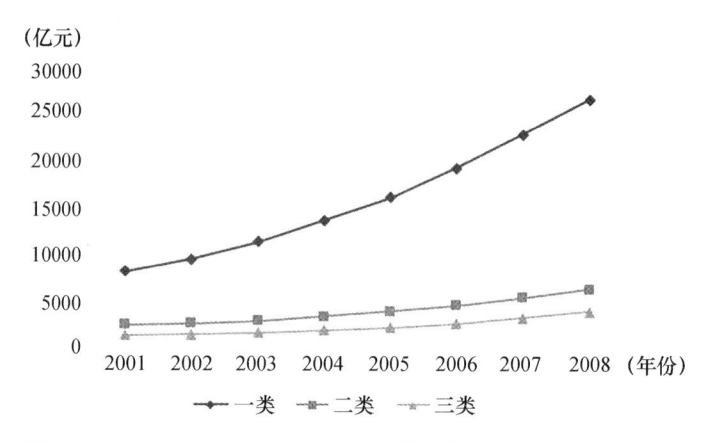

图1.2　2001—2008年一、二、三类经济发展水平城市GDP
资料来源：作者自制。

从图1.2可见，一类、二类、三类地区的经济发展水平呈现阶梯状，且一类地区与二、三类地区之间经济发展水平的差距越来越大。如果这种三级阶梯的趋势长期得不到扭转，将不仅是一个经济问题，而且会逐渐演变为重大的政治与社会问题。

二　区域经济发展不平衡的形成原因及治理要求

要破解区域经济发展不平衡难题，首先必须深刻认识其形成原因。新古典主义经济发展理论认为，市场机制能自发调节资源配置，从而使不同地区的经济得到均衡发展。但是，这不仅与包括中国在内的许多发展中国家的经济发展事实不符，而且很多一直推崇市场机制的发达国家也并未实现区域均衡发展。

对这一问题的思考，瑞典经济学家冈纳·缪尔达尔（Karl Gunnar Myrdal）提出的"地理二元经济结构"理论与"累积性因果循环效应"具有借鉴价值。缪尔达尔对新古典主义经济学基于静态均衡分析方法得出的结论持批判态度，他认为影响社会经济发展的各个因素之间存在动态的相互作用，社会经济的发展过程是一个由动态变化的多种因素（包括产出与收入、生产和生活水平、制度和政策等六大因素）相互作用、互为因果、循环积累的非均衡发展过程。[①] 当某一影响社会经济发展的因素发生变化，会引起另一影响社会经济发展的因素也随之变化，而后一因素的变化，又会反过来加强前一因素的变化，导致社会经济沿着最初那个因素变化的方向发展，从而形成累积性循环的趋势，缪尔达尔将其称为"累积性因果循环效应"。一些在社会经济发展因素方面占据优势的地区，其经济增长速度会高于其他地区，因而地区之间的经济发展水平会产生差距，并且这种差距会导致"累积性因果循环效应"。"累积性因果循环效应"类似于控制论中"正反馈效应"，它使发达地区不断积累有利因素，形成良性循环，因此其发展愈加超前；使欠发达地区难以积累有利因素，甚至流失有利因素，陷入恶性循环，因此其发展愈加落后。这种效应导致地区间的经济差距越拉越大，最终形成发达地区与欠发达地区并存的地理上的二元经济结构。

　　地理上的二元经济结构理论揭示了非均衡发展战略兼具利弊的现实。一方面，由于不同地区的基础、条件必然存在差异，因此经济发展不可能在空间上同时产生和同步增长，而是从一些基础、条件具有优势的地区开始。发展中国家在经济发展的初级阶段采用非均衡发展模式，首先让一些优势地区发展起来，是实现其经济发展目标的一种明智选择；另一方面，至少在相当长的一段发展时期内，市场机制一般趋向于强化而不是弱化区域间的不平衡。由于"累积性因果循环"效应，通常会使发展快的地区发展得更快，发展慢的地区发展得更慢。因此，能否实现区域经济协调发展，关键取决于如何使欠发达地区克服"累积性因果循环效应"。对此，缪尔达尔等认为，促进区域经济协调发展不应完全依赖市场力量，需

---

① 施祖麟：《区域经济发展：理论与实证》，社会科学文献出版社2007版，第118页。

要政府进行有力干预。这对于发展中国家解决地区经济发展不平衡问题具有重要的启示意义。

进入21世纪，区域经济发展不平衡问题引起中央的高度重视。基于对国情与区情的深刻洞察，2003年10月党的十六届三中全会高度评价自确定社会主义市场经济体制改革目标以来，中国经济体制改革在理论与实践上所取得的重大进展，并提出"五个统筹"，即统筹城乡发展、统筹区域发展、统筹经济社会发展、统筹人与自然和谐发展、统筹国内发展和对外开放，以更大程度地发挥市场在资源配置中的基础性作用，为全面建设小康社会提供强有力的保障。

统筹区域发展的宗旨是逐步解决地区发展不均衡问题。为推动区域经济协调发展，党的十六届三中全会通过的《中共中央关于完善社会主义市场经济体制若干问题的决定》（以下简称《决定》）提出西部大开发、振兴东北老工业基地、鼓励中部地区崛起等区域经济发展战略，这标志着中国的经济从非均衡发展进入协调发展的新阶段。《决定》还特别强调，统筹区域发展的主体是政府，关键在于发挥政府的杠杆作用。这意味着政府必须肩负起探索、实行新的区域发展模式的使命，在中国区域经济将迎来一个全新的发展阶段之时，各级政府需要按照中央提出的建成完善社会主义市场经济体制和更具活力、更加开放的经济体系的战略部署，加快推进改革，进一步解放和发展生产力，为经济发展和社会全面进步注入强大动力。

在中央大政方针的指导下，全国各省、自治区、直辖市都把探索区域经济协调发展作为重要任务，各级地方政府都深刻意识到自己的主体责任，对实现本地的区域经济协调发展的可行路径展开积极探索与实践。广东省各级政府也早已认识到，区域经济不协调问题已经成为制约广东经济持续繁荣发展的绊脚石。

三 广东省区域经济协调发展的早期探索与实践

一直以来，广东省委、省政府都高度重视区域协调发展的问题，结合自身发展实际，科学谋划、创新政策制度来推动"粤东西北"与"珠三角"地区的协调发展，针对此三类地区提出"分类指导、梯度推进、协调发展、共同富裕""中部地区领先，东西两翼齐飞，广大山区崛起"等区域发展战略方针。

早在1993年，时任广东省委书记谢非在广东省六届八次全会上提出："（广东）东西两翼要加快开发开放，提高经济发展速度，力争十年内赶上珠三角经济发达区现在的水平。"[①] 当时，广东省政府就曾推出一系列政策举措扶持欠发达地区发展。1998年，时任广东省委书记李长春进一步拓宽区域发展思路，提出要鼓励珠三角经济区的部分加工业向粤东粤西地区转移，将产业结构优化与区域经济协调相结合，帮助培训和吸纳落后地区的劳动力，促进共同发展。2002年，广东省委第九次代表大会将"区域协调发展战略"作为新世纪广东省实施的四大战略之一。在谋划这一战略时，时任广东省委书记张德江将注意力转向欠发达地区的工业化、产业转型升级，更加关注产业转移问题，首次提出"积极引导和促进珠三角产业向山区转移"。从这一系列重要战略的提出可以看出，广东省在不遗余力地探索一条区域协调发展之路。

2003年10月党的十六届三中全会在提出"五个统筹"之时，还指出实现区域统筹发展必须确定梯度转移的路径。梯度转移是当时世界各国普遍采用的推动区域经济发展的方式。依据产业梯度转移理论，不同国家、一个国家的不同地区通常会处在不同的经济发展梯度上，可以通过由高梯度向低梯度传递资源和生产要素的方式，构建协调发展的经济格局。当时广东省正逐步呈现三级阶梯的经济格局，因此如何依据广东省的具体情况，通过产业梯度转移来实现各地区的协调发展，成为各级政府主要的探索路径。

2005年广东省政府下发了《关于我省山区及东西两翼与珠江三角洲联手推进产业转移的意见（试行）》，着手推进珠三角地区的加工贸易产业向粤东西北及东西两翼转移。广东省是中国经济发展水平最高和市场化、国际化程度最高的省份之一。随着世界经济结构的调整，新一轮国际产业转移的加速，珠三角地区以加工贸易型产

---

① 彭碧玉：《广东区域协调发展40年》，中山大学出版社2018年版，第28页。

业为主要特征的经济结构受到极大挑战。珠三角地区要在国际国内的激烈竞争中保持优势，必须转变经济增长方式，实现产业的优化升级。而经过多年的快速发展后，珠三角地区土地资源、环境承载力与经济发展的矛盾越来越突出，严重制约着产业的优化升级。因此，实施产业转移战略对珠三角地区来说是"腾笼换鸟"，将一部分产业转移出去，为新兴主导型产业的发展腾出空间；而对经济发展滞后的粤东西北地区来说，承接从珠三角转移的产业，将有助于推动当地工业化与现代化的进程；对于广东省来说，有计划的产业转移能够推进全省土地资源共享，实现珠江三角洲资金、管理、信息、品牌与山区及东西两翼地区土地、自然资源等经济发展要素的优势互补，是优化全省经济结构的有效途径。

在推动产业梯度转移的过程中，产业转移工业园成为其中一种新的区域间合作发展模式。产业转移工业园由低阶地区的政府划出一定面积的土地，由高阶地区政府负责组织规划建设，这实质上是一种飞地经济。飞地经济由来已久，但在中国独特的国情与经济社会发展战略的背景下，中国飞地经济与以往的西方飞地经济有着截然不同的特点，它是促进区域协调发展、促进发达地区产业优化升级、提振贫困地区经济发展速度的重要实践。

第三节　飞地与飞地经济溯源

一　飞地的概念

"飞地"最早见于1526年英法两国签订的《马德里条约》（The Treaty of Madrid），此后，飞地逐渐成为欧洲外交语言中的一个重要术语。《牛津地理学词典》对飞地的定义是，在一个国家内却被另一个国家管辖的，和本国经济联系较少，主要受外国资本支配的小块区域。在国际上，飞地的形成与国际关系发展和政治格局演变有着密切关系，主要起源于历史上的侵略战争和殖民掠夺，一些具有较强军事力量的国家通过战争的方式取得对殖民地的实际控制权。例如俄罗斯的加里宁格勒州是一块著名的飞地，它位于波罗的海东岸立陶宛和波兰之间，1945年被俄罗斯攻占并迁入大批俄罗斯人，现已成为俄罗斯通往欧盟的重要窗口，也是其与北约抗衡的前沿阵地，这块飞地对俄罗斯具有重要的地缘政治和军事战略意义。再如，美国的阿拉斯加州、德国的布辛根、曾经的东巴基斯坦（今孟加拉国）等，都可以看作这些国家在本土之外的行政飞地。

在中国，飞地的概念来源于"插花地"。《地理学词典》将"插花地"解释为"各种穿插交错和经界不正之地的总称，根据基本形象分为飞地和犬牙之地"。飞地作为插花地的一种类型，指"因历史背景、资源分布与开发、地区经济发展与人口疏散等需要，在行政区外但属于行政区管辖的土地"。

可见，从飞地的早期释义来看，不论是国外还是国内，都是从地理学的角度强调其空间上的分离性和行政管理上的特殊性，强调飞地土地所有权或行政管辖权与土地所在位置分离的现象。[1][2] 只是由于历史背景的不同，西方国家的飞地概念偏向于强调国家的域外领土，而中国的飞地概念主要偏向于强调一国之内的行政区。

随着世界范围内城镇化进程的加快，飞地概念在20世纪被进一步细化到城市的层面。《新词语大词典》认为飞地是指现代化城市由于生产工艺或原材料相互关联而出现的，处于城市行政界线之外但行政隶属关系、经济管理、职工户口等都属于该城市的辖地。也有学者认为，飞地是指城市规划建设时与原建城区空间上不相连的新用地，但新用地与原城区保持密切的政治经济联系，如许多大城市的卫星城。这些看法主要还是强调飞地在地理空间上的非连续性，但是随着"飞地"一词在经济社会等领域被广泛应用，它被赋予了更多的内涵。例如还有FDI飞地、自由贸易区、经济特区等与周围存在经济差异和隔离的"经济飞地"[3]；因移民流的持续和扩大导致许多国家大城市形成了一些异族或国外出生者相互杂居、聚居

---

[1] Parks Virginia, "The Gendered Connection Between Ethnic Residential and Labor-Market Segregation in Los Angeles", *Urban Geography*, Vol. 25, No. 7, 2004.

[2] 刘云刚、叶清露、许晓霞：《空间、权力与领域：领域的政治地理研究综述与展望》，《人文地理》2015年第3期。

[3] 姚丹燕、刘云刚：《从域外领土到飞地社区：人文地理学中的飞地研究进展》，《人文地理》2019年第1期。

或散居的"民族飞地",如华人聚居的唐人街[①];因资本主义国家的全球扩张带来一波又一波拓殖、移民和族群流散的浪潮,导致文化背景不同的族群互相碰撞、冲突、融合而形成的规模不一、层次复杂的"文化飞地"[②]。除此以外,还有"宗教飞地""语言飞地"等,这些飞地更加强调环境的差异性。并且,还有学者将飞地界定为一个城市中在经济、文化和劳动力等结构上具有独特性的一小块城市区域,称为"异质性飞地"[③]。

由于本书的主旨是探讨中国的飞地经济,因此参考上述各种观点,对飞地作如下定义:飞地指位于某一行政区域之中(飞入地)而为另一行政区(飞出地)管辖,以地理空间分离性、行政管理特殊性为典型特征的土地。此外,还有因环境异质性而产生的"异质性飞地",这类飞地一般不具备行政管理特殊性的特点,也不在本书探讨的范围之内。

由于地理空间的分离性与行政管理的特殊性,飞地必然同时与飞入地、飞出地在政治、经济、社会等方面存在联系。飞地在空间上是飞入地的直接组成部分,而与飞出地是隔离的,但飞出地可以通过行使行政权力来规范或控制飞地的内部运行模式,以促进飞出地与飞地在分离的空间上形成飞跃式的接触。[④] 对于飞出地而言,飞地的设置会增加其行政管理的难度和成本[⑤],但是也能为其提供额外的利益;对于飞入地而言,飞地可能成为嵌入其辖域的"搅局者",也可能成为助推其发展的窗口和桥梁。飞地可以为原本隔离的飞出地和飞入地带来跨越地理空间的接触,这可能增加两者之间合作的机会,形成共同发展的局面,也可能导致两者形成对抗的

[①] 管彦波:《关于民族地理学学科体系建设中相关概念的辨析》,《北方民族大学学报》(哲学社会科学版)2010年第3期。

[②] 张德明:《文化飞地的空间表征》,《杭州师范大学学报》(社会科学版)2012年第6期。

[③] 王先锋:《"飞地"型城镇研究:一个新的理论框架》,《农业经济问题》2003年第12期。

[④] 刘云刚、叶清露、许晓霞:《空间、权力与领域:领域的政治地理研究综述与展望》,《人文地理》2015年第3期。

[⑤] 周福:《四川宜宾、泸州地区晚清民国飞地研究》,硕士学位论文,西南大学,2019年,第85页。

局面。

二 飞地经济的演变历程

早期飞地概念的内涵尤为注重因地理空间的分离而具有特殊的行政管理方式,这实质上是强调飞地的政治含义。此后,飞地在经济发展方面的重要作用越来越受到重视,其政治用途逐渐淡化。在学术研究和实际工作中,人们开始注重飞地的经济价值,将经济活动与飞地结合起来,由此形成了"飞地经济"的概念。

起初,学术界对飞地经济概念的界定主要是建立在对一些特殊经济现象和模式的分析解读上,将飞地经济定义为突破了行政区划限制的经济实体及由此形成的生产关系。[1] 有学者认为殖民扩张是飞地经济的雏形,例如西方国家在美洲、非洲、亚洲建立各类殖民地、贸易港口、租界等,都是属于飞地经济的早期践行方式。[2] 追根溯源,殖民地经济应该是飞地经济的起源。一些强国为了在殖民地获取更大的利益,除侵略与掠夺之外,还跨越国界,在与本国不相连接的其他国家或地区的土地上发展产业,于是形成了早期的飞地经济。实际上,飞地经济的最早实践活动,一般都带有经济掠夺性。第二次世界大战后,随着殖民时代的结束,一些发达国家转而采用政治经济手段,在一些发展中国家建立工业区,将其称为"国外飞地"。这些"国外飞地"虽然不再是殖民地,但其进行的经济活动主要由飞出地即发达国家控制,一般与其所在的飞入地的政治经济联系微弱,在经济结构、经济作物、经济状态等方面也与飞入地有所不同。[3] 因此,将突破国界或行政区划限制而形成的经济实体的生产关系的总和定义为飞地经济,突出的是飞出地与飞地之间的空间分离性与飞出地对飞地的控制。

此后,随着国际经济活动不断丰富,尤其是20世纪80年代新

---

[1] 皮啸菲:《发展飞地经济下区域产业与用地整合模式研究》,硕士学位论文,南京大学,2011年,第5页。
[2] 李瑜:《飞地经济发展模式研究》,《科技信息》2007年第31期。
[3] 冯云廷:《飞地经济模式及其互利共赢机制研究》,《财经问题研究》2013年第7期。

一轮全球化的到来，飞地与飞入地之间的经济联系变得不容忽视。非殖民地式的飞地，其设置与发展必然涉及飞入地，形成多方主体之间强烈的相关关系。此外，飞地经济的发展形式也不断丰富，除了工业经济，还出现了农业、旅游、金融、物流等多种经济形式。①②③

  关于飞地经济的发展形式，国内外学者主要将其分为以下四类。第一类是移民型飞地经济，指嵌入到一个新社会中的移民团体所进行的经济活动，例如，具有深厚创业文化的叙利亚、伊朗、韩国等国家的移民进入美国，这些移民中有不少人成为商业领袖，创建了飞地经济，极大地提升了美国的城市经济④。第二类是资源型飞地经济，指某个地区拥有某种丰富或特殊的矿产或其他资源，但交由其他地区开采经营，由此产生了资源型飞地经济，例如巴布亚新几内亚大型采矿项目就是资源型飞地经济。⑤ 第三类是旅游型飞地经济，指某些贫困落后的地区拥有某种独特的自然资源和环境，为引入异地资金、人才和技术以开发本地旅游资源而形成了旅游型飞地经济。⑥ 第四类是FDI型飞地经济，它是随着世界贸易经济不断发展，一些国家在域外其他国家进行跨境投资而形成的飞地经济，例如墨西哥的IT产业形成的飞地经济。⑦ 对于飞地经济的影响，一些学者从不同角度进行了研究，如Kaulik和Manash从发达国家的角度出发，认为发展飞地经济可以为其经济的持续增长做出贡献⑧；与此相反，Gallagher和Zarsky以墨西哥的IT产业为例，考察了外国直

---

① 邹千江：《"类飞地型"城市发展模式实例研究》，《商业时代》2009年第9期。
② 赵永杰：《漯河市发展"飞地经济"的思考》，《社科纵横》2010年第5期。
③ 石金友、袁卫民：《青海发展"飞地经济"重点领域及模式选择》，《青海经济研究》2007年第2期。
④ Edward Iwata, "Study shows immigrants 'a real egine' for growth: High Skilled Entrepreneurs Great 'enclave economies'", *USA TODAY, McLean*, February 7, 2007, B5.
⑤ Craig Emerson, "Mining Enclave and Taxation", *Word Development*, Vol. 10, No. 7, 1982.
⑥ 陈友莲：《"旅游飞地"对旅游扶贫绩效的影响及其防范》，《市场论坛》2011年第12期。
⑦ Gallagher Kevin, P. and Zarsky Lyuba, *The Enclave Economy*, Cambridge: The MIP Press, 2007, pp. 12 – 16.
⑧ Gupta Kaulik and Manash R. Gupta, "Foreign Enclaves and Economic Development: A Theoretical Analysis", *Journal of Economics*, Vol. 67, No. 3, 1998, pp. 317 – 336.

接投资对当地经济社会带来的一系列影响，这显然是从飞入地的角度来分析 FDI 型飞地经济的形成与意义。① 由此可见，后殖民时代的飞地经济一般是同时与飞出地、飞入地紧密相关的。

中国学界对飞地经济的认识视角与国外有所不同。有学者认为飞地经济是经营成功但土地资源有限的地区，为寻求更为广阔的发展空间，突破行政区划限制，把企业或产业项目放到非本行政区的其他地区，由此形成了一些工业园区。这些工业园区由飞入地提供土地，飞出地负责土地的开发和区域的规划、发展、经营、管理等经济活动。② 有学者认为，在改革开放初期，中国沿海经济特区和对外开放城市的外资加工产业的兴起与发展也是一种飞地经济现象，这些地区就是外国企业的海外经济飞地。③ 在这种海外经济飞地中极具代表性的是新加坡苏州工业园区，它标志着中国飞地经济的萌芽。

第四节　中国特色飞地经济的兴起

一　21 世纪中国飞地经济的萌芽

中国最早的飞地经济出现于 20 世纪 90 年代。当时新加坡经济处于高速发展阶段，但其国土面积狭小，仅有 580 多平方千米，因而其产业发展空间受限；而中国的改革开放正处于向深度和广度扩展的关键期，中央领导想借鉴新加坡成熟的管理经验，以提振中国的经济发展速度。在推动经济发展的共同利益诉求下，双方商讨合作发展飞地经济。1994 年 2 月国务院批准设立新加坡苏州工业园区，行政区划面积 278 平方千米（其中中新合作区 80 平方千米），于同年 5 月正式启动。对于新加坡来说，在国土面积广袤又与之地理距离相近的中国建立工业园区，可以扩大其自身的发展规模；对

---

①　Gallagher Kevin, P. and Zarsky Lyuba, *The Enclave Economy*, Cambridge: The MIP Press, 2007, pp. 21 – 24.

②　李骏阳、夏惠芳：《开发区"飞地经济"发展模式研究》，《商业经济与管理》2006 年第 2 期。

③　安增军、许剑：《发展"飞地工业"：区域经济协调发展的新思路》，《东南学术》2008 年第 6 期。

于中国来说，与新加坡的合作不仅有利于借鉴其经济社会发展经验，而且能够带动苏州等地的经济增长。新加坡苏州工业园区成功实现了合作双方的互利共赢，也因此被誉为"中国改革开放的重要窗口""国际合作的成功范例"。

中国与新加坡的跨区域合作是中国飞地经济的萌芽。2003年，也就是党的十六届三中全会提出统筹区域发展的同一年，苏州工业园区主要经济指标达到苏州市1993年的水平，因此有人说这相当于在十年时间里再造了一个苏州。苏州工业园区这种飞地经济发展模式取得的成果，对正在思考如何解决区域发展不平衡难题的各地政府具有重要的启示意义。因此自2003年起，中国各地陆续开始对通过发展飞地经济实现产业梯度转移这一新路径进行探索实践。于是，在以发展经济、引进先进技术与管理经验为目的的飞地经济之外，一种以服务于区域经济协调发展战略的飞地经济开始在全国范围内兴起。

江苏省是中国经济发展水平较高的省份之一，由于历史和现实等多种因素，省内经济发展水平自南—中—北呈现显著的梯度差异。为解决区域经济发展不平衡难题，江苏省成为中国探索在省内发展飞地经济的先行者。江苏省政府为促进苏北地区经济发展，决定采用"南北挂钩共建苏北开发区"的发展策略，以期通过政府的强力介入，实现由南至北的产业转移。其中，发展飞地产业园区是产业转移重要方式之一。例如，为了优化靖江的投资环境促进其经济发展，也为了帮助江阴突破原有空间限制，推动企业跨区域扩张，在江苏省委指导下，江阴、靖江两市政府于2003年打破行政区划限制，签署《关于建立江阴经济开发区靖江园区的协议》，在靖江市成立了园区规划面积60平方千米的"江阴—靖江工业园区"。再如，为了加快宿迁经济社会发展步伐，解决苏州工业园区土地空间约束紧问题，由苏州工业园区作为飞出地向宿迁输送产业项目、资金人才、管理经验等，宿迁作为飞入地为苏州工业园区提供土地资源、劳动力等，两市于2006年开始合作共建"苏宿工业园区"。

继江苏省之后，国内许多省份也很快开始积极探索飞地经济，起初也基本上是采用产业梯度转移方式来促成飞入地与飞出地之间的合作。如前所述，21世纪初，广东省也已形成三级阶梯的经济发展格局。2005年广东省政府下发的《关于我省山区及东西两翼与珠江三角洲联手推进产业转移的意见（试行）》明确指出，广东省山区及东西两翼与珠江三角洲联手推进产业转移的形式，是产业转移双方按照合作开发协议，由山区或东西两翼地区政府在本地经国务院、省政府批准设立的开发区、工业园区、高新技术产业开发区和土地利用总体规划确定的建设用地中，整体或部分划出一定面积的土地，设立产业转移园区，由珠江三角洲地区政府负责组织规划、投资、开发、建设和招商引资等工作，并按商定比例在一定时期内进行利益分成。并且，各级政府部门在园区建设上应遵循五个基本原则，即市场导向原则、优势互补原则、集约化发展原则、利益共享原则、可持续发展原则。此外，还特别强调要加强组织领导，合作双方政府的有关部门要在各自职能范围内，研究制定促进产业转移园区建设发展的政策措施，营造有利于产业转移的政务环境。从2005年开始，广东省相继成立了多家产业转移工业园区。例如，2005年5月，河源市政府与中山市政府签订协议，共建"中山（河源）产业转移工业园"；2005年12月，东莞与河源两市开始共建"东莞石龙（始兴）产业转移工业园"；2006年10月东莞与惠州共建的"东莞凤岗（惠东）产业转移工业园"成立。

除江苏省、广东省外，全国绝大部分省份也相继开始了飞地经济的探索与实践。各省依据自身的具体情况，纷纷出台各种指导意见与扶持政策。限于篇幅，在此不对相关情况一一详述。

二 具有中国特色的飞地经济

自2003年起在中国兴起的飞地经济是一种新的经济现象，不仅与西方的殖民地式飞地经济截然不同，而且与当代西方的"国际飞地"也有显著差异。这是因为中国在政治制度、经济发展战略等方面与西方国家存在本质性的区别。具体而言，21世纪的中国飞地经济有以下几个特点。

（一）以人民为中心

中国共产党自成立伊始，就将为人民谋幸福、为民族谋复兴作为自己的历史使命。共同富裕是社会主义的本质要求，是中国式现代化的主要特征。从这一根本点出发，党坚持以人民为中心的发展思想统领各项工作，发展经济是为了增进人民福祉，促进人的全面发展，领导全国人民朝着共同富裕方向稳步前进。正是基于这样的历史使命感，中央提出区域经济协调发展战略。在这种背景下，21世纪的中国飞地经济作为解决区域经济发展不平衡问题的一种可行路径登上了历史舞台。它与西方的殖民时代的飞地经济、当代"国际飞地"在出发点上有本质上的区别，它绝不是损人利己的掠夺性经济活动，也不是以跨国公司等企业的利益为导向的一桩生意。尽管当代的一些"国际飞地"在客观上也带动、促进了飞入地的经济发展，但其主观目的是为资本集团服务，而中国的飞地经济是以服务人民为宗旨，其初心、使命、任务与西方截然不同。

（二）以国情为依据

中国在短短几十年时间内完成了西方发达国家 200 余年的工业化发展过程，走过的是一条世所未有的发展道路，也形成了世所未有的独特国情与区情。一方面，中国在 21 世纪初出现了发展中大国区域经济发展失衡、传统发展模式难以为继等问题；另一方面，在经济发展到一定阶段后，中国的国家治理体系与市场机制之间的张力逐渐显现，行政区划的限制对经济发展要素的顺畅、高效流动产生制约就是其表现之一。例如，一些经济发展水平较高的地区土地资源约束趋紧，而一些经济发展水平较低的地区虽然有较为充足的土地资源，但缺乏资金、人才、项目等条件。囿于行政区划的藩篱，这些经济发展要素难以在区域之间自由流动、匹配，从而使一些发展潜力不能充分发挥出来。因此，必须根据国情、区情继续深化改革，进一步解放思想，探索新的发展路径与发展模式。21 世纪的中国飞地经济就是这种探索的产物，突破行政区划的限制，通过建设异地产业工业园实现产业梯度转移，建设产业飞地是其最早的方式。随着具体情况的不断发展变化，对飞地经济的探索与实践还将与时俱进，不断在各方面进行创新。

（三）以政府为先导

市场机制对于经济发展至关重要，但市场并不是全能的。从国际产业发展的经验与中国的具体实践来看，仅仅依靠市场自身组织机制的作用促进区域产业合作，或者仅仅通过政策扶持和财政转移支付等一般性的行政手段来促进区域经济协调发展，是远远不够的。市场是"看不见的手"，政府是"看得见的手"，社会主义市场经济最突出的特点也是最大的优势，就是尽可能地让两只手各尽所长，相互配合相互促进。这也符合新结构经济学理论"有效市场"和"有为政府"共同作用，推动经济社会发展。21世纪中国飞地经济的成败，关键在于政府能否有效地发挥杠杆作用，即政府在尊重市场规律的前提下，在飞地经济的战略定位、发展模式选择、发展规划引领等方面充分发挥先导作用，成为撬动市场力量的"杠杆"。这也意味着发展飞地经济必须要有一个有为的政府，必须探索出与飞地经济发展模式相适应的政府管理模式。

（四）以市场为动力

21世纪的中国飞地经济是中国特色社会主义市场经济发展过程出现的一种经济现象。发展飞地经济以尊重市场规律为原则，以飞出地与飞入地自愿合作为前提，运用市场经济的原则、方法和手段，充分发挥市场机制在资源配置中的基础性作用，充分发挥企业的市场主体作用。通过对飞入地与飞出地经济发展要素的全面分析，确定优势互补的合作模式，根据内部条件与外部环境要求，确定具有可行性与前瞻性的战略目标，并依据战略目标科学地选择飞地经济的发展模式。由于中国独特的国情，飞地经济发展模式的选择既无现成的经验可资借鉴，亦无系统成熟的理论作为指导，因此探索能够充分发挥市场力量的发展模式是的一项极具挑战性的课题。

第五节　深圳与汕尾的飞地经济合作

一　两种困境：低位徘徊与高位过坎

在中国特色飞地经济兴起之时，深圳与汕尾选择在海丰县的四镇一场携手合作，既是认真贯彻落实中央区域协调发展战略，也是双方基于对经济发展所遇阻碍的深刻认识而做出的战略选择。

在经济发展水平形成阶梯分布一段时间之后,广东省开始面临两个必须解决的问题——欠发达地区的低位徘徊与发达地区的高位过坎。在经济发展基础本来就薄弱的低阶地区,由于与高阶地区的差距进一步拉大,导致这些地区的产业大多严重缺乏形成竞争优势的条件,经济发展面临重重困难。与此同时,一些高阶地区的未来发展道路也并不是平川坦途,也正在或即将遭遇发展的瓶颈。在广东省,汕尾与深圳所遇到的问题分别是这两种困境的代表。

汕尾地区虽然紧邻珠三角,却是广东贫困地区的代表之一。汕尾是革命老区,近现代以来一直处于经济基础薄弱、发展缓慢的状态,兼之此前多年的社会运动消耗了大量的经济社会资源,致使国民经济和社会事业的发展都处于相对落后的状态,民生事业欠账较多。为改变落后面貌,汕尾人民付出了多年的努力。1992年,汕尾市委、市政府响应广东省委、省政府的扶贫号召,提出"中部地区领先,沿海地区崛起,北部地区起步"的经济发展方针,采取"两带两点"发展战略,通过在沿海地区建立"海洋经济开发带",强化基础设施建设,发展海洋产业和港口经济;通过在骨干公路沿线建立"工业经济开发带",巩固传统加工业的发展优势,提高工业产业附加值。虽然经过了10余年的努力,但由于基础薄弱,汕尾经济社会发展步伐依然缓慢,未能摆脱低位徘徊的窘局。

2007年,汕尾仍被划入"第三类城市",其GDP总量在广东省21个市的排名一直是在倒数第二、第三位徘徊;人均GDP仅为广东省平均水平的三分之一,全国平均水平的二分之一。汕尾下一步该如何捕捉发展良机?

深圳当年只是南海边的一座小渔村。20世纪80年代,这座小渔村成为改革开放的"排头兵""试验田"和"窗口",此后创造了举世瞩目的经济发展成就。至2008年,全市生产总值达到7806.54亿元,比1979年增长800多倍,年均增长超过27%;地方财政一般预算收入达到800亿元,比1979年增长4000多倍,年均增长超过35%;人均GDP为89814元,成为中国少有的人均GDP过万美元的城市;深圳集装箱吞吐量已经连续七年居全球集装箱枢纽港第四位，外贸出口总额连续15年居全国大中城市榜首，经济总量连续多年居全国大中城市的第四位。深圳经济特区成立不到30年时，它就已经发展成为拥有逾千万人口、经济繁荣、功能完备、环境优美的国际性大都市，保持着年均27%以上的增长速度，堪称广东省乃至整个中国经济发展的奇迹。在当时中国社科院等权威机构公布的城市综合竞争力评估报告中，深圳名列内地城市榜首。深圳的GDP多年来在广东省排名第二位，仅次于省会广州市（2018年实现反超）。但是，这座特大城市也开始面临诸多问题与挑战，其中最为突出的是空间资源问题。中国香港在170多年时间里共开发了24%的土地面积，而深圳在约30年时间里，土地开发强度已经超过40%，在全省名列第一，正面临严峻的空间资源约束，这种刚性约束必然严重制约深圳经济社会的可持续发展。

深圳要实现长远健康发展，必须"高位过坎"，突破增长极限。这一方面需要探索从要素驱动向创新驱动转变的发展路径，从原有发展模式中破茧而出；另一方面必须解决三大问题，一是土地空间资源约束趋紧，二是能源、水资源等供给受限，三是环境承载力逼近极限。以上三个城市发展问题已对深圳形成倒逼之势，但深圳下一步应该到哪里去寻找新的发展空间？

表1.3　2001—2008年深圳、汕尾GDP在广东21市排名

	2001年	2002年	2003年	2004年	2005年	2006年	2007年	2008年
深圳	2	2	2	2	2	2	2	2
汕尾	20	19	19	19	20	20	20	20

资料来源：《广东统计年鉴2009》。

低阶地区的经济发展陷入低位徘徊的窘局，高阶地区的可持续发展面临"高位过坎"的难关，这是在广东省乃至在全国范围内必须解决的两大难题。在这种背景下，深圳与汕尾合作发展飞地经济被提上议事日程，广东省、深圳市、汕尾市政府的目光投向了汕尾市海丰县的鹅埠、鲘门、小漠、赤石四镇。

二 合作区成立前当地经济发展状况

在飞地经济合作区成立前，作为革命老区的海丰县，因一直未能摘掉贫困地区的帽子，其下辖鹅埠、鲘门、小漠、赤石四镇的经济更是长期处于缓慢发展的状态，成为广东省重点扶持的地区之一。

20世纪90年代，在全国扶持革命老区发展的大背景下，饱经沧桑的海丰县第一次迎来了属于自己的经济大改革。1992年，在汕尾市政府实施"两带两点"发展战略之时，曾向海丰县输入实体产业，建设产业基地，引入海产品公司发展海洋经济。此后，汕尾市在海丰县鹅埠镇设立综合开发区，开始兴办工业厂房。1997年，汕尾市在海丰县鲘门镇的海湾试点发展海洋经济，引入海产品事业公司；次年，又在鲘门镇高速公路南面试点发展旅游业，引入建设海丽国际高尔夫球场；2002年，在圆墩乡发展工业，开办圆墩乡三工区；2005年，建设汕尾发光元器件特色产业基地和广东省火炬计划特色产业基地。十余载时间里，汕尾市坚定不移地践行"两点两带"战略，向海丰县输入实体产业以促进其经济社会的发展，虽然取得了一定的进展，但由于海丰县经济基础过于薄弱，兼之汕尾市自身发展落后，扶贫带动的力度有限，海丰县的经济社会发展步伐仍然缓慢，未能摆脱末位垫底的尴尬状态。

多年来，依靠汕尾输入实体工业以支撑发展的海丰县，迟迟未能摘掉"贫困县"的帽子。经验证明，采用这种"输血式扶贫"的方式，难以从根本上改变海丰县经济社会发展落后的面貌，难以使海丰县彻底摆脱贫困。但是，在缺乏资金、技术等各种经济发展条件的情况下，如何使这里形成自主"造血"功能，如何使这里形成内生性经济发展动力？对此，汕尾市政府、海丰县政府开始总结反思以往扶贫政策的问题和脱贫攻坚的症结所在，深刻意识到海丰县要想摘掉"贫困县"的帽子，必须改变扶贫脱贫思路，探索新的发展路径；需要跳出汕尾市，从省内寻找更有经济实力的地级市，对海丰县进行产业转移，助其实现工业化，优化区域间的产业资源配置。

2006年，汕尾市海丰县与东莞市大朗镇对接，筹备合作共建产业转移工业园,海丰县开始探索推动从被动接受"输血"到主动"造血"的历史性跨越。共建产业转移工业园,对欠发达地区而言,通过出让土地资源和部分管理权限,可以获取发达地区在资金、人才、项目等方面的支持,实现本地经济社会的发展;对发达地区而言,通过分享经济利益回报获得异地产业园的经济事务管理权。因此,在追求经济发展共赢的目标下,许多分属不同行政区划的地区协作建设产业转移工业园、区中园、开发区分区、合作区等共建园区,这些共建园区实质上是产业飞地。[①] 双方经过近一年的协调对接,最终选定在海丰县鹅埠镇合作共建"东莞大朗(海丰)产业转移工业园"。2007年,该园区被广东省正式批准认定为省级产业转移工业园。这成为此后深圳与汕尾合作发展飞地经济的滥觞。

2008年,广东省委、省政府推出产业与劳动力"双转移"战略。"双转移"指珠三角地区的劳动密集型产业向粤东西两翼、粤北山区转移;粤东西两翼、粤北山区的劳动力,一部分向当地第二、第三产业转移,其中一些较高素质的劳动力向珠三角地区转移。广东省决定在五年时间里用500亿元左右的资金推动产业和劳动力双转移,以破解科学发展难题,推动经济发展方式转变,实现新一轮大发展和经济社会转型。"双转移"的主要目标是力争到2012年,珠三角地区功能水平显著提高、产业结构明显优化,东西两翼和粤北山区在办好现有产业转移工业园的基础上,形成一批布局合理、产业特色鲜明、集聚效应明显的产业转移集群,推动广东省产业竞争力跻身全国前列;使人力资源得到充分开发,劳动力素质得到整体提升,就业结构得到整体优化,本省劳动力就业比重得到提高,农村劳动力在城镇就业以及向第二、第三产业转移成效显著。

在广东省委、省政府的推动下,深圳、汕尾两市为进一步落实广东省"双转移"战略,加快汕尾经济发展,开始谋划制定产业转移工作计划,积极准备合作共建转移工业园。经过多次磋商、反复论证,决定以"东莞大朗(海丰)产业转移工业园"作为起点,将该产业园共建方由原来的东莞市大朗镇和汕尾市海丰县变更为深圳

[①] 黄丹晨:《产业飞地的形成与发展》,《科协论坛月刊》2010年第1期。

市人民政府和汕尾市人民政府。

2008年10月28日,"东莞大朗(海丰)产业转移工业园"正式更名为"深圳(汕尾)产业转移工业园",标志着深圳与汕尾飞地经济合作的开始,标志着这艘探索航船拔锚起航,扬帆驶向无限广阔又充满惊涛骇浪的新海洋。特区与老区的合作,注定是一次不平凡的携手。后来的事实也证明,这次携手也注定了深汕人必须走过一段艰难坎坷的历程,突破重重困难,闯出一条飞地经济发展的新路。

第二章 深汕特别合作区的建立与发展

第一节 深汕飞地经济合作的发展沿革

一 从产业转移园到特别合作区

区域间合作发展飞地经济,是实现产业梯度转移的一种可行路径。但高阶地区的发达城市作为飞出地,不仅需要往飞地工业转移园投入大量的资金,而且其企业的外移也必然会导致财税旁流。因此,飞入地与飞出地选择适当的利益分配模式,建立科学合理的体制机制,就成为确保飞地产业转移园顺利启动与持续发展的关键。2005年广东省政府《关于我省山区及东西两翼与珠江三角洲联手推进产业转移的意见(试行)》要求产业转移园合作双方联手建设"产业转移园区联席会议",以落实共建责任;园区企业缴纳的流转税和所得税由双方协商,实行利益分成;企业城建税、教育附加和文化事业建设费,留给园区所在地财政。

2008年年初,深圳和汕尾就曾共同提出"在产业转移园的基础上共建特别合作区"的构想,但在当时,双方飞地经济合作的重点是发达地区单向度对口帮扶、梯度转移产业,具体工作的聚焦点主要在对一些产业的扶持、转移和搬迁上。因此在2008年10月成立"深圳(汕尾)产业转移工业园",作为"深圳(汕尾)特别合作区"的试验启动区,开展建设和招商工作。

2009年,广东省委、省政府为加快产业转移和劳动力转移进度,在前序相关规定的基础上又出台《关于抓好产业转移建设 抓快产业转移步伐的意见》,从产业转移、产业发展、招商引资、共建责任和服务扶持方面，对全省产业转移工业园的发展建设工作做出指引；并且要求除江门市以外的珠三角各地级以上城市，每年安排不少于1亿元的财政资金用于建设产业转移园，以确保园区建设有持续稳定的资金投入。到了2010年，广东省的"双转移"战略进入第三个年头。虽然珠三角地区劳动密集型企业外移的趋势不可逆转，产业梯度转移也已初见成效，但由于产业转移和劳动力转移机制还不完善，导致政府推动本地企业外移的内生动力不足，"双转移"战略的推行遇到瓶颈。

在这两年多时间，应"双转移"战略需求而生的深圳（汕尾）产业转移工业园，也因为发展定位未明确、合作开发管理机制不明晰的问题，建设发展较为缓慢。就在此时，一份关于区域经济协调发展与深圳（汕尾）合作的报告，为广东省委、省政府打开了新思路。2010年8月6日，中共广东省委政策研究室向时任广东省委书记汪洋、省长黄华华提交了一份政研专报，从推动全省区域经济协调发展的角度，提出加快推进深汕飞地经济合作，超越产业转移的思路，"将深圳、汕尾的合作从对口扶持上升为互利互惠、互动发展"，探索异地空间拓展战略，探索转型升级，破解发展难题。汪洋书记对这份报告高度重视，立刻组织广东省、深圳市、汕尾市的相关领导，于2010年8月25日前往深圳（汕尾）产业转移工业园调研，商议推进发展飞地经济的工作。

此次深入细致的调研工作，以及后继的认真研究，促成了飞地经济建设的思路从发达地区单向度对口帮扶、梯度转移产业模式，转向双方以"总部+基地"模式互动共建、互利互惠的合作区模式。随后，在省级协调小组[①]的指导下，深圳与汕尾两市开始协商，以深圳（汕尾）产业转移工业园为基础，规划在汕尾市海丰县鹅埠、小漠、鲘门和赤石四镇设立深汕特别合作区，并着手研究相关的合作、开发、管理体制机制。这标志着在广东省委、省政府的大力支持下，深汕特别合作区的前期筹备工作正式启动。

2011年2月18日，广东省委、省政府正式批复了深圳与汕尾两

[①] 全称为"省推进深汕（尾）特别合作区建设协调小组"，于2010年8月27日成立。

市共同提交的《深汕（尾）特别合作区基本框架方案》，同意在深圳（汕尾）产业转移工业园的基础上，充分发挥两市比较优势，以建设现代化综合性新城区为目标，设立深汕特别合作区，作为广东省探索区域经济发展协作的新尝试。深汕特别合作区将本着优势互补、政府主导、市场运作、权责一致的合作原则，实现深圳与汕尾的互利共赢；通过创新决策、管理、运营等合作机制，借助产业合作和劳动力转移，致力于将合作区建设成为现代化综合性新城区、广东省区域合作创新示范区。

从产业转移园升级为特别合作区，可谓是应时而动。当时深圳和汕尾都有很强烈的意愿，想超越"单向产业转移"，进一步拓宽合作范围。这是因为，深圳"有经验无空间"，需要向外拓展产业空间实现战略突围；而汕尾"有空间无经验"，需要借助先发地区的优势，通过工业化带动制造业发展，迈入现代化阶段，实现脱贫"砍尾"。突破"单向产业转移"，对于探索区域协调发展的新路径具有重要意义，因为产业梯度转移既对区域经济发展有显著的推动作用，但也存在固有的局限性；并且这种模式不一定能够充分发挥合作双方的经济要素优势。

二 早期的飞地经济发展模式：产业梯度转移

自21世纪中国飞地经济兴起，产业梯度转移就成为其主要经济发展模式。最典型的是经济相对发达的地区整批输出项目，而另一些欠发达的地区提供土地交给前者管理，利税双方共享。[①] 区域经济发展梯度转移理论对这一经济现象做出的解释是，某一区域的经济发展取决于其产业结构现状，而产业结构的现状又取决于该地区的经济部门，尤其是其主导产业在工业生命周期中所处的阶段（包括创新、发展、成熟、衰退四个阶段）。那些由处于创新、发展阶段的产业主导的地区，能够获取丰厚的利润，具有良好的发展前景，因此会成为高梯度区域。随着时间推移，一些占主导性地位的产业从创新期、发展期逐渐进入成熟期、衰退期。此时，高梯度区域会致力于培育、发展新的主导性产业，并将原来的产业向低梯度

---

① 李骏阳、夏惠芳：《开发区"飞地经济"发展模式研究》，《商业经济与管理》2006年第2期。

区域转移。从全国的格局来看，中国自改革开放以来尤其是加入世界贸易组织以来，率先对外开放的东部沿海地区实现了高速发展，成为高梯度地区。这些地区在积累了资金、技术等重要产业资源后，开始了经济结构升级；与此同时，当地的一些劳动密集型、资源消耗性、生产传统型的产业则开始向中西部转移。

中国的经济发展梯度并不仅仅表现为全国范围的东、中、西三级梯度，东部沿海地区内部也会存在明显的经济发展差异。因此，广东省内也会进行产业梯度转移。2008年广东省提出的"双转移"就是为实现全面、协调、可持续发展而采取的一个战略举措。以产业梯度转移为发展模式的飞地经济很快就见到了成效，广东省34个省级产业转移工业园的工业产值，仅2009年一年就增长了19.3%。

深圳（汕尾）产业转移工业园就是以产业梯度转移为飞地经济发展模式，这对合作双方来说是互利双赢的。对于产业发展空间窘迫、资源和环境承载力难以为继的深圳市而言，这种合作是能够为产业转型升级腾挪空间的最优策略；对于基础薄弱，资金、技术、人才等发展条件欠缺的汕尾市而言，通过承接深圳的产业转移，是切合实际的发展路径。由此可见，这种模式既能帮助发达地区实现空间突围，又能帮助欠发达地区迈入工业化、现代化的进程。

在深圳（汕尾）产业转移工业园成立之后，汕尾市政府为充分发挥产业梯度转移的带动作用，将支持深圳—汕尾飞地经济合作区列入"五年大变化"重大事项，并将《深圳（汕尾）产业转移工业园总体规划》纳入市县城乡规划实施统一管理。2010年，在制定完成《深圳汕尾特别合作区空间发展概念规划》和《深圳（汕尾）产业转移工业园10KM^{2}总体规划》的基础上，为解决建设资金紧张的难题，采用BT投资合作的方式，推动园区开发建设工作，与泛华集团合作开展产业转移工业园区10平方千米范围内的污水处理、"七通一平"、市政道路、供水供电等市政基础设施建设和公共服务设施建设。为鼓励和吸引投资者来此投资兴办企业，汕尾市政府从投资建设优惠、收费减免优惠、财政奖励、融资支持以及投资服务入手，制定招商引资的优惠政策。在对园区的软硬件环境进行优化后，2010年有48家企业入园，26家投产，其中电子信息和机械制造业占主要部分。这说明深圳（汕尾）产业转移工业园的工作已经有了成果。

值得注意的是，虽然通过产业梯度转移取得了区域经济发展的初步成果，但是不是单纯依靠这种模式就足以解决区域经济发展不平衡问题呢？这其实还有待实践的检验。区域产业梯度转移理论是一种非均衡发展理论，它从客观实际出发，承认区域间经济不平衡的现实，认为条件好的地方应较快地发展起来，然后通过产业和要素的转移来带动条件差的地方发展。运用这种以不平衡发展规律为基础的理论制定经济发展战略，能够提高经济发展效率，这已被中国经济发展的事实所证明。但这种模式并非完美，它也存在固有的局限性。

三　产业梯度转移模式的局限性

实现区域经济协调发展，不仅要让欠发达地区迈入工业化、现代化的进程，还要求欠发达地区要实现加速追赶，缩小与发达地区的差距。然而，在大多数情况下，依靠产业梯度转移并不能有效地缩小欠发达地区与发达地区的差距。其最主要的原因有两个，一是低梯度地区所承接的一般不会是极具发展前景的朝阳产业。二是依靠外来产业输入具有较大的被动性，往往很难充分发挥出本地的优势。

通常情况下，高梯度地区向外转移的不会是也不能是最具发展潜力、最具价值创造力的新兴战略性产业。之所以不会，是因为高梯度地区不可能放弃自己的主导性产业；之所以不能，是因为低梯度地区一般基础薄弱，不具备承接新兴战略性产业的条件。因此，低梯度地区承接的大多是已经处于成熟期的产业，甚至是处于衰退期的夕阳产业。在这些产业价值创造力顶峰期，高梯度地区已经从中获取了最大的发展红利，低梯度地区承接后所能获取的经济效益则要少得多。在这种情况下，两者之间的经济发展差距仍然会拉大。

对于低梯度地区来说，最希望承接的是那些适合本地的、经济效益较好的，具有良好发展前景的产业。但是，承接产业转移具有一定的被动性，一些对低梯度地区来说最为理想或较为理想的产业，未必是高梯度地区想要转移的产业。转移何种产业不可能按照低梯度地区单方面的意愿来决定，而必须同时考虑高梯度地区的诉求。也就是说，不是低梯度地区想承接什么产业就能承接什么产业，在现实中，通常只能在高梯度地区的转移计划项中做选择。这种有较大被动性的选择，常常使低梯度地区很难借助产业转移充分挖掘出本地的经济发展潜力。

由于以上两个原因，低梯度地区往往很难摆脱"累积性因果循环效应"。当高梯度地区实现了"腾笼换鸟"，为具有广阔发展前景的新兴主导性产业腾出了发展空间，将更有利于其在竞争中保持优势，保证其可持续发展，发展速度可能更快。低梯度地区所承接的产业通常价值创造力较弱，故而难以实现加速追赶。因此，采用产业梯度转移模式，虽然高梯度地区对低梯度地区有带动作用，能够实现某种程度上的共同发展，但并不一定能够打破"地理上的二元经济结构"，尚不能保证实现真正意义上的协调发展。

2010年，广东省的产业梯度转移遇到了瓶颈。在深汕产业转移园表现出来的问题主要有两个：一是深圳方面出现有些企业"自己不想转"，有些企业"政府不让转"的情况；二是园区未能培育出属于本地的"内生化"技术和根植性强的企业，故而成为核心技术掌握在外方，以提供加工和组装等产业链中低端服务为主的工业园，这使得园区发展的后劲不足。

对于汕尾而言，选择产业梯度转移的发展模式有一定的现实必要性。这是因为，作为一个经济基础极为薄弱的低梯度地区，要从贫困落后的农村经济进入现代工业化阶段，必须要从承接高梯度地区转出的资源密集型、劳动力密集型产业做起，首先完成工业化、现代化的启动。但同时，仅依靠深圳这样的高梯度地区转出的资源密集型产业、劳动力密集型产业，仍然难以实现真正的"跨越式"发展，往往无法摆脱"累积性因果循环效应"的桎梏，可能导致与高梯度地区的差距仍然是越拉越大，而不是越缩越小。因此，区域产业梯度产业转移只能视为"飞地经济发展模式的1.0版"。虽然这种模式将在相当长的时期内被采用，仍然能够发挥一定的作用，但要真正实现区域经济协调发展，除了采用产业梯度转移之外，还必须认真思考、探索新的飞地经济发展模式。

正是基于这种认识，深汕两地决定将产业转移园升级为特别合作区，尝试从单向输出转向互动融合的新型合作模式，力图使欠发达地区摆脱"被动输血资助"，实现"主动造血开发"。互动融合的核心是充分挖掘、发挥飞地的发展潜力，在飞地真正实现飞入地与飞出地的优势互补。因此，深汕特别合作区下一步的战略定位，是建立在全面分析深圳、汕尾要素禀赋结构的基础之上。

第二节　从要素禀赋结构看特区与老区的携手

一　要素禀赋结构与区域比较优势

一个地区适合发展何种产业，首先要看该地的"要素禀赋结构"。20世纪30年代，瑞典经济学家伊·菲·赫克歇尔（Eli F. Hecksche）与伯蒂尔·俄林（Bertil Ohlin）提出"要素禀赋理论"，该理论在经济学界产生了深远的影响，被认为是现代国际贸易理论的新开端。虽然赫克歇尔、俄林是从国际贸易着眼，分析一国适合生产、出口何种产品，但他们提出的关于生产要素（Factor of Production）差异的理论，亦可运用于地区经济发展的分析。生产要素指生产某种产品必须具备的主要因素，以及在生产过程中必须投入、使用的主要手段。最初，经济学家主要关注的是土地、劳动、资本、管理四要素。随着经济的发展，科学、技术、信息、区位、人才等也被视为重要的生产要素。不同的国家、地区所拥有的各种生产要素必然存在差异，因而形成不同的"要素禀赋结构"。根据要素禀赋理论，对一个国家或一个地区而言，如果某种产品的生产需要密集使用该国、该地区相对充裕且廉价的生产要素，则生产这种产品容易在竞争中获取优势，故而发展这种产业是合适的；反之，如果某种产品的生产需要密集使用该国、该地区相对稀缺且昂贵的生产要素，则生产这种产品一般会在竞争中处于劣势，故而发展这种产业是不合适的。因此，一个国家或一个地区在决定发展何种产业时，必须首先考察、分析自身的要素禀赋结构，依据自身的客观条件做出科学的决策。

此后，经济学界以要素禀赋理论与英国经济学家亚当·斯密的绝对优势理论、英国经济学家大卫·李嘉图的比较优势理论为基础，并结合英国经济学家阿尔弗雷德·马歇尔（Alfred Marshall）的外部经济原理，提出区域比较优势理论，以揭示不同区域比较优势落差对资源配置的作用。区域比较优势理论原本意在回答发展中国家在世界经济中如何定位的问题，后来也被运用于一国内部的区域经济发展研究之中。区域比较优势理论认为，在不同区域之间，资源配置效益存在差异。形成这种差异的原因有两个，一是缘于区域之间生产要素禀赋的比较优势差异，二是缘于区域之间外部经济环境的差异。生产要素禀赋比较优势指区域之间各种生产要素拥有状况及其相对价格的差异，不同的生产要素比较优势对应不同的资源配置的区域比较效益。例如，具有资本、技术、信息、人力资源等优势的区域，其资源配置的区域比较效益往往显著高于不具有这些要素优势的区域。并且，区域之间外部经济环境不同，也会导致资源配置的区域比较优势上的差异。这是因为，一方面，区域内已有资源的集聚能够产生一定的经济效益；另一方面，区域内的基础设施、公共服务等会影响该区域内产业的经济效益。据此，区域比较优势理论认为，不同区域在生产要素禀赋与资源配置效益方面存在的差异，会导致区域之间不同的比较优势，所以各个区域在制定经济发展战略时，均应依据自身的比较优势来定位，专注于优势产业，以充分利用发挥比较优势，形成自己的特色。唯有如此，才能在宏观经济系统中找准自身生存和发展的空间。

值得注意的是，应该动态而不能静态地看待区域要素禀赋与区域比较优势，因为一些生产要素是能够流动的。例如，著名的"里昂惕夫之谜"[①] 所揭示的正是一些生产要素发生流动后，能够改变

[①] 按照赫克歇尔—俄林的要素禀赋论，如果一个国家拥有较多的资本、较少的劳动力，则该国会生产和输出资本密集型产品，而输入劳动密集型产品。但美国经济学家华西里·里昂惕夫在1953年与1956年的两次研究中发现了一个难以解释的现象：美国是资本密集、劳动力昂贵的国家，出口量最大的是农产品等劳动密集型产品，进口量最大的是汽车、钢铁等资本密集型产品。这使西方经济学界大为震惊，因而将之称为"里昂惕夫之谜"。1966年美国经济学家雷蒙德·弗农（Raymond Vernon）用"产品周期理论"给出的解释是，科技创新在对外贸易中具有相当重要的作用，即创新产品初始垄断优势以及其后技术转移与扩散导致的垄断优势的丧失，决定着国际贸易的格局变化，从而推动一国产业结构的演进。

某些区域的要素禀赋结构，导致其区域比较优势发生变化。

飞地经济的首要特点就在于打破行政区划的局限，促进生产要素在区域间更为顺畅地流动。因此，如果飞入地与飞出地能够从各自内在条件与外部环境状况出发，在对飞地的投入上灵活地实现要素互补、优势互补，就有可能在飞地形成适合于发展某些（适应市场需要的）产业的要素禀赋结构，建立起发展这些产业的区域比较优势。要实现这种建立新的比较优势的设想，飞入地与飞出地必须一切从实际出发，在充分认识双方要素禀赋结构的前提下，科学地选择合作投入模式。

二 深圳、汕尾两地的要素禀赋结构及其互补性

当前国内理论界对飞入地与飞出地的合作模式的研究，主要着眼于投资方式。例如，有学者按飞地建设的投入方式，将飞地经济的合作模式分为三种：（1）飞出地投资型，即由飞出地负责全部基础建设投入；（2）飞入地投资型，即由飞入地负责全部基础建设投入；（3）两地共投型，即由两地按照协议共同分担基础建设投入。实际上，飞入地与飞出地的合作模式具有更为丰富的内涵，并非只取决于双方在基础建设上的投资。从要素禀赋的角度看，双方需要投入的包括土地、劳动力、资本、技术、信息、管理、人才、项目、品牌等众多经济发展要素。其中，除土地是确定由飞入地投入外，其他要素的投入均存在多种组合方式。

深圳与汕尾是否适合以飞地经济合作方式谋求共同发展以及选择何处作为合作的飞地，取决于两地的要素禀赋结构以及两者是否具有足够的互补性。以下对2008年深圳与汕尾开展飞地经济合作时，双方的要素禀赋结构做出详细分析。

（一）深圳的要素禀赋结构特点

深圳在资本、技术、信息、管理、人才、项目、品牌等要素上具有在全国范围内的领先优势。在深汕特别合作区成立之时，深圳已经从一个不为人知的小渔村，跃升为国际科技产业创新中心、国家物流枢纽、国际性综合交通枢纽，并跻身于中国三大全国性金融中心之列。深圳在中国高新技术产业、金融服务、外贸出口、海洋运输、创意文化等多方面占有重要地位，并一直在中国的制度创新、扩大开放等方面肩负着试验和示范的重要使命。

1. 在资本方面，深圳创造和积累了大量财富，并吸引了巨量的国内外资本。从改革开放到2007年，深圳GDP增长至6765.41亿元，居全国城市第四；全社会固定资产投资增加至1345亿元；工业增加值增长至3270亿元，居全国城市第三；贸易进出口总额增长至2875亿美元，居全国城市第一；出口总额增长至1685亿美元，连续15年居全国城市第一；地方预算内财政收入增长至658亿元，居全国城市第三；2007年上缴中央财政2112亿元。①

2. 在产业方面，深圳产业结构逐渐迈向高端化。到2006年产业结构呈现"二、三、一"格局，以高新技术产业为主的电子信息技术、软件、通信设备、生物医学、新材料等新兴产业及以服装、皮革、黄金珠宝、机械、家具、玩具、印刷、钟表八大传统行业为主的传统工业支撑着深圳工业的高速发展，而在经济快速发展的同时，房地产、金融及其他服务业呈现全面、快速及稳步发展的势头。②

3. 在技术方面，深圳的电子通信居国内领先地位，尤其是在高新技术产业领域，被誉为"中国硅谷"。2007年，深圳成为中国高新技术产品产值最高、出口最多的城市。高新技术产业成为第一支柱产业，累计认定高新技术企业2748家，高新技术产业产品产值7598.8亿元，占全市规模以上工业总产值的比重达到56.89%，其中具有自主知识产权产品占58%以上。③

4. 在创新方面，深圳是学习与创新的典范。从1992年到2007

---

① 深圳市统计局：《深圳市2007年国民经济和社会发展统计公报》，http：//www.sz.gov.cn/sztjj2015/zwgk/zfxxgkml/tjsj/tjgb/200812/t20081202_2061605.htm，2008年12月2日。

② 杨树旺、成金华、吕军：《产业集群应顺应市场经济的要求——基于深圳产业集群的实证分析》，《湖北社会科学》2005年第10期。

③ 深圳市统计局：《深圳市2007年国民经济和社会发展统计公报》，http：//www.sz.gov.cn/sztjj2015/zwgk/zfxxgkml/tjsj/tjgb/200812/t20081202_2061605.htm，2008年12月2日。

年，深圳高新技术产品产值年均增长达到46.5%，专利申请量年均增长30%以上。中兴、华为已经成长为跨国经营的自主创新龙头企业，腾讯、朗科、迈瑞等创新型企业成为相关领域的行业龙头。深圳拥有各类专业技术人员87.66万人，700多个研发机构，其中外商投资的研发中心有近70家，研发经费支出221.87亿元。[①] 企业成为自主创新的主体，90%以上的研发机构设在企业，90%以上的研发资金来源于企业，90%以上的研发人员集中在企业，90%以上的职务发明专利出自企业。2007年深圳专利申请量位列全国大中城市第二，其中发明专利申请量占广东省71.9%。国外专利申请大幅增长，PCT国际专利申请已连续4年居全国第一。[②]

5. 在人才方面，深圳作为一座一直蓬勃发展的新兴移民城市，聚四海之英才。深圳通过制定独特的人才政策和创业政策，像聚宝盆一样吸引着海内外的优秀人才，先后引进了几十万国内高校应届毕业的本科、硕士、博士、博士后等多层次人才来深圳就业、落户，同时前往欧美国家招揽"高、精、尖、缺"留学人才或外籍人才，鼓励其来深创业就业。通过打造高端教育平台，深圳逐渐强化对高层次人才的培养能力。多措并举之下，深圳人才队伍不断壮大，人才层次迅速丰富起来。

6. 在品牌方面，深圳在中国城市品牌排名中位居前3位。截至2007年，深圳已经产生一大批像华为、中兴、招商、腾讯、比亚迪等本土知名企业，华大基因、大疆等企业不断壮大，拥有中国名牌76个，中国世界名牌3个。

7. 在管理方面，深圳具有高效的行政管理效率。深圳充分发挥作为经济特区"先行先试"的优势，不断提升行政管理效能，以"有为"且"有限"的政府助推"有效市场"发展壮大。率先规范政府审批制度，确保审批程序、依据和条件的公开透明、合理合

---

① 深圳市统计局：《深圳市2007年国民经济和社会发展统计公报》，http://www.sz.gov.cn/sztjj2015/zwgk/zfxxgkml/tjsj/tjgb/200812/t20081202_2061605.htm，2008年12月2日。

② 钟坚：《深圳经济特区改革开放的历史进程与经验启示》，《深圳大学学报》（人文社会科学版）2008年第4期。

法；大力改革营商环境，先后出台多项政策，切实降低企业运营成本、保护知识产权，在土地供给、人才发展、住房保障、高等教育领域出台"一揽子"改革方案。①

8. 在信息方面，深圳得风气之先，以开放的胸怀与世界广泛交流，其信息触角伸向世界各地，时刻把握着全球经济发展、科技进步的脉搏。

从以上状况可见，深圳拥有优越的资本、技术、人才、管理等生产要素。同时，如前所述，土地空间和生态资源不足是深圳经济发展要素中的短板。

(二) 汕尾的要素禀赋结构特点

1. 在地理区位方面，如前所述，汕尾市尤其是合作区所在地陆海通达，只不过由于交通基础设施建设的滞后，巨大的潜在优势尚不能充分发挥出来。2008年，厦深高速铁路已在建设之中。可以预见，只要陆海交通设施逐步改善，汕尾及合作区所在地的区位优势就能够凸显出来。

2. 在土地海域方面，汕尾市可供发展产业的海陆面积广阔。汕尾市陆域总面积4800多平方千米；大陆沿海岸线（包括深汕特别合作区）长455.2千米，占广东省海岸线长度的11.1%；大陆架内海域面积（包括深汕特别合作区）2.39万平方千米，相当于陆地面积的4.5倍。

3. 在自然环境方面，汕尾市生态本底良好，空气质量优异，水系充足，水质优越，可以提供丰富的水电水利资源。合作区所在地还拥有粤东最大的温泉池区。

从以上状况可见，汕尾市地理区位、土地空间、自然环境等方面具有较好的条件，但在资本、技术、人才、管理等重要经济生产要素上与珠三角发达地区之间有着很大差距。

深汕两地在要素禀赋结构上具有很强的互补性，如果能够将两者的优势科学地组合起来，就有可能使深汕特别合作区在一些具有发展前景的产业领域形成区域比较优势，将能够大有作为。

---

① 易信：《转变经济增长方式的实践探索：深圳例证》，《改革》2018年第8期。

三 飞地经济发展的战略定位

深圳与汕尾要素禀赋结构的互补性，决定了特区与老区的携手。在产业转移工业园升级为特别合作区之际，首先应该确定的是特别合作区产业发展的战略定位。

飞地经济发展的战略定位一方面取决于合作双方的投入能够在飞地形成怎样的新要素禀赋结构，这种新要素禀赋结构能够形成何种区域比较优势；另一方面还取决于外部环境，必须了解其中哪些产业是适应市场需要的，处在其生命周期的什么阶段。也就是要回答这样两个问题：第一，通过双方的优势互补式投入，能够使飞地适合发展什么样的产业？第二，在适合发展的产业中，哪些是更具市场前景的？对这两个问题的回答，决定了双方是否有合作的价值，即是否能够同时满足双方的发展诉求；也在很大程度上决定了双方的合作模式，即各投入什么、投入多少、如何投入才更具效率等。由于不同地区的具体情况千差万别，因此，飞地经济合作模式也必然会多种多样。飞入地与飞出地需要从实际条件出发，合理选择各自对飞地投入的要素及其投入方式，以形成能够适应战略发展目标的要素禀赋结构；并且，由于外部环境处在不断变化之中，合作投入模式也可能需要适应不同时期的环境特点而做出合理调整。

通过双方精准的要素投入在飞地组合出新的要素禀赋结构，实质上是一个实现资源有效配置的过程。在大多数情况下，市场机制在实现资源有效配置中具有决定性作用，但对于深汕特别合作区这样的飞地经济建设而言，在合作之初是难以依靠市场机制来完成这一过程的。因为市场并非全能，也不是在所有情况下都是最有效率的。世界各国经济发展的历史证明，市场机制的作用在有些时候、有些情况下存在盲目性与滞后性。从宏观层面看，由于市场主体都是从自身利益出发，根据市场信号在微观层面调整资源配置，不可能洞察宏观经济全局，因此不能直接按照社会的实际需要组织生产，往往要通过反复多次的市场自发调节才能形成整个社会资源的有效配置，实现供求总量的平衡和经济结构的合理化，而每一次自发调节都会付出经济代价与时间成本。因此，在发挥市场机制作用的同时，还需要政府盱衡全局，依据现实情况采取宏观调控等手段进行适度的干预。从中观层面看，对一国之内某个区域的资源配置，市场机制同样存在一定的盲目性与滞后性。对于飞地经济而言，在发展前期依靠市场机制完成飞地的资源有效配置，基本上也要经过多次的市场自发调节，不仅时间相当漫长，而且会耗费巨大的经济成本。

中国经济学家林毅夫认为，经济发展有赖于"有效的市场"与"有为的政府"。在什么时候、什么情况下应该依靠市场这只"看不见的手"，在什么时候、什么情况下应该运用政府这只"看得见的手"，是社会主义市场经济的关键问题之一。在飞地经济建设之初，其战略定位问题、资源配置问题主要由政府来回答。这并不是说简单粗暴地以政府来取代市场，而是在市场机制无法避免盲目性与滞后性的特定时期，让政府发挥杠杆作用，撬动市场的力量。

中国特色飞地经济合作应当在市场与政府双重机制推动下，实现飞入地与飞出地之间生产要素的优化组合，在飞地形成新的要素禀赋结构，进而建立起原本不具备的区域比较优势，并最终将这种新的比较优势转化为竞争优势。飞地经济要找准发展方向，要在尽可能短的时间内走上正确的发展轨道，政府必须发挥先导作用。这无疑对政府提出了更高的要求，因此飞地经济的政府管理模式是否合理有效也是决定成败的关键。

当深汕特别合作区决心超越单向转移，转向互动融合的新合作模式，随之就会面对如何打造一个专业、高效的有为政府的问题，必须探索适合飞地经济战略定位，能够有力推进其实现战略发展目标的飞地经济管理模式。而飞地经济的管理具有特殊性，除上述经济发展对政府管理提出的要求之外，通常还面临合作双方政府及相关机构的协调问题。由于飞地经济涉及多个利益主体，并且大多存在悬殊的经济落差、异质的经济社会环境、具有显著差异的管理理念等不利因素，往往导致飞出地、飞入地与飞地三者之间的关系比较复杂，各利益主体可能会基于自身利益考量而产生矛盾冲突，形成零和博弈的结果。如何兼顾与平衡各主体的利益，充分化解发展过程中的矛盾与分歧，在重大问题上高效地达成共识，降低飞地的管理成本,是深汕特别合作区必须面对的挑战。在这方面,合作区进行了持续不懈的探索。

第三节 早期的管理模式:从三方共管到两方合作

飞地经济突破行政区划限制的特点,使其在管理方面存在一些特殊的不利因素。深汕特别合作区的管理实践表明,这些不利因素必然在合作过程中、在具体事务上成为前进的障碍,许多困难和坎坷可能是起初难以预料的。从产业转移工业园到特别合作区,对管理模式的探索伴随了深汕飞地经济发展的全过程。

一 产业转移园时期:管理上"挂空挡"

2009年4月,汕尾市政府在省委、省政府的有关政策文件指引下,为落实共建职责,出台《深圳(汕尾)产业转移工业园管委会(筹委会)主要任务的方案》,明确了"深圳(汕尾)产业转移工业园管理委员会"的主要管理方、基本架构、机构职责和经费来源(见图2.1)。

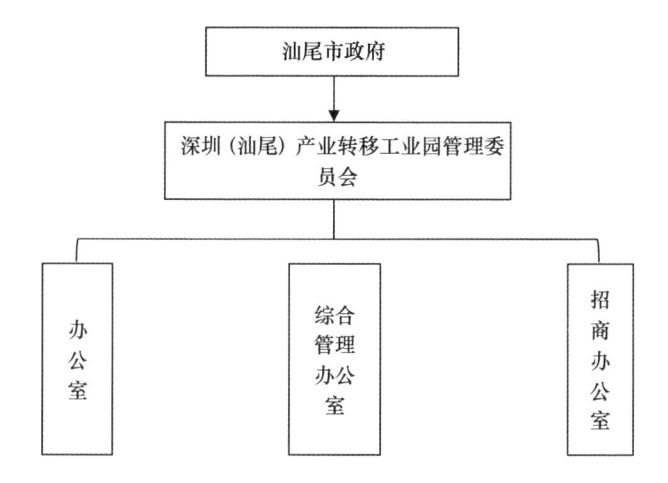

图 2.1 汕尾市关于产业转移工业园管委会的组织框架安排

随后，深圳市政府为落实广东省委、省政府在《关于抓好产业转移园建设　加快产业转移步伐的意见》（粤府〔2009〕54号）中提出的"强化珠三角合作共建责任"，建立双方政府合作共建生产业转移示范园工作机制的指令要求，出台了《深圳（汕尾）深圳（潮州）产业转移工业园合作共建机制》，明确"合作共建党政联席会议"作为产业转移工业园的决策机构，管委会为管理机构，深圳产业转移主管部门给予园区招商引资方面的支持；并且，在广东省人民政府《关于我省山区及东西两翼与珠江三角洲联手推进产业转移的意见（试行）》（粤府〔2005〕22号）的基础上，进一步明确"2009—2013年园区企业缴纳的流转税、所得税以及土地出让和出租收益，全部纳入园区的专项资金，用于园区开发建设"。

产业转移工业园的成立，标志着深圳与汕尾两市踏上了合作共建之路，然而，这一得到省委、省政府高度重视的飞地合作，在实际推进过程中，却发现具体工作千头万绪，管理问题接踵而至，其中最突出的表现主要有两个。

第一，园区的组织管理架构"两条线"，合作双方的工作关系不明确。

2008年12月，双方联合发文明确"成立深圳（汕尾）产业转移工业园管委会作为园区的管理机构"，但深圳和汕尾两市对管委会的隶属关系和组织管理安排，呈现出"两条线"的状态。2009年4月汕尾印发的《深圳（汕尾）产业转移工业园管委会（筹委会）主要任务的方案》规定，管委会由汕尾市政府主要管理，并赋予其在规划、发展、建设和日常管理方面的组织和执行权限。[①] 而根据2009年7月深圳市出台的《产业转移工业园合作共建机制》

---

① 汕尾市人民政府文件：《汕尾市人民政府办公室关于印发〈深圳（汕尾）产业转移工业园管委会（筹委会）主要任务的方案〉的通知》（深府办〔35〕号）。深圳（汕尾）产业转移工业园管理委员会的主要任务是：受双方政府委托，履行产业转移工业园日常管理工作；负责组织实施产业转移工业园总体规划；拟定产业转移工业园发展规划和行政管理规定；审核产业转移工业园的投资项目，按照权限审批或报批；管理产业转移工业园各项基础设施和公共设施；协助管理产业转移工业园内企业进出口业务和对外经济技术合作，按规定处理涉外事务；负责对产业转移工业园内企业进行协调管理；负责协调有关部门在园区设立机构的工作。

规定，管委会作为"党政领导联席会议"的执行机构。这种"两条线"的管理模式，使管委会在有些问题上无所适从，不知道到底"该听谁的"、到底"谁说了算"。园区管理机构与上级的"决策—隶属"关系未得到明确，深圳（汕尾）产业转移工业园一直是作为汕尾市政府的派出机构进行运作。此外，在园区的规划、建设、管理和发展等具体工作安排上，深圳和汕尾两市的工作关系也尚未理顺。

第二，深圳和汕尾两市的权利、责任和义务不清晰。

在深圳、汕尾两市出台的文件中，没有对双方在经济社会管理、林地用海公共资源管理和财税管理方面的责任做出明确规定，主体责任归属不明确。在权利和义务的安排上，深圳和汕尾有义务对园区的开发建设给予资金支持[①]，但并未明确深圳是否具有获取园区收益的权利。

明确的工作职责和权限，能够让合作双方对目标和方向有更为清晰的认识，进而能在具体工作中提高决策、执行的效率，否则将不可避免地出现双方推诿、扯皮的现象。在园区的实际建设过程中，也的确出现了因分工不明确，导致基础建设和产业转移步伐迟滞；而权利和义务不匹配，更使得双方缺乏落实合作共建责任的动力，园区管理在某种程度上进入了"挂空挡"的状态。管理体制机制未理顺、权责利不明晰，成为园区发展的一大阻碍。

二 合作区探索期"三方共管"的制度安排

（一）确定三级行政框架

2011年，为探索省内区域协调发展的新路径，广东省委、省政府将深汕特别合作区的开发建设工作上升为省级战略，并在《关于深汕（尾）特别合作区基本框架方案的批复》（粤委〔2011〕11号）中，同意了深圳、汕尾双方提出的行政架构。设立"决策—管理—运营"三级行政架构。在决策阶段，成立由两市有关领导组成的"深圳、汕尾两市高层决策领导小组"，受省委、省政府委托，

[①] 2009—2013年深圳市在财政一般预算内安排2.5亿元，用于支持园区的建设发展；汕尾市财政负责承担园区管委会的开办经费和日常开支。

定期召开例会负责指导协调和解决合作区建设管理中的重大问题。在管理上，成立合作区党工委和管委会，作为广东省委、省政府派出机构，赋予地市一级经济管理权限，按照副厅级配备管委会的主要干部，按照正处级配置管委会的内设机构。在运营上，设立"合作区建设开发公司"和"土地储备中心"，负责基础开发建设和土地收储工作。"三方共管"模式的主体间关系（见图 2.2）。

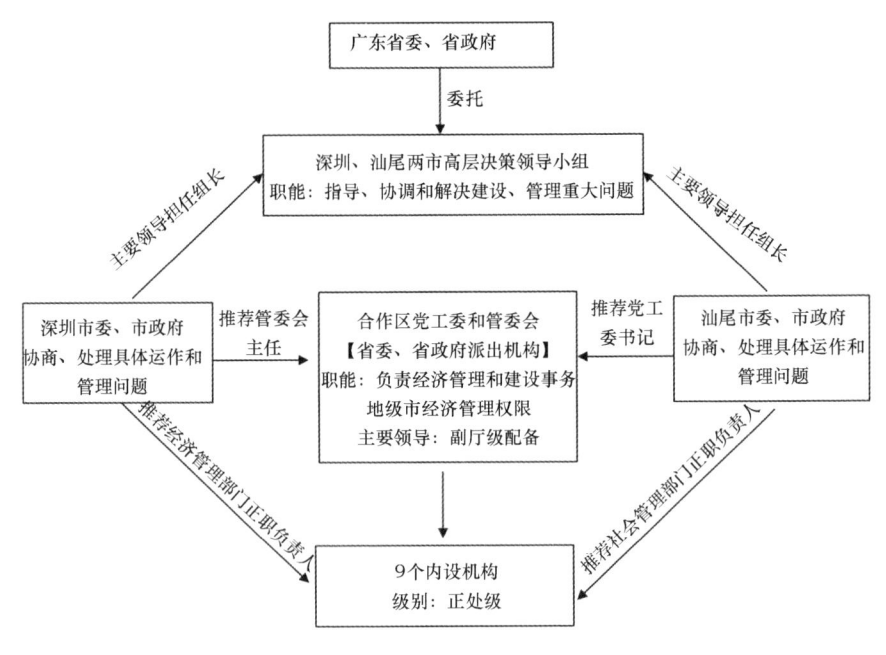

图 2.2 "三方共管"时期主体间关系

（二）组织机构深度融合 利益分配格局初定

为了充分调动深圳和汕尾双方的积极性，在合作管理模式的设计上，打破由欠发达地区主导建设、享受收益的传统共建方式，探索形成一种组织机构融合、利益分配共享的格局。

各取所长，实现深度融合。改变由欠发达地区主导的合作共建模式，充分发挥双方要素优势，推动合作区的持续发展。一方面，为满足深圳市对外扩张经济要素空间、提升发展竞争力的战略需求，同时也为了依托深圳的产业优势、品牌优势和高新技术优势，规定由深圳市负责推荐管委会经济管理部门的正职;另一方面,充分发挥汕尾作为原行政管理单位的优势,负责推荐社会管理部门正职。在党政领导副职人员推荐,以及重大问题和具体管理运作方面,都由深圳和汕尾双方协商处理。

发展第一,利益分配基本明确。改变由欠发达地区享有收益的利益分成模式,采取总量分成法,建立科学合理的利益共享机制。2011—2015 年,合作区产生的省级财政一般收入、地方级税收以及土地收入,全部返还给合作区;2015—2020 年,深圳、汕尾与合作区再按照 1∶1∶2 的比例获取税收分成,并且深、汕两市要将分成收入的 50% 返还合作区。此外,在 GDP 统计指标的总量划算上,合作区的 GDP 按照 7∶3 的比例,分别计入深圳与汕尾两市的统计指标。

三 转型试验期"两方合作"的模式调整

(一)行为集团理论指导下的"两方合作"变革

合作与分工,归根结底是飞地合作过程中的权责分配和主体间关系问题。在 2011 年《深汕(尾)特别合作区基本框架》指导下建立起的管理模式,对决策管理机构和利益分配格局做出了安排,但尚未对各方的角色、权责范围和主体间关系进行明确。因此,经济建设和社会管理的各项事务被安排给合作区、深圳市和汕尾市三方共同完成的,这种只合作、不分工的方式容易导致"三不管"的局面。

根据行为集团理论[1],制度变迁是由发起制度变迁的"初级行为团体"和推动制度变迁的"次级行为团体"共同完成的。受到现存制度执行问题制约的行为人,组成初级行为团体,并形成一个备选的制度安排。然后,在次级行为团体的协助下,完成制度调整,调整主体间行为关系,实现新的制度均衡。[2] 具体到深汕特别合作区而言,深圳与汕尾是发起制度变迁的初级行为团体,而广东省是

---

[1] Davis Lance E. and Douglass. C. North, *Institutional Change and American Economic Growth*, Cambridge University Press, 1971, pp. 84–95.

[2] 郑文博、丰雷:《制度变迁中的冲突与协调——理论发展回顾与探讨》,《经济学动态》2020 年第 1 期。

协助推动变迁的次级行为团体。这是因为，相较于地级市而言，省委、省政府是省内最重要的制度供给者，能够通过强制、政策和利益引导等多种形式来进行制度创建、推动制度完善，同样也可以进行制度调整，来重塑各方的利益结构关系。基于以上理论分析，可以将合作区从"三方共管"到"两方合作"的制度变迁过程概括为图2.3。

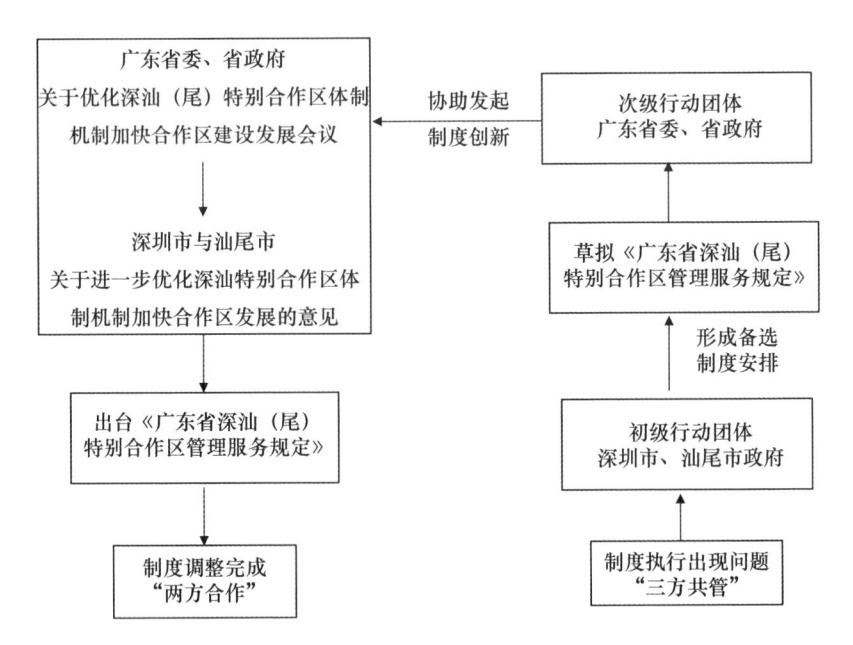

图2.3　从"三方共管"到"两方合作"制度变迁的主体行为过程分析

（二）"两方合作"的制度安排

深圳、汕尾受到"三方共管"制度安排的制约，它们作为初级行为团体，积极寻找更为优化的制度安排，就管理职责、开发建设与产业发展、发展环境以及法律责任等内容反复沟通形成共同意见，拟定了《广东省深汕（尾）特别合作区管理服务规定》（以下简称《规定》）。并于2012年11月，提请次级行为团体——广东省委、省政府组织审议，请其协助推动制度变迁。但是，由于该《规定》与相关省直部门存在意见分歧，还需要经过研究、沟通、咨询、论证的过程。因此，在《规定》正式出台之前，为协调解决合作区在开发建设过程中存在的问题，2013年8月，广东省委、省政府组织深圳、汕尾两市政府召开"关于优化深汕（尾）特别合作区体制机制　加快合作区建设发展"的会议，明确了深圳、汕尾两市的事务分工，并对合作共建和开发建设问题的解决做出方向性指引。随后，深圳市与汕尾市政府联合发布《关于进一步优化深汕特别合作区体制机制　加快合作区发展的意见》，配合省委、省政府的职责分工决定，对相关的管理事权划分、土地管理、财税分配等做出了具体调整。2015年8月，《广东省深汕（尾）特别合作区管理服务规定》经广东省审议通过并予以公布，深汕特别合作区从"三方共管"调整为"两方合作"的管理模式，开启了"转型试验期"的制度探索。"转型试验期"的制度安排，是在"初创探索期"的行政架构、合作理念和利益分配格局的基础上，对事务分工和主体间关系进行的细化调整。

1. 纵向管理分级　明确权责范围

在2011年《深汕（尾）特别合作区基本框架》规定的三层管理架构基础上，进一步明确了广东省委省政府、深圳和汕尾市委市政府、合作区党工委、管委会以及合作区投资开发平台公司，在合作区建设发展过程中所扮演的角色。并且按照"纵向分级管理"的原则，对相关主体的权责范围进行了划分（见图2.4）。

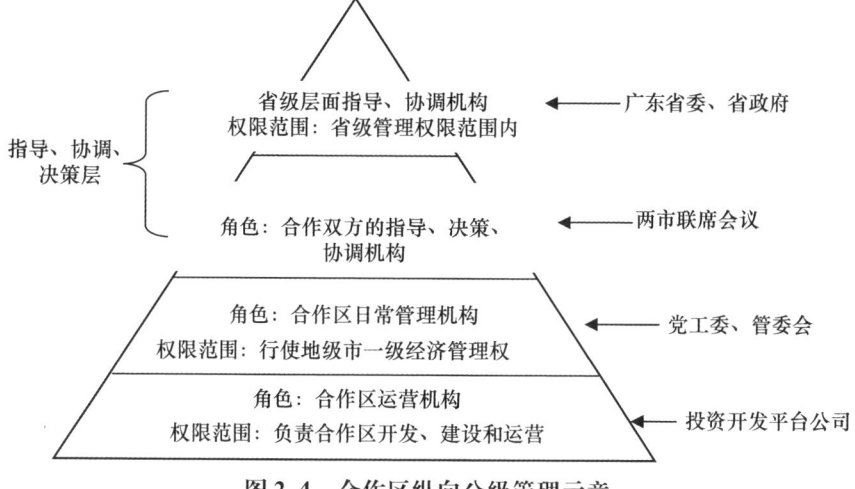

图2.4　合作区纵向分级管理示意

一是广东省委、省政府作为省级指导、协调机构，权责范围是负责解决省级层面的管理权限范围内的体制机制问题，协调跨部门和跨地区的事项。二是深圳、汕尾两市组成的联席会议作为合作区的指导、协调和决策机构，有权指导、协调涉及深、汕双方的（除地级市一级经济管理权限外）重大建设和管理问题；同时，深圳、汕尾双方要制定相关扶持政策、投入必要启动资金，在权限范围内支持合作区提出的请求事项。在具体职责分工上，深圳市主导合作区的整体开发建设，以及起步区①内的经济管理和建设事务；汕尾市负责合作区的整体社会管理工作，以及产业起步区内的征地拆迁和社会事务。三是合作区党工委、管委会作为合作区的日常管理机构，接受"两市领导小组"的领导，有权行使地级市一级的经济管理权限，以及经省委、省政府同意下放的行政管理职权，有权编制合作区各项总规、控规和专规，有权开展土地管理、统计管理，有权提出请求省及两市支持的事项，有权制定规范性文件。在责任上，负责合作区的经济管理工作，依法进行重大行政决策、依法行使经济管理权限。四是合作区的投资开发平台公司，作为合作区的运营机构，承担区内的开发、建设和运营工作。

2. 明确主体间关系　规范权力运行方式

在明确了广东省、深汕两市以及合作区的主体角色，并厘清各方的权责范围之后，广东省委、省政府还以制度的形式，对主体间的关系及权力运行方式进行了规范（见图2.5）。以下按照"自下而上"的顺序对之进行纵向梳理。

（1）对于合作区管理权限范围内的事项，可以分为经济管理职权和行政管理职权两类。对于经济管理职权，需要由合作区管委会拟定目录清单，经两市协商审议后由汕尾发布，报省政府备案，并且由汕尾市制作"2号公章"，按照目录委托合作区行使相关经济管理职能；行政管理职权也需要由管委会拟定目录，经广东省人民政府批准后公布。

（2）对于合作区需要由深圳、汕尾两市决策的事项，例如各项

---

① 起步区包括鹅埠片区15平方千米，赤石南片区3平方千米、鲘门—小漠东片区9平方千米以及小漠南滨海片区3平方千米。

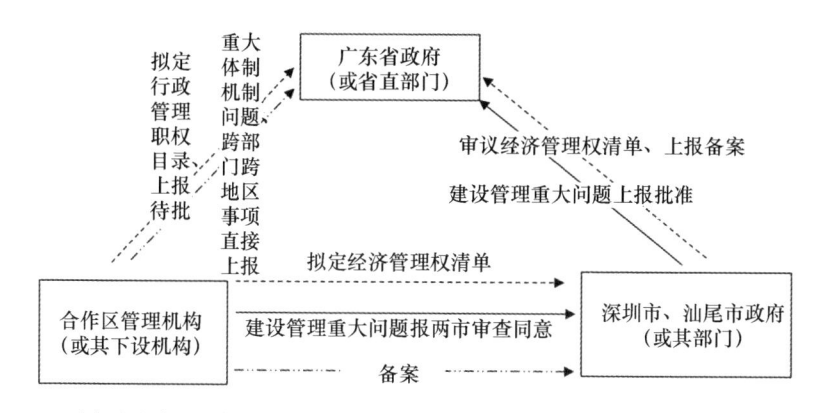

图 2.5　各角色主体间关系

总体规划，由合作区编制完成后，要经过两市政府的审查同意，报省政府批准。

（3）对于合作区需要报省的事项，由合作区管理机构（或其下设机构）直接报省政府或其部门审批，同时报深圳市和汕尾市（或其部门）备案。虽然合作区是省政府的派出机构，但总体工作仍然以深圳、汕尾两市为主，省政府（或省直部门）通过深圳或汕尾市政府及其部门进行指导、衔接。

第四节　困境与反思：飞地管理模式的问题及其成因

一　"三方共管"的问题反馈与反思

深汕特别合作区的成立是广东省委、省政府创新区域合作模式，促进区域协调发展的重要战略举措。省政府负责指导协调、深圳与汕尾市协作共建的"三方共管"，是对飞地管理模式的第一阶段探索。

（一）三方共管的问题反馈

"新"是合作区的优势，但"新"也意味着没有成熟的理论可做指导，也缺乏现成的经验可资借鉴。在合作区成立初期，相关制度文件对合作理念、组织架构和利益分成做了规定，这些基本性的、框架性的内容尚不足以确保形成完备的管理体系。由于各主体间的权责范围划分、权力运行方式和相互关系尚未充分明确，所以导致了"只合作不分工"，权责归属模糊，多头管理的局面。

1. 多头管理，职责分散。《深汕（尾）特别合作区基本框架方案》对合作区管理体制做出"两市政府高层领导小组决策、合作区管委会管理、建设开发工作运营"的原则性划分，但相关机制还不够明确，这导致在具体的决策、管理和运营过程中可能遇到一系列问题。2012年8月，深圳与汕尾两市召开第一次"深汕两市高层决策领导小组会议"，再次讨论了合作区的管理体制问题，明确了"合作区范围内的经济社会管理重大事项由党工委管委会提交两市高层决策领导小组审议""党工委、管委会对合作区的经济社会管理事务具有高度自主权"以及"合作区管辖范围内的经济和社会管理事务直接报省委、省政府审批"等关键问题。在此情况下，合作区的经济社会管理事务由"两市高层决策领导小组会议"决策，也可以直接报省委、省政府审批，同时还可以由合作区党工委、管委会自主决定。这样就形成经济社会管理交叉、多元主体职责重叠的局面，在一定程度上延长了决策管理链条。

2. 权限不明，影响效率。合作区的"经济社会事项"属于"深汕两市高层决策领导小组会议"与党工委管委会的共同管理的范畴。相关文件以"重大事项"为标准，对二者的事权范围做了原则上的划分，但还没有明确的职权范围清单，"经济社会管理重大事项"的具体内容还较为模糊。在"对上负责"的管理体制下，只作这种原则上的规定，可能影响工作效率和日常工作进度。

此外，相关规定性文件对管委会内设机构的正职负责人推荐权，在深圳和汕尾两方作出了划分，即"汕尾市负责推荐党群工作局、社会事务局、农林水务和环境保护局的正职负责人，综合办公室、发展规划和国土资源局、财政局、经济贸易和科技局、城市建设和管理局、市场监督管理局的正职负责人由深圳市选派推荐，各部门副职由双方协商推荐"。但是，经济管理和社会管理的主体责任归属还不清楚，导致合作区的建设开发工作在启动时遇到困难。例如，与合作区开发建设密切相关的历史遗留问题的清理与土地征收工作，在实际合作区范围内的鹅埠、小漠、鲘门、赤石镇的交接工作受到阻滞，各镇的土地、资产、产业、人员、财务等清理工作进展缓慢；一系列历史遗留问题阻碍总体规划和产业规划编制，对合作区的统筹规划造成不利影响；土地征收遇阻导致入园项目的土地供应无法保障，基础设施建设推进困难。

（二）对"三方共管"的反思

作为一种新的区域经济合作模式，深汕特别合作区是以飞地经济合作形式降低双方的合作成本、提高合作收益的产物。换言之，深圳与汕尾成立合作区的目的是通过优势互补，来帮助双方突破各自的发展瓶颈，获取经济利益。既然"三方共管"的合作模式已经打破了行政区划的边界限制，那么是什么原因导致深圳与汕尾的合作共建难以顺利推进呢？

在"三方共管"的体制下，只合作不分工的制度安排，增加了双方的"合作成本"，成为阻碍合作进行的重要因素。对于深圳市与汕尾市而言，"建设深汕特别合作区"是广东省委、省政府为了促进全省区域协调发展、深化改革而进行的新探索。虽然深圳和汕尾市政府是行政系统中一部分，执行上级的政策指令是其职责所在，但同时也肩负着带动本地经济发展的责任。在合作共建的过程中，它们是具有"有限理性"的行为主体，对成本与收益的比较，也即对合作能够为自身带来多少"利润"的衡量，是决定双方会否大力推进深汕特别合作区建设的关键。因此在开展合作的过程中，双方都会进行"成本—收益"分析，具体到深圳与汕尾共建深汕特别合作区的问题上，就是对"合作成本"与"预期收益"的分析。所谓"预期收益"，就是深汕特别合作区成立之后能够给各方带来的经济效益和社会效益。合作共建的过程就是把潜在利润转化为现实利益的过程，而"合作成本"是指深圳、汕尾两市通过谈判、协商，指导、解决合作区建设和管理重大问题，并执行相关决定、推进建设管理的过程中所发生的各项费用。深汕特别合作区的建设发展不可能一蹴而就，因此合作成本的高低是影响深、汕合作推进的主要因素之一。在开展区域合作的过程中，沟通协调的"合作成本"是必然存在的，只有高低之别。不同的管理体制分工，必然会带来不同的合作成本和合作效率。

为了更好地履行合作共建职责，"三方共管"的管理体制，无论是分工安排还是组织管理架构，都最大限度地体现深圳与汕尾的"深度融合"。但过分强调"合作"自然就会忽略"分工"，导致多头管理、责任不明确，增加了深、汕双方的"合作成本"。具体而言，额外增加的"合作成本"主要体现在以下三个方面。

1. 分工不明，增加协商成本。在2011年的"框架方案"中，广东省委、省政府明确规定"深圳、汕尾两市主要领导组成高层领导决策小组，指导、协调、解决重大问题"。但是，即便有了这个公开平等的协商平台，深、汕双方的协商成本也仍然不低。这是因为，深汕特别合作区的战略定位已经发生了变化，比一般的产业转移工业园合作范围更广、区域更大，有更多涉及经济社会管理的重大事项需要解决。在2011年7月印发的《关于加快深汕特别合作区建设的工作方案》规定，涉及政府性债务解决、土地储备中心成立、建设开发公司成立、增加建设用地规模、国民经济和社会发展规划编制等25项重要工作，需要由深圳市和汕尾市相关部门共同牵头负责。也就是说，这些事项都需要双方反复磋商讨论，投入大量的时间、物质和机会成本。

2. 交叉任命，增加执行成本。合作区党工委、管委会作为日常管理机构，必定会产生执行成本，但"三方共管"规定"合作区的领导班子、内设机构的正副职任命，由深、汕两市交叉安排"。这种人事任命机制容易导致管委会和内设机构在执行决策的过程中，出现个别"利益代言人"讨价还价的情况，轻则增加决策执行成本，重则有可能导致决策夭折。

3. "只合作，不分工"的三方共管模式，带来了多头管理的问题。一件事情省里可以管、汕尾可以管、深圳可以管、合作区也可以管，到最后主体责任归属不清，极有可能落得个"三不管"的结果。导致合作区早期的一些规划停留在设想阶段，开发建设停滞不前。广东省政府和深汕两市政府都认为，只有通过明确分工，最大限度地降低合作成本，以增加深、汕双方推进合作的动力，才能解决这一问题。

二 "两方合作"的问题反馈：有分工 难合作

2015年公布的《广东省深汕特别合作区管理服务规定》对深圳、汕尾两市进行了事务分工，规定"在合作区的整体开发建设中，深圳负责开发建设，汕尾负责社会管理；起步区内的经济管理和建设由深圳市负责，征地拆迁和社会事务由汕尾市负责"。吸取了"三方共管"模式下"只合作、不分工"的教训，然而在现实的开发建设活动中，大多数工作都并非彼此独立，例如经济建设与社会管理、项目建设与土地征收都是彼此交叉、相互推动的。分工是合作的基础，达成合作更是分工的终极目标。欠缺合理性的、彼此交叉的分工安排，会导致重叠过多，协商成本高，责任主体之间相互推诿，不利于工作推进。2015年的管理模式变革，虽然分工明晰，深圳、汕尾各管一块，但由于经济、社会事项存在固有的联系，在实际工作中由于信息分享、传递受阻，又受到工作标准的影响，导致两方"有分工 难合作"，降低了行政效率。其中，最为突出的表现是土地征收与项目落地脱节。

（一）土地征收与项目落地脱节

土地是深汕特别合作区开发与建设最为关键的要素。为降低土地征收的执行成本和社会认同成本，各方决定按照属地原则，由汕尾市海丰县负责起步区的征地拆迁工作；按照禀赋优势的原则，深圳充分发挥产业先发的优势，为合作区的产业发展提供招商引资支持。到2015年，共有60余个深圳企业与合作区签订了合作意向，但"土地征收"与"项目招商"的职责分置于深圳和汕尾两方，若出现一方执行不力则会导致"土地"与"项目"脱节，出现"项目等地"或土地闲置的情况。具体表现在以下三个方面。

1. 执行不力，土地征收难。自2015年4月，合作区先后下达给海丰县89份征地任务书，预拨28.66亿元委托其完成30.79平方千米的土地征收任务。到2016年年底，海丰县移交的符合收储条件的土地只有6.36平方千米，不足下达任务的21%。

2. 信息不对称，项目落地难。这主要有两个原因，一个是缺少建设用地、项目用地等指标。深汕特别合作区下辖的四镇一场，原属汕尾市海丰县的边远落后地区。为了加快自身城区发展，海丰县将大量的林地、基本农田指标都划给合作区，而导致合作区的建设用地指标严重不足。一些已经实地移交的土地，由于缺乏建设用地指标，而无法提供给企业用于项目开发建设。

3. 征收、补偿不到位，项目建设受阻。一些已经实地移交的地块，由于征收方未及时支付土地补偿款，导致村民时常进入项目建设现场阻挠施工，个别项目甚至被阻挠施工高达26次。进场勘察被阻挠、土地平整工作难进行，项目建设进度受影响，这些事件动摇了企业的投资信心和动工决心。有些企业因为难以承担延期的时间成本，而不得不撤资到外地发展。

以上都是由于合作的一方未履行协议而引发的问题。这种违约行为导致土地征收和违章建筑查处工作滞后，既影响了合作区的开发建设，同时也增加了深圳与汕尾合作的内生交易费用，甚至降低了合作双方的互信度。

(二) 经济建设与社会管理割裂

为充分发挥深圳与汕尾的比较优势，双方从利于合作区发展的角度，秉持互利共赢的原则明确"区整体范围内的经济建设事务交由深圳管理，社会事务交由汕尾管理"。这种各管一块的分工方式，实际操作起来有一定难度。因为随着合作区开发建设逐步深入，经济事务与社会管理事务会交织在一起难以分割，其主要表现在以下两个方面。

1. 社会条件落后，掣肘经济发展。一方面，硬件基础环境差，降低企业投资意愿。道路基础薄弱、供电线路老化、水利设施年久失修、消防设施短缺，难以满足企业生产和职工生活的需求；兼之教育、医疗等资源严重匮乏，这些社会治理领域的基本公共服务和公共设施问题，对合作区的招商引资形成掣肘；另一方面，政务服务规范化程度低，难以达到深圳企业的要求。合作区起步于欠发达地区的村镇，无论是法治环境还是政务环境，都难以与高效、透明的深圳相比，企业来此考察后对此心存顾虑。

2. 两权分置，增加企业办事成本。合作区的招商引资被划归经济管理范畴，但企业的公安消防、社会保险、环保审批等事宜又属于社会管理事务。这就导致企业在投资建设的过程中，不仅要往返深圳、汕尾、合作区三地办理相关事宜，还需要花费人力、物力和财力进行沟通、协调和对接，因为许多信息、资料难以做到同步共享而大大增加了办事成本，进而导致降低招商引资效率。

深圳主导经济建设、汕尾负责社会管理的分工模式，导致合作区在顶层制度设计、机构设置、事权划分、运作模式、干部管理上出现"三个临时""四个脱节"和"五个缺乏"[①]。这些问题反复纠缠，制约了产业项目入驻建设和落地投产，也阻碍了合作区的建设发展步伐。

从产业转移工业园到特别合作区，从三方共管到两方合作，深汕特别合作区一直是在探索中前行。到2016年，深汕特别合作区面临两个亟待解决的重大问题：一是飞地经济发展模式问题，二是飞地经济管理模式问题。实现区域经济协调发展是中国发展飞地经济的初衷，而被国内飞地广泛采用的梯度产业转移模式存在固有的缺陷，因此包括深汕特别合作区在内的中国飞地经济建设者们必须进一步探索新的飞地经济发展模式；在对飞地经济发展模式做出选择之后，就需要建立与之相适应的飞地经济管理模式，而飞地经济管理有其特殊性，深汕特别合作区必须在这方面有所创新。这两项艰巨的任务在2016年下半年落到了合作区新一届领导班子的肩上。

---

① "三个临时"即临时机构、临时人员、临时思想，"四个脱节"即土地与项目脱节、经济建设与社会管理脱节、管人与管事脱节、历史使命与人员配备脱节，"五个缺乏"即缺乏统一的顶层设计、缺乏清晰的权能定位、缺乏有效的合作激励、缺乏有效的监督约束机制、缺乏产业吸引力。

第三章 飞地新模式——深圳主导下的组合式发展模式

第一节 发展模式创新：建立区域经济增长极

一 合作区战略定位的升级

自2011年特别合作区正式成立，深汕飞地的开发建设开始全面加速。经过3年多对招商引资、项目建设的有力推进，截至2014年年底，腾讯云计算数据中心、华润电厂、华润新一代数据中心、金科纳米材料等一批重点建设项目进展顺利。324国道市政化改造、起步区主次干道、供水、供电、燃气等市政基础设施以及邻里中心、文体中心等公共配套项目规划建设全面启动（见图3.1）。

图3.1 合作区早期全景图
资料来源：深汕特别合作区管委会供图。

2014年年底，广东省政府批准印发《深汕（尾）特别合作区发展总体规划（2015—2030年）》（以下简称《15总规》），适时明确了合作区发展的战略定位，即区域协调发展示范区、粤东振兴发展先行区、深圳产业拓展支撑区、承接珠三角产业转移协作区和现代产业新城。其中，区域协调发展示范区、粤东振兴发展先行区以及承接珠三角产业转移协作区，与2008年产业转移工业园成立时的初衷一脉相承，而提出"深圳产业拓展支撑区"和"现代产业新城"的发展目标，则意味着合作区战略定位的升级。

在2011年出台的《深汕（尾）特别合作区基本框架方案》中，就明确要求合作区着力探索科学发展的新路径，成为广东省乃至全国区域合作创新示范区；通过创新决策、管理、运营等合作机制，建立精简高效、配合紧密、利益分享的长效合作模式，实现深圳、汕尾两市产业深度分工和劳动力转移就业合作，将合作区打造成为汕尾市未来发展的经济增长极、新的城市功能区、融合珠三角的桥头堡，为全国区域合作发展创造经验，提供示范。当时，深圳与汕尾两市都开始认识到，要通过飞地经济合作实现区域经济协调发展，单纯依靠深圳的产业梯度转移是不够的。产业梯度转移模式不仅很难帮助汕尾市靠拢新兴战略性、主导性产业，而且不足以充分发挥双方的要素禀赋优势。

对于低阶地区承接什么样的产业，广东省在启动产业梯度转移战略之时，就有前瞻性的思考。2005年广东省政府《关于我省山区及东西两翼与珠江三角洲联手推进产业转移的意见（试行）》中，就明确指出产业转移园区的建设应遵循五大原则，其中之一就是可持续发展原则，特别强调要防止将高污染、高耗能产业不加甄别地转移到园区，切实保证欠发达地区经济、社会和环境的可持续发展。这一指导意见是从欠发达地区的长远发展考虑，其宗旨是避免欠发达地区的土地资源被落后产能大量占用，为未来引进先进产业保留条件。然而，欠发达地区一般缺乏承接新兴战略性、主导性产业的能力，如何才能逐步靠拢这些经济效益良好，具有长远发展前景，并且对其他产业具有带动作用的产业，是交给飞地经济建设者的一个课题。

对这个全新的课题，深汕特别合作区率先开始探索。在《深汕（尾）特别合作区发展总体规划（2015—2030年）》（以下简称《15总规》）中明确提出要围绕深圳的主导性产业做文章、下功夫，按照"深圳总部+深汕基地""深圳研发+深汕生产"的产业发展模式，积极引进深圳科技产业等优势产业链或产业链重要环节。也就是说，基于对飞地合作双方要素禀赋结构的细致分析，在那些能够通过双方互补性的要素投入而形成比较优势的产业领域，合作区就应争取引进优势产业链；对那些尚不具备引进、发展的成熟条件的产业领域，则考虑能否设法嵌入其优势产业链，先成为其中的一个重要环节。例如，云计算是刚刚兴起的、具有巨大发展前景的新兴战略性产业，但行业门槛很高，以合作区的现实条件无法一步跨入，于是引进腾讯云计算的ICT数据中心（见图3.2），先成为云计算产业链中的一环。按照这种思路，合作区决策加快电子、生物技术、现代服务等深圳优势产业落地，将深汕飞地打造成为深圳拓展科技产业发展空间的目的地。

图3.2 腾讯云数据中心

资料来源：深汕特别合作区管委会供图。

要引进、嵌入新兴战略性产业与主导性产业，还必须要形成能够与之配套的社会环境，这意味着必须在飞地推进以人为核心的新型城镇化建设，大力发展社会事业，提升公共服务和社会治理水平，将合作区建设成为经济繁荣、人才集聚、和谐稳定、宜居宜业宜游的现代城市。正是基于这种认识，合作区将"现代产业新城"列入了战略发展目标。

对于飞地来说，如果能够引进、发展新兴战略性产业与主导性产业，不仅可以实现长远持续发展，而且意味着在产业梯度转移、要素禀赋优势互补模式之外，还可以采用一种新的经济发展模式——建立区域经济增长极。

二 增长极理论与区域经济发展

在中国的飞地经济兴起之初，主要采用产业梯度转移为主的经济发展模式。经历一段时期后，一些飞地开始尝试建立区域经济增长极，这种发展模式的理论依据是区域增长极理论。

法国经济学家弗朗索瓦·佩鲁（F. Perroux）在20世纪50年代提出以"不平等动力学"为基础的"增长极理论"。该理论认为，"增长并非同时出现在所有地方，而是以不同的强度首先出现在一些增长点或增长极上，然后通过不同的渠道进行扩散，并对整个经济产生不同的最终影响"。佩鲁所说的"增长极"不是一个区位，而是指在特定经济空间中，具有较强创新能力和增长能力的一个或一组经济部门。由于其具有创新与增长能力，因而能够在一定时期里起到支配和推动作用，能够通过外部经济与产业关联的乘数效应（Multiplier Effect）[①]，推动其他产业的增长，从而形成经济区域和经济网络。增长极的形成至少应该具备三个方面的条件：第一，具有创新能力的企业群体与企业家群体；第二，具有规模经济效益，有相当规模的资本、技术和人才存量，从而可以通过不断投资扩大经济规模，提高技术水平和经济效益，形成规模经济效益；第三，有适宜企业发展的外部环境（主要包括完善的基础设施条件、良好的营商环境、适当的政策引导），以集聚资本、人才和技术，形成生产要素的优化配置，从而使创新型企业能够快速增长，成为起带动

---

① 区域经济发展中乘数效应指通过产业关联和区域关联对周围地区发生示范、组织、带动作用，通过循环和因果积累的正反馈机制不断强化、扩大影响，亦即经济活动中某一变量的增减所引起的经济总量变化的连锁反应程度。其与宏观经济学意义上的乘数效应存在区别。

作用的增长极。①

此后，法国经济学家雅克·布德维尔（Jacques-Raoul. Boudville）将增长极概念的内涵从抽象的经济空间转向具体化的地理空间，认为经济空间除了经济变量之间的结构关系，还包括其所在地域的结构或区位关系，并提出"区域发展极"概念，指出增长极是在城市区配置不断扩大的工业综合体，并在其影响范围内引导经济活动的进一步发展，由于外部经济和集聚效应，使作为增长极的工业在空间上形成集中分布，并与现存的城市结合在一起。② 经济空间上的某些企业，也是地理空间上产业集聚的城镇。布德维尔将增长极分为"极化区域"（由市场机制支配自发生成）与"计划区域"（在计划机制支配下引导生成）。增长极是位于城镇或其附近的区域推进型产业的复合体，是引导区域经济进一步发展的地理"增长中心"。在区域经济发展初期，投资应当集中于这种增长中心，使增长由中心向周围地区传播。

瑞典经济学家冈纳·缪尔达尔进一步丰富了增长极理论，其突出贡献是基于增长极运行机制的研究。缪尔达尔从"累积性因果循环效应"的视角，分析了建立区域增长极将会面临的两种效应——"回波效应"与"扩散效应"。他发现发达地区和欠发达地区之间会出现两种方式的生产要素流动，一是各种优质生产要素向发达地区（增长极）流动、聚集，对周边欠发达地区的经济发展产生阻碍作用或不利影响，形成一种拉大地区之间差距的变化趋势，这被称为"回波效应"（亦有学者称为"虹吸效应"）；二是在发展到一定的阶段时，生产要素从增长极向周边欠发达地区扩散，对欠发达地区的经济发展产生推动作用或有利影响，形成一种缩小地区之间差距的变化趋势，这被称为"扩散效应"（亦有学者称为"外溢效应"），尤其值得注意的是，缪尔达尔指出，在市场机制作用下，由于市场机制的作用，从总体上看"回波效应"总是先于、大于"扩散效应"。发达地区不断累积对经济发展有利的因素，而欠发达地

---

① 佩鲁：《略论发展极的概念》，《应用经济学》1955年第8期。
② Boudeville Jacques-Raoul, *Problems of Regional Development*. Edinburgh: Edinburgh University Press, 1996, p. 44.

区则不断积累对经济发展不利的因素。在大多数情况下，从"回波效应"阶段发展到"扩散效应"效应阶段的时间是漫长的。在这段漫长的时间里，区域增长极对周边欠发达地区的经济发展的影响从总体上看是负面的，这些地区的人民往往还要继续忍受相当长一段时期的贫困状态；同时，对于看重政绩的地方政府官员来说，支持实施区域增长极政策，很可能在其任期内看不到显著成效，甚至当地的政治不安定因素还可能增加，这必然会在一定程度上影响他们的相关决策。很多国家的实践表明，以增长极理论为指导的区域经济发展政策，大多未能引发增长极周边欠发达地区的快速增长，反而扩大了它们与发达地区之间的差距。对此，缪尔达尔强调政府的作用，认为政府应积极干预而不是消极等待增长极的"扩散效应"的到来。后来的学者将其称为"诱导增长极模式"（可视为对布德维尔的"计划区域"的进一步理论思考），这其实是缪尔达尔增长极理论的精髓所在。遗憾的是，当时西方就有经济学家对这种"国家干预主义占上风"的观点持不同看法，例如美国经济学家阿尔伯特·赫希曼（Albert O. Hirschman）认为政府对增长极的发展应采取谨慎干预而不是积极干预。至 20 世纪 80 年代，反对国家干预的新自由主义经济学派占据主导地位，因此西方少有人进一步对"诱导增长极模式"进行理论研究与实践探索。

三 对飞地经济组合发展模式的初步探索

20 世纪 80 年代初，中国学界将区域经济增长极理论引入国内，并促使其运用于实践。80 年代的"珠三角"、90 年代初的"长三角"、90 年代后期的"环渤海"，即是区域增长极理论在中国的典型应用案例。理论界也研究如何将增长极理论运用于欠发达区域经济的发展，从地理区位、交通条件、产业特点、外部环境等维度来分析哪些地区具有成为经济增长极的潜力，在这类地区建立经济增长极的可能性，并提出了一些发展政策和建议。

21 世纪初，具有中国特色的飞地经济兴起，随着飞地建设者在实践过程中对产业梯度转移模式的优势与局限认识越来越清晰，他们开始尝试运用区域经济增长极理论来创新飞地经济发展模式。一些飞地致力于建立起区域经济增长极，通过促进主导性产业的形成，带动欠发达地区的经济发展，从而促进区域经济协调发展。在这方面，深汕特别合作区是最早探索与实践者之一。

由于中国特色的飞地经济具有以人民为中心、以国情为依据、以市场为动力、以政府为先导的特点，因此以建立区域增长极为飞地经济发展模式的探索，从一开始就与大多数西方的区域经济增长极有不同的着眼点和着力点。着眼点的不同在于它是服务于区域经济协调发展的国家战略，着力点不同在于它是在尊重市场规律的前提下以政府为先导。因此，中国特色的飞地经济所建立的区域经济增长极，一般不是由市场机制支配而自发性生成，而是由政府充分发挥杠杆作用，通过科学地计划而引导生成，因此是布德维尔所说的"计划区域"，缪尔达尔所说的"诱导增长极"。西方对于"计划区域"与"诱导增长极"的探索与实践并不多，并且由于国情的不同，可为中国飞地经济借鉴的经验就更少，这决定了中国的飞地经济建设者必须承担起艰苦的探索任务。其中最为重要的是，政府如何通过符合市场规律的积极作为，高效地诱导生成区域经济增长极，并缩短从"回波效应"到"扩散效应"的时间，尽快在欠发达地区形成围绕增长极的经济网络；如何依据国情与具体的地区情况，充分发挥中国的制度优势，建立具有中国特色的"计划区域"，形成具有中国特色的"诱导增长极模式"。

具体到深汕特别合作区对建立区域经济增长极模式的探索，首先表现在《15 总规》指导下，于 2015 年 5 月完成的《深汕特别合作区产业发展规划（2015—2030 年）》（以下简称《2015 产业规划》）中，规划明确提出，围绕"深圳总部＋深汕基地"，以市场主导、政府推动为原则的产业发展思路，并将优先发展先进制造业列在首位。针对合作区的现实条件，决策以承接珠三角先进制造业转移为先导，梯次发展电子信息、生物技术、海洋新兴产业、新能源等先进制造业，努力将深汕飞地打造成粤东地区重要的先进制造业基地。这实质上是将产业梯度转移模式与建立区域增长极紧密联系在一起，力图从承接深圳优势产业链、嵌入新型战略性产业链起步，为在深汕飞地形成区域推进型产业积蓄力量，以最终在飞地形成能够带动区域经济发展的主导性产业。

如果在深汕特别合作区建立起了区域经济增长极，不仅能够使合作区自身实现跨越式发展，而且能够带动合作区周边地区形成关联性产业，其相较于单纯的产业梯度转移，无疑对汕尾的经济发展具有更为积极和深远的意义。从2015年起，合作区加大了推进先进制造业引进、发展的力度。2016年4月，时任广东省委书记胡春华在合作区调研时作出了"聚焦产业、聚焦鹅埠"的指示，要求加快打造鹅埠先进制造集聚区。

在努力建立区域经济增长极的同时，深汕特别合作区还充分挖掘双方的要素禀赋优势，选择适合当地发展的产业。要素禀赋结构决定了一个地区适合发展何种产业，在规划产业发展战略时，切不可脱离当地的实际情况来追求"时代的亮点"。否则政府的巨量投资可能会扭曲市场，虽然在短期内制造出某种产业蓬勃发展的假象，但由于违反了比较优势原则，风光一时之后，必然会因"先天不足"或"火候未到"而陷入无法真正形成具有竞争优势的产业的窘境，在消耗大量资源后以烂尾告终。正是基于对市场规律的尊重，合作区政府在认真分析了深圳汕尾两地要素禀赋结构之后，科学地判断通过双方优势互补性的要素投入能够在哪些产业领域形成比较优势，最终决策致力于发展本地传统优势产业、旅游业、现代农业与现代服务业。对于服装鞋帽、食品加工等本地传统优势产业来说，只要加大资金等要素的投入，就能够推动其技术改造和产能升级，优化其发展模式和营销模式；合作区具有优质的生态本底，以及自然、历史、人文等旅游资源，却因为欠缺开发资金、交通不便等原因使这些要素禀赋优势无法充分发挥，利用这些"养在深闺人未识"的资源发展文化旅游与生态康养产业，不仅能够为合作区带来经济增长，同时还能补充深圳的城市功能；合作区在基本农田、海洋资源上具备优势，只要引进龙头企业与先进技术，就有望建成高效的现代农业生产基地。

《2015产业规划》的出台，标志着深汕飞地从产业转移工业园升级为特别合作区之后，开始走向以建立区域经济增长极为首要战略目标，并将之与梯度产业转移、要素禀赋优势互补等模式相结合的组合式飞地经济发展模式。实施这种通过多措并举、形成合力来推进飞地经济发展的战略，无疑对合作区政府提出了更具挑战性的要求，也决定了在具体工作中会遇到更多预想不到的难题。2016年下半年，党工委管委会新的领导到任。他们肩负着将《15总规》《2015产业规划》从设想变成现实的重任，要带领合作区进入攻坚克难的阶段。

第二节　攻坚克难：在探索与突破中前行

在《15总规》制定后，深汕特别合作区管委会按计划全面推进合作区的建设。然而，在实际工作中却遇到重重困难。从2016年下半年到2017年，合作区党工委、管委会一直在攻克各种难关。其中，最主要的有信心、征地、资金、人才、管理、产业和配套七大难题。

一　信心难题

深汕特别合作区是在一片现代工业的空白之地上开始建设的，拓荒者需要面对的各种困难可想而知。第一批选派合作区的干部共29人，于2012年年初到任，计划任职5年，2016年年底到期。在《15总规》出台之前，合作区的发展相对缓慢，悲观迷茫的情绪逐渐在部分干部队伍中蔓延；2016年下半年，党工委管委会新的领导到任，此时这一批干部的任期只剩下约半年时间，因此出现了干部队伍"军心"不稳问题。有些同志觉得过去四年多的艰苦工作未能取得满意的成绩，最后这半年能够有多大的作为？

新的领导班子到任后，及时掌握干部队伍精神面貌和实际工作状况，将此时合作区的问题概括为"三个临时"，即"临时机构、临时人员、临时思想"。深感必须首先解决干部队伍的信心不足问题。为此，合作区党工委、管委会率先认真组织学习时任广东省委书记汪洋同志在设立深汕特别合作区工作座谈会上的重要讲话和省委书记胡春华同志多次反复调研合作区的重要讲话精神，使干部们深刻领会省市主要领导的战略意图。并且，新的领导带领班子成员认真研究了合作区的区域位置,明确了合作区虽地处海陆丰,但却是连接珠三角和海西经济走廊的重要节点,而且具有很大的资源禀赋潜力,因此这块土地有可观的发展前景,由此坚定了领导班子成员扎根深汕、建设深汕的决心和信心。在解决了领导班子成员和干部们的信心问题后,党工委管委会坚决改造政治生态和队伍结构,让合作区的干部群众真实地感受到新的领导班子与合作区同存亡、共命运,带领全区上下守初心、担使命,迎难而上的决心与魄力。

二 征地难题

征地是飞地经济建设中,具有普遍性的"老大难"问题。在深汕特别合作区,征地拆迁和土地收储表面上看只需要土地收储部门和四镇征地主体履职尽责,但实际上还需要海丰县有关部门给予有力配合。一些工作经多次协调都未能得到很好解决,成了历史遗留问题。根据《广东省深汕特别合作区管理服务规定》,征地任务主要由海丰县负责,然而,面对产业落地与土地供应脱节的现状,合作区必须发挥积极作用。为此,2016年8月,合作区党工委、管委会决定成立土地收储专项工作小组(深汕办〔2016〕53号文),由合作区管委会常务副主任任组长,下设实地移交、资料初审和入库审核3个专责小组,其中由汕尾干部出任实地移交与资料初审小组组长,由深圳干部担任入库审核小组组长。此外,党工委管委会主要领导以身作则,行胜于言,带领督办人员,不打招呼、直奔现场,依法依规开展"征收、拆迁、清表"大行动。例如,用一天时间就现场解决了港区一路鱼塘征地和新园路鱼浆厂拆迁问题,让各方看到了合作区党工委、管委会攻克征地难题的决心和胆识。此后,合作区上下一鼓作气,乘势而上,经过半年时间的集中攻坚,到2016年年底,督促海丰县实地移交土地8.94平方千米,广东省批准用地4.4平方千米,实际累计出让土地1.86平方千米,有33个项目通过"招拍挂"方式取得了合法用地。2017年年初,合作区党工委、管委会又进一步完善组织架构,加强土地收储力量,除明确由一名管委会领导兼任土地征收办主任之外,土地收储专项工作小组另配备两名专职副主任和三名兼职副主任。

三 资金难题

财政平衡是政权运作的基础。当时,"深圳难给钱,汕尾难给地",没有土地和资金,合作区的开发建设就无法推进。2016年下半年,合作区党工委、管委会多次协调银行,分两次共放贷15亿元,作为合作区征地的启动资金。此后,合作区发挥深汕投控集团投融资平台作用,以其20.478亿元注册资本金为基础,打造合作平台,并采用向银行融资等方式,与中铁、中建二局、中城建五局、特建发、铁汉生态等企业合作推进5个PPP项目,总共撬动了220亿元资金投入合作区的基础设施建设,助推合作区起步。通过引入社会资本参与合作区道路建设,合作区在较短的时间内,及时解决了基础设施建设资金筹措难题。2017年4月,合作区还协调汕尾市主持召开华润海丰电厂项目税收有关问题协调会,明确华润电厂项目税收征管工作从6月起由汕尾市税务部门移交合作区税务部门负责,逐步理顺了合作区与汕尾的财政税收管辖权,财税收入的保障性进一步增强。

四 人才难题

合作区干部由深圳、汕尾两市选派,总体而言具有援助式、过渡性、临时性的特点。2016年年底,第一批干部挂职履职即将到期,合作区管委会未雨绸缪,向深圳市委、市政府书面请示汇报,在深圳第一批选派干部还未到期时,提前启动第二批干部选派工作。在前期选派干部报名不理想的情况下,合作区管委会主要领导多方协调、反复沟通,重点考察选派干部的专业结构、岗位匹配、工作经历,从各个系统精挑细选出25名党政干部,一个月内完成第一批和第二批干部的轮换交接。在大开发大建设过程中,技术干部必不可少。面对技术干部稀缺的困难,主要领导在请示市委组织部后,积极协调深圳市国资委,加紧选派13名熟悉开发建设和产业拓展的专业技术管理骨干,到合作区管委会和国企开展工作。此外,行政事务员是必不可少的,合作区成立人才工作领导小组,设立人才服务中心,着力打造稳定全面的政务服务体系,从"985"

"211"院校招聘了一批优秀人才担任行政事务人员。通过加强队伍管理、培训，优化人员力量、结构、层次，初步形成了比较稳定的管理和运营团队。

五 管理难题

在成立之初，合作区管委会存在"管理体制多元性、人员来源多样性、工作任务艰巨性"的问题，在管理上究竟是采用深圳的还是采用汕尾的规章制度，没有明确的规定。合作区党工委、管委会明确提出，参照深圳的法规和制度，力求"于法周延、于事简便"，同时又明确提出"并联审批、同步推进"，建立健全一整套工作管理制度，尽全力保障各项工作在法律政策框架内运作，依据实际情况制定土地、工程、财政等制度，细化量化有关规定，有效增强了制度的可操作性。例如，先后出台《关于印发〈深汕特别合作区土地储备管理暂行办法〉及实施细则的通知》（深汕办〔2016〕3号）、《关于印发深汕特别合作区土地平整工程简要流程图的通知》（深汕办〔2016〕40号）以及《关于印发土地收储专项工作小组工作方案的通知》（深汕办〔2016〕54号）等。

为进一步规范和完善政府投资项目代建制度，合作区党工委、管委会制定了《深汕特别合作区财政资金管理暂行规定》《深汕特别合作区行政事业单位经费支出管理暂行办法》。同时，在制度执行中加强监管督促，对发现的问题及时批评，及时纠正，及时解决，较好地化解了建设发展中一些长期存在的矛盾和问题。

六 产业难题

2016年新的领导到任之时，合作区仍处于"爬坡过坎"阶段，产业政策尚不够完善，市场消费力量不强，产业集群效应很弱，因此招商引资和产业发展依然面临重重困难。为吸引项目、资金、就业人口快速向合作区流动，合作区党工委、管委会必须发挥政府主导作用，打造一流营商环境，加快招商引资、推动项目落地。对此，合作区从三个方面着力，推动产业项目的引进、落地。一是"质""量"并重，强力推进招商引资。通过举办产业推广活动、加强与深圳重要新闻媒体合作，打造有影响力的招商推介产品，拓宽招商宣传渠道，吸引企业投资入驻合作区；同时注重招商引资质量，明确优先引进投资规模大、技术高端、规模集聚的产业项目，重点引进华润、中建科技、绿地等具有重要影响的龙头企业，为形成优势产业链和产业集群积累有利条件。二是狠抓落地，推动产业建设项目提速增效。为推进产业项目尽快落地，2017年3月6日，管委会开展"产业项目建设百日攻坚"行动（见图3.3），实施责任包干制度，落实到人，每两名公务员包干一个项目，一位区领导包干一个拟竣工投产项目，数机械、数人头，集中100天时间全面提速20个重点产业项目，全面提速推进项目建设。该活动成果显著，推动蓝盾、名盾等8个项目落地开工建设；万泽、应达利等4个项目开始主体施工；中瑞、华瑞2个项目实现投产。同时，建立项目建设微信工作群，每天督办工作进展；制定主任工作例会制度，采用现场调研与会场讨论相结合的模式，要求每周研究解决影响项目落地的各种难题。三是服务企业，着力创建一流营商环境。为筑牢支撑产业持续健康发展的根基，合作区强化项目服务机制，建立产业项目推介会、企业座谈会、现场办公会制度，统筹处理企

图3.3 百日攻坚行动

资料来源：深汕特别合作区管委会供图。

业投产过程中遇到的电力、通信、招工、融资等难题；推行审批制度改革，优化项目审批流程，为企业提供"一站式"政务服务，制定更优惠的、更具吸引力的产业和人才引进政策，切实解决企业的"融资难""用工难""办证难"等问题。

与此同时，合作区坚决大力治理企业"囤地"待价而沽的现象。对合作区发展信心不足的企业，合作区派干部跟踪服务，耐心疏导，并通过"产业攻坚"行动、主任工作例会等方式帮助企业克服项目落地的难题。对多次解决项目落地相关难题后，仍坚决不动工建设的企业，合作区择机启动收回售予土地的有效程序，例如，2017年共收回7块土地，有效遏制了企业"囤地"阻碍合作区建设发展的不良情况。

七 配套难题

配套设施是生活生产的重要基础。合作区成立之初，由于配套设施严重缺乏，导致干部难以选调，人才难以引进，产业难以落地。为改善生产生活所需的基本条件，管委会首先着手解决生活基本配套问题。首先是解决饮食问题，改造机关食堂，建设员工饭堂，增加菜品供应，提高菜品质量，让来自天南海北、四面八方的干部职工能够吃得开心。其次是解决住宿问题，尽快建设生活中心。2016年8月，生活中心4栋职工宿舍楼同时动工建设，并启动创业村员工小区建设工程，确保职工住得舒心。此外，还建设了职工文化活动中心、书吧、超市、洗衣房、理发室、快递转运室，使职工日常生活过得顺心。到2017年，合作区着手解决工业发展的配套问题，例如加快建设文贞楼3栋办公大楼、小漠国际物流港、深汕时尚品牌产业园；加快规划建设开元大厦、东部大厦、绿地中心、鲘门海洋智慧港等项目。然后是解决民生配套问题，管委会多次请示市委、市政府主要领导，协调深圳市卫计委、深圳市教育局，拜访北大深圳医院、南山区教育局、深圳百合外语学校、深圳职业技术学院等部门，管委会推动了北大深圳医院深汕门诊部和深汕院区以及南山外国语学校深汕校区的落地（见图3.4）。

在解决七大难题的过程中，合作区党工委、管委会不断地思考、学习、比较、借鉴、尝试。经过反复的设想、推倒、再设想、再推倒，合作区发展的思路日渐清晰。2017年2月，合作区党工委、管委会提出要以"依托深圳、联动汕尾、立足深汕、实干兴城"为发展理念，以"深圳总部＋深汕基地"为产业引进方式，以"纵向形成产业链、横向形成综合服务链，工业化推进城镇化"为发展思路，以产业项目建设为中心，实施"1234"系统工程，即建设一座有特色的美丽滨海产业新城，突出先进制造、新兴海港两大特点产业，重点打造先进制造集聚区、新兴海港商贸区、滨海生态旅游区三大特殊区域，加快培养一支能够忠实履行新时期历史使命的，具备四个特别素质（特别能吃苦、特别能担当、特别能创新、特别能务实）的创业队伍。以上决策表明，合作区政府在飞地经济发展模式与飞地经济管理模式上的探索已经迈入了一个新的阶段。随着土地征收、资金筹措、人才引进、项目落地等工作稳步推进，合作区的建设日新月异，广大干部群众实实在在地看到了合作区的发展变化，建设发展合作区的信心逐渐确立起来，力量日益凝聚起来。

图3.4 海洋智慧港

资料来源：深汕特别合作区管委会供图。

在取得显著成绩的同时，合作区党工委、管委会也清醒地认识到合作区尚待解决的问题。"两方合作"的管理模4式导致的"有分工 难合作"的局面还未能彻底改变，如何为飞地经济发展打造一个更加有为的政府，依然需要进一步探索。而此时，合作区的外部环境已在发生深刻的变化，新一代信息技术革命浪潮迅速兴起，人类第四次工业革命的大幕正在拉开，世界各先进国家正进入创新驱动的21世纪全球制造业竞争的新赛道。党中央敏锐地觉察到了又一次的时代变迁，高瞻远瞩地对如何把握机遇、迎接挑战进行了顶层设计。当时代的大潮惊涛拍岸之时，深汕特别合作区也必然要承接新的使命与任务，飞地经济的战略定位必须再次升级，飞地经济发展模式与飞地经济管理模式的创新必须再上层楼。

第三节 再上层楼：培育内生性创新增长动能

一 创新驱动与21世纪全球制造业竞争

飞地经济的战略定位与发展模式选择，除了必须以合作双方的要素禀赋结构等内部因素为立足点，还需要考虑外部环境的变化。就在合作区制定《15总规》《2015产业规划》之际，新一代信息技术革命的浪潮开始席卷世界。移动互联网、物联网、大数据、云计算、人工智能等新兴信息通信技术取得了突飞猛进的发展，并迅速向人类生产生活的各个领域深度渗透。其中一个具有历史性意义的事件，就是新兴信息通信技术引发了第四次工业革命。

2012年，美国通用电气公司提出"工业互联网/先进制造"战略规划，其核心是通过工业互联网平台把设备、生产线、工厂、供应商、产品和客户紧密地连接、融合起来，以此帮助制造业拉长产业链，形成跨设备、跨系统、跨厂区、跨地区的互联互通，从而提高效率，推动整个制造服务体系智能化，推动制造业融通发展，进而实现制造业和服务业之间的跨越发展，使工业经济各种要素资源能够高效共享。美国是互联网的发源地，因此"工业互联网/先进制造"力图发挥美国掌控全球信息高速公路的优势，建立一个开放、全球化的网络，将人、数据和机器连接起来，以升级关键的工业领域。随后，通用电气公司与 IBM、思科、英特尔和 AT&T 等美国企业巨头联手组建了工业互联网联盟（IIC）。这一重大战略举措立即在世界各先进工业国家激起强烈反响。2013 年，传统制造强国德国率先做出反应，正式提出"工业 4.0 战略"。该战略旨在通过充分利用新兴信息通信技术，使网络空间虚拟系统与信息物理系统（Cyber-Physical System）相融合，将制造业向智能化转型，目标是建立一个高度灵活的个性化和数字化的产品与服务的生产模式。德国将工业 4.0 定义为第四次工业革命，第一次工业革命是蒸汽机革命（工业 1.0），第二次工业革命是电气化革命（工业 2.0），第三次工业革命是自动化革命（工业 3.0），而当前迎来的是信息与智能化革命（工业 4.0）。"工业 4.0 战略"以"智能工厂""智能生产""智能物流"为三大主题。

在近现代，中国三次错失了工业革命的机会。中国真正的工业化是在 1950 年从极低的起点开始的，此后一直在奋力追赶之中。当第四次工业革命到来之时，中国绝不会再次错过。2015 年，在系统研究了西方工业强国的发展战略之后，中国吸收、借鉴各先进国家之长，结合中国产业发展的现实状况，制定《中国制造 2025》。这一宏伟规划是中国实施制造强国战略的第一个十年行动纲领，确定坚持走中国特色新型工业化道路，以促进制造业创新发展为主题，以提质增效为中心，以加快新一代信息技术与制造业深度融合为主线，以推进智能制造为主攻方向，以满足经济社会发展和国防建设对重大技术装备的需求为目标，强化工业基础能力，提高综合集成水平，完善多层次多类型人才培养体系，促进产业转型升级，培育有中国特色的制造文化，实现从制造大国向制造强国的历史性跨越。《中国制造 2025》明确提出创新驱动、质量为先、绿色发展、结构优化、人才为本五大基本方针。

《中国制造 2025》的发布标志着中国正式走上创新驱动的发展道路，全国各行各业积极响应。第四次工业革命的卷地涛声，也在深汕人心中震撼回荡。合作区党工委、管委会深刻意识到，深汕飞地又将迎来新的使命与任务——如何为创新驱动发展战略贡献力量。

同时，经过一段时间的实践，合作区对建立区域增长极模式的局限性已经有所认识——这种模式的最突出短板就是具有明显的外部依赖性。20世纪70年代末，增长极理论在经过政策实践的检验后，就受到多种质疑与批评。事实表明，政府的大量投入并不一定能保证建立起增长极，尤其是当推进型产业的选择脱离当地的产业基础，同本地产业没有形成强关联，或者二者在规模、技术上的差距太过悬殊，就无法在区域内形成产业链。这种产业结构联系的断裂，会导致发挥"扩散效应"的通道受阻，形成与周边地区经济割裂的"孤岛经济"。更值得注意的是，学术界对增长极理论也进行了反思，认为增长极理论还存在两个主要缺陷，一是过分强调劳动力与资金这两个可流动要素，而忽视了技术创新、知识创新对经济增长的推动作用；二是增长极理论强调依靠政府的力量"自上而下"建立增长中心，主张对增长极进行重点投资，但主要依靠外来企业的牵引和外部技术的引进，容易导致产业结构呈现较强的刚性，对市场的变化反应迟钝，使经济发展出现僵化和脆弱的问题。[①]

以上反思对于飞地经济的发展具有重要的启示：在飞地经济发展模式的选择上，除了依靠引进外力来带动，更要重视对地区的内生性增长力量的挖掘与培育；除了发挥"自上而下"的政府推动力量，还要充分利用"自下而上"的市场推动力量，尤其是技术创新的推动力量。2016年，合作区党工委、管委会开始思考如何将创新驱动运用于飞地经济的发展之中，并进行了深入的理论研究。

二 技术制度创新理论与经济发展

早在1912年，奥地利经济学家约瑟夫·熊彼特（Joseph A. Schumpeter）在《经济发展理论》一书中提出"五种创新"，并论述其在经济发展中的作用，做出了"经济发展是创新的结果"这一著名论断。熊彼特所说的"五种创新"包括：（1）制造新的产品；（2）采用新的生产方法；（3）开辟新的市场；（4）获得新的

[①] 王缉慈：《创新的空间——企业集群与区域发展》，北京大学出版社2001年版，第70—84页。

供应来源;(5)形成新的组织形式。① 这五种创新的前两种属于技术创新、第三种与第四种属于市场创新,第五种则属于制度创新。此后,熊彼特的追随者对他提出的理论不断发展、丰富,形成了许多有特色的创新理论。对于飞地经济发展模式研究而言,其中最具借鉴价值有内生经济增长理论、区域创新系统理论、集群创新系统理论、制度创新理论。

1986年美国经济学家保罗·罗默(Paul. Romer)提出"内生经济增长理论",认为可将技术进步视为经济的内生变量和知识②积累的结果,知识积累是经济增长的原动力。他建立了一个与传统收益递减模型不同的收益递增的增长模型,在该模型中,知识被分为一般知识和专业知识。一般知识产生经济外部性,使所有企业都能获得规模收益;专业知识产生经济内部效应,给个别企业带来垄断利润,进而为这些企业提供了研究与开发的基金与内在动力。因此专业知识作为一种内生的独立因素,不仅可以使其本身产生递增收益,还使资本、劳动等其他投入要素的收益递增,进而为经济的长期增长提供条件。内生经济增长理论为认识经济增长途径提供了一个新的思维方式:技术知识能够成为经济发展的内生动力,而它又是一个可以生产出来的要素,那么如何创新技术知识,就成为培育经济发展内生动力的关键。

对于这一问题,区域创新系统理论给出了一个回答。该理论认为,随着科学技术的不断进步,知识生产的专业性要求越来越高。创新主体(尤其是企业)难以甚至不可能孤立地进行创新,而必须借助不同的创新主体之间的互补性,将专业化的知识和能力有效结合起来,形成创新网络。在对技术创新的研究中发现,创新网络的成效往往与创新主体的空间分布有很大的关系,有些地方化的创新网络似乎甚至比跨国技术联盟更能持久。其原因则在于,地理的邻近带来的文化认同、相互信任、沟通顺畅等有利条件,成为维持并强化创新网络的支撑因素。首先出现在德国、澳大利亚及一些北欧

---

① [美]约瑟夫·熊彼特:《经济发展理论》,邹建平译,商务印书馆2019年版,第98—99页。

② 罗默所说的知识与日常意义上的知识不是同一概念。

国家的区域网络化创新系统，被认为是一种理想的系统。在这种创新系统中，企业等组织聚集于一个特定的区域，以当地的、互动的学习为特征。而它们大多是国家促进创新能力与创新合作的政策所导致的结果，并且通过有计划地加强该区域的基础设施、公共服务来推动知识生产，增强区域内企业的竞争优势。

至于集群创新系统理论，则必然地与产业集群理论密切地联系在一起。该理论认为技术创新及其扩散促使具有产业关联性的各部门的众多企业形成集群。因为创新不是孤立事件，且不在时间上均匀分布，而往往是成簇地发生，亦即趋向于集群式。在某一特定区域，大量产业关联性密切的企业及相关支撑机构在空间上集聚，进而形成强劲的、持续的竞争优势。[1] 产业集群理论强调发挥区域内各种资源的整合功能，主要利用市场自组织力量"自下而上"地构建区域专业化分工，充分发挥区域分工的外部性，形成聚集经济效应。产业集群最突出的特点是，众多产业关联密切、地理空间集中、以相互信任和承诺为交易协作基础的中小企业之间形成一种比纯市场结构稳定，同时又比科层组织灵活的特殊的组织结构。[2]

制度创新理论则是制度经济学与创新理论两个学术流派融合的产物。该理论认为，制度创新指能够使创新者获得追加或额外利益的对既有制度的变革。制度也是经济发展的一种内生变量，也有供给与需求。制度创新的过程实际上就是制度这一产品的供给与需求不断在动态变化中达到均衡的过程。由于制度具有公共产品性质，因而制度的供给主要取决于政治体系提供新制度安排的能力和意愿，换言之，政府在制度创新方面具有决定性的作用。

综上所述，技术创新、市场创新、制度创新是形成内生性创新增长的条件。在第四次工业革命浪潮的冲击之下，廉价劳动力等传统禀赋结构优势的重要性正让位于技术要素优势，欠发达地区不可能再仅仅依赖土地、资本、劳动力等传统生产力要素来驱动区域经

---

[1] Porter Michael E., "Clusters and the new economics of competition", *Harvard Business Review*, Vol. 76, No. 6, 1998.

[2] 曾国安、冯涛:《增长极、产业集群与落后地区的区域经济发展》,《生产力研究》2004 年第 8 期。

济增长，追赶发达地区。同时，在知识经济时代，制度供给越来越成为经济发展的动力，在区域经济增长中，有时制度环境可能比自然资源禀赋更为重要。

三 新的飞地经济组合式发展模式

对于飞地经济而言，培育内生性创新增长动能是一种能够克服区域增长极模式缺陷的新模式。2017年，国内已有飞地对这种新模式进行初步探索，例如，一些并没有明显经济落差的地区以强强联合的方式，打造高新技术产业飞地，以提升技术创新能力；再如，在一些地方，还出现了"反向飞地"，即经济欠发达地区飞入经济发达地区，其意图在于借助发达地区的优越条件，培育具有内生性增长动能的、与自身产业具有强关联性的高新产业，然后利用其"扩散效应"带动自身产业的升级。这些探索明显具有实践超前于理论的特点，即在实践上锐意进取，不断积极尝试，但理论思考尚相对欠缺。并且，这些案例都是在经济发达地区发展高新技术产业。那么，培育内生性创新增长动能模式能否应用于欠发达地区呢？如果能够获得成功，无疑可以使欠发达地区实现跨越式发展，从而最有效地解决区域经济发展不平衡问题。对此，当时有学者认为，建在空白之地的工业也一定是低水平、低层次的，充其量是原始"爆米花机式"的工业。[①] 深汕特别合作区能否超越这一论断，为中国特色的飞地经济发展闯出一条新路？合作区党工委、管委会开始了深入的理论思考和反复的研究论证。

深汕特别合作区要采用培育内生性创新增长动能的飞地经济发展模式，意味着要在一个经济基础极为薄弱的革命老区，一个高新技术的空白之地，建立起一座高新产业新城，这是一次未有先例的尝试，其难度之大可想而知。但合作区党工委、管委会认真钻研了国内外的技术、制度创新理论，并以深圳为样本研究了中国创新产业崛起的过程，从中获得了巨大的启发。深圳当年也只是一个边陲小镇，在创业之初也是工业的空白之地，更是高新技术的空白之

[①] 周柯、谷洲洋：《飞地经济运行机制及实现途径研究》，《中州学刊》2017年第10期。

第三章 飞地新模式——深圳主导下的组合式发展模式

地；也是从"两头在外""三来一补"起步，先发展低端外向型经济，在发展中不断积累资本，不断学习先进国家的技术与管理；经过一段时期的资本、技术、人才、管理经验等要素的积累之后，一步步向产业链高端攀登，最终以深圳速度成为中国的创新之都。合作区党工委、管委会的很多领导干部都亲身经历了这一攀登过程，对之有深刻的体会。今天的深汕特别合作区最大的有利条件就是能够充分依托深圳，能够最完全地吸收深圳发展的经验和深圳敢为人先的精神。透彻研究了深圳的"成功秘诀"之后，合作区党工委、管委会下定决心继续升级飞地经济发展模式，将培育内生性创新增长动能与产业梯度转移、要素禀赋优势互补、建立区域诱导增长极四者相结合，使之相互补充、相互促进，形成新的组合式发展模式。这是国内外没有过的尝试，既无先行者的经验可资借鉴，也无成熟的理论可作指导，将由深汕特别合作区率先做出探索。这也意味着深汕特别合作区主动承担了一项特殊的使命，既通过承接产业梯度转移、要素禀赋互补来保证经济基础薄弱的革命老区迅速全面启动工业现代化进程，又充分发挥有为政府的作用，诱导生成能够带动汕尾地区关联产业发展的区域经济增长极，还要设法在飞地形成内生性经济发展动力，通过制度创新来促进区域创新系统、集群创新系统的形成。

同时，选择什么样的飞地经济发展模式，就需要有什么样的飞地经济管理模式与之配套。国内的飞地经济发展实践也已证明，飞地经济的发展最易受困于行政管理机制。既然深汕特别合作区选择了尚未有人尝试的发展模式，那么合作区党工委、管委会必须对既有的体制、机制进行改革，创新出适应这种发展模式需要的飞地经济管理模式，探索政府、市场双重机制推动可持续发展的新路径。显然，合作区当前的两方共管模式难以适应这一极具挑战性的探索。

2017年4月，时任广东省委书记胡春华第六次莅临合作区调研考察。合作区管委会如实汇报了近期工作进展情况，并诚恳提出了希望省委、省政府帮助解决的事项，其中谈到了在"两方共管"模式下，合作区管委会的主体作用没有充分发挥，主动性、能动性、创造性还需提高，因此能否明确由一方主导，以便减少交叉管理。2017年4月，胡春华书记在听取工作汇报后，充分肯定了合作区在产业建设方面落实广东省委、省政府关于"聚焦产业、聚焦鹅埠"战略取得的发展成绩，同时也指出体制机制障碍对合作区长足发展的严重掣肘，提出"合作区必须要从临时性、援助式的体制机制调整为长期的生产、运营、管理的体制机制，合作区必须调整由深圳全面主导，成为深圳的一个重要区"，要求深圳、汕尾两市以及合作区管委会作为重大课题来研究。胡春华书记的指示，拉开了合作区飞地管理体制机制再次调整的序幕。

第四节 管理模式创新：体制机制改革与制度建设

一 深圳"全面主导"模式的制度安排

胡春华书记的指示使合作区管委会受到极大鼓舞。在深圳市委、市政府的指导下，合作区党工委、管委会立即着手启动管理体制机制调整的课题研究，并于2017年7月形成《关于深汕特别合作区体制机制调整方案》，在飞地经济管理模式创新上请命先行，报请深圳市委、市政府提交广东省委、省政府研究审定。

广东省委、省政府经过仔细研究和精心准备，于2017年9月21日印发《关于深汕特别合作区体制机制调整方案的批复》（粤委〔2017〕123号文，下文简称"123号文"），明确深汕特别合作区由"两方合作"模式调整为"深圳全面主导、汕尾积极配合"，以深圳市一个功能区的标准和要求，对合作区进行顶层设计、资源配置、规划建设、管理运营，并从组织架构、经济社会管理、财税管理等方面对合作区的经济事务和社会事务做了详细的规定。

（一）组织架构

1. 合作区党工委、管委会：调整为深圳市委、市政府派出机构。成立深汕特别合作区纪工委，为深圳市纪委派出机构。

2. 机构编制和人事管理：合作区党工委、管委会、纪工委领导班子成员由深圳市委选任和管理，机关的机构编制纳入深圳市统一管理。"四镇一场"和汕尾派驻合作区的相关机构及编制一并划转合作区。

3. 深圳市公安局深汕分局：深圳市公安局派出机构，行使县级公安机关职权。

4. 深圳市深汕合作区法院、检察院：作为深圳市中级人民法院、深圳市人民检察院的基层法院、基层检察院。

5. 国税局：报请国家税务总局支持将合作区国税局由广东省国税局管理调整为深圳市国税局管理。

（二）经济社会管理

1. 相关规划：由深圳市统一组织编制城市总体规划、土地利用总体规划；将合作区统筹纳入深圳市国民经济和社会发展规划体系。

2. 基本公共服务和社会管理：由深圳市负责。

3. 交通：支持从深圳到合作区建设1条高速公路、1条时速350千米的高速铁路。

4. 用地用林用海管理：

用地：合作区享有深圳市行政区区级建设用地审批权限，涉及土地征收审批权限的，调整为深圳市政府实施。合作区年度新增建设用地指标由省政府统筹安排，年度土地利用计划纳入深圳市统一上报。

用林：合作区建设项目使用林地指标由省单列下达并由合作区专用，合作区各类建设项目使用林地的，由合作区林业主管部门直接报深圳市林业主管部门审批，属于国家审批权限的建设项目，由深圳市林业主管部门审查后报省林业厅审核同意，再上报国家林业局审批。

用海：海域（海岛）按程序纳入深圳市海洋管理综合示范区。

（三）财税管理

1. 管理体系：合作区财税纳入深圳市财政体制范围，由深圳市全权管理。财政预决算汇总纳入深圳市本级或者其下属的行政区预决算，由深圳市人大审议。

2. 税收：属地征管、就地缴库。2020年前，省财政从合作区获得的一般公共预算收入全额补助给合作区，深圳、汕尾两市不参与合作区财税分成，全部留给合作区。2021年后的财税分成再行研究。

3. 金库：金库由人民银行深圳中心支行设置和管理，各级次税收分成通过合作区金库就地分成。深圳市与合作区的资金缴拨通过合作区金库划解。

4. 债权债务："四镇一场"的债权债务由合作区承接。2020年前，四镇继续享受省对欠发达地区区镇等相关补助和扶持政策。

5. 政府性基金收入：合作区的土地出让纳入深圳市统一管理，土地出让收入扣除政策性刚性支出和土地征收投入后，全额返还合作区。

"123号文"明确要求"深圳市要不折不扣地落实好全面主导合作区经济社会事务的责任，按'10+1'（深圳10个区+深汕特别合作区）模式给予全方位的政策和资源支持，及时解决合作区发展面临的困难和问题，确保合作区在新的体制机制下迅速打开工作局面"，"汕尾市要从大局和长远角度出发，积极配合做好各项工作，为合作区加快体制机制调整和开发建设创造良好的环境和条件"以及"合作区要加强规划管理，推进开发建设，壮大主业、加快升级、优化环境、改善民生，争取成为全省区域合作的成功典范和标杆"。

"123号文"是合作区"深圳全面主导"体制模式调整的纲领性文件，2018年2月17日，深圳市委、市政府印发了《关于深圳市组织实施深汕特别合作区体制机制调整的工作方案》（深办〔2018〕4号文）（下文简称"4号文"），确定合作区体制机制调整工作细则，通过成立市工作领导小组、组建合作区领导班子和机构、理顺"四镇一场"工作关系、推进规划建设等七项务实举措以保障合作区体制机制调整工作稳步推进。

二 "两方合作"与"深圳主导"的体制机制对比分析

深圳市人民政府发展研究中心主持的深圳市政府2018年重大研

究课题《深汕特别合作区"飞地"合作模式研究报告》(下文简称《深汕合作模式研究报告》)对合作区的合作模式进行了详细分析,本书在此基础上进行梳理和总结,将其主要观点摘录如下。

(一)管理模式的优缺点比较

《深汕合作模式研究报告》通过配对比较法,抽取一些关键因素,对合作区"两方合作"和"深圳主导"两种模式的绩效进行了对比分析(见表3.1)。"深圳主导"模式从干部选任、事权划分、财税管理等方面逐步交由深圳主导,一方面可以降低两地制度摩擦成本和企业办事成本,激发深圳投入人力、物力、财力开发建设合作区的积极性;另一方面也能充分引进深圳先进管理经验,发挥深圳品牌优势,增强企业入驻发展的信心。

表3.1　　　　合作区两种合作模式的优缺点比较

	"两方合作"模式	"深圳主导"模式
权力来源	√已出台省级行政规章作为明确的法律依据	○暂无法律依据,需以立法的形式予以明确
与上级政府关系	×隶属关系重叠,双重领导	√隶属关系明确,单一领导
地域管辖权	×两地共管,经济社会职能分离,管理成本高	√深圳主导,经济社会职能统一,管理效率高
党务、人事权	×管理人员来源不一,薪酬体系存在多个标准	√领导班子和成员均由深圳选任管理,实行同工同酬
执法权	√执法主体为汕尾,与区域管辖权明确,法律救济途径明确 ×执法力量薄弱,基层治理机制不健全	×执法力量薄弱,监管难度大,需要专门编制
财政体制	○"省直管"模式,实际上主要由汕尾管理	√纳入深圳市财政体制范围,由深圳全权管理
规划	×与两市规划存在不衔接、不一致之处	√纳入深圳市国民经济和社会发展规划

续表

	"两方合作"模式	"深圳主导"模式
社会事业和公共服务	√由汕尾进行属地管理，机构调整幅度不大 ×区域教育、文化、卫生、社保等明显滞后，不利人力要素流动，城乡分割	○深圳全面接管，合作区管理压力大，需要整合 √社会事业与公共服务标准向深圳看齐，利于人力资源流动，利于城乡一体化
管理和政策	×"一区两制"，政策和管理上潜在冲突较大	√体制一致，政策和管理一致
运作和议事	×重大事项对省市协调依赖性大	√独立运作，对上次的依赖性较小
区域整合与文化心理	×合作关系中存在较大利益博弈，整合困难 ×文化和心理隔阂较大	√利益趋于一致，整合交易 √有利于文化、心理融合
对外交往和国际形象	×树立影响力和吸引力有限	√突出深圳品牌、深圳要素，吸引力大
对合作区发展趋势的影响	×难以构建长期的生产、运营、管理体制	√长期来看有利于合作区做大、做强

注："√"表示有利，"×"表示不利，"○"表示中性。

资料来源：《深汕特别合作区"飞地"合作模式研究报告》，第14—15页。

（二）利益相关者分析

利益关系是政府间关系的重点，跨区域地方政府合作是基于共同利益或关切基础上的合作，化解地方政府合作的困境其实就是对地方政府的利益机制进行调整，对成本和收益进行重新分配，建立一个利益共享机制，现实"降成本，增收益"。《深汕合作模式研究报告》运用利益相关者分析方法，对"两方合作"和"深圳主导"的分配效应进行分析（见表3.2）。总体来看，"两方合作"模式对省级政府协调议事的依赖性强，决策事项层层传递和协调会导致重大项目进展缓慢。也如前文所述，深圳、汕尾两市领导，容易造成经济建设和社会管理的治理脱节，增加了合作成本。"深圳主导"模式逐渐减弱了省级政府协调议事的依赖性，开始独立掌握重大项目决策的自主权。深圳市通过同时管理经济事务和社会事务，选派先进管理人才、划转四镇干部等方式，更好地衔接了"管人"和"管事"环节，提高了管理效率，降低了执行成本。概括来讲，"深圳主导"模式更好地解决了合作过程中的分歧问题，将有利于集中优势资源合理建设发展。

表3.2　合作区两种合作模式对不同利益相关者的影响

	"两方合作"模式	"深圳主导"模式
广东省政府	○合作区管委会为省政府派出机构，负责合作区重大事项协调	√省协调小组议事角色淡化，合作区对上级依赖减弱
深圳市政府	×深圳负责开发建设和经济事务管理，存在经济社会管理脱节	√合作区管委会为深圳市政府派出机构，全面主导合作区发展
汕尾市政府	×汕尾负责征地拆迁和社会事务管理，存在经济社会管理脱节	√汕尾积极配合深圳管理，降低社会管理成本
合作区管委会	×领导干部由两地选任交叉任职，管理理念、办事风格需要磨合 ×合作区经济管理权限由汕尾以2号公章授权，实际运作协调成本高、效率低	√领导干部由深圳选任先进管理人才，提升管理理念 √逐步接管经济社会管理权限，减少实际运作流程，提高管理效率
"四镇一场"	√负责管理属地社会事务，不需要进行大的调整	×合作区全面接管，增加了一定财政负担和社会管理压力
入驻企业	×企业建设往返汕尾、合作区和海丰，增加办事成本	√借助深圳品牌，完善招商引资流程，增强企业入驻信心
当地居民	○公共服务供给和基础配套建设滞后，医疗和教育质量相对较低	√以深圳标准加快公共服务和基础配套设施建设，居民共享发展红利

注："√"表示有利，"×"表示不利，"○"表示中性。
资料来源：《深汕特别合作区"飞地"合作模式研究报告》，第14—15页。

第四章　规划引领：基于新发展理念的战略布局

中国特色的飞地经济建设最为关键的问题是模式的选择与具体实现路径的设计。在模式选择上，首先是依据飞地所承担的使命与任务、飞入地与飞出地的要素禀赋结构、外部市场环境来确立飞地经济发展的战略定位，制定合理的总体发展目标；继之根据战略定位，选择能够有效实现总体发展目标的飞地经济发展模式；然后，通过体制机制改革，创新出能够与发展模式相适应的飞地经济管理模式。在模式确定之后，就需要设计具体的实现路径。深汕特别合作区从转变为深圳全面主导伊始，合作区党工委、管委会就按照省市领导"高起点规划、高质量发展、高标准建设合作区"的指示和要求，着手制定《深汕特别合作区高质量发展三年行动计划（2019—2021年）》，立足于"高起点、高标准、高定位"系统谋划，提出了"规划引领、基础先行、平台带动、产城融合"十六字方针，明确了将合作区建设成为现代化高新智慧新城的具体发展路径，并在实施中不断改进完善，以确保高质高效地实现总体发展目标。

第一节　引领前行：未来15年的发展蓝图

一　飞地经济发展规划的战略引领与刚性控制

中国特色飞地经济最突出的特点是市场与政府两只手共同作用，市场机制与政策机制相互协调、相互促进。在飞地经济建设前期，如果仅依靠市场机制的作用配置资源，需要经过反复多次的自发调节，在经历相当长的时期之后方能实现最优化。如果一个有为的政府能够在遵循市场规律的前提下，充分发挥先导作用，能够大大缩短这一过程。而政府发挥先导作用，首先表现在对飞地经济发展进行科学的规划，充分发挥规划的战略引领与刚性控制作用。

飞地经济的发展规划是在对整体性、长期性、基本性问题进行认真研究的基础上，依据客观情况与现实条件，为实现既定战略目标而科学地设计整套行动方案，确立未来一个时期的行动纲领。其引领作用主要表现在以下四个方面。

（一）引领飞地经济坚持正确发展方向

中国特色的飞地经济建设不同于西方"国际飞地"建设，其首要特征是以服务于人民为宗旨，其初心、使命、任务都是在以人民为中心这一根本点上形成的。飞地经济发展规划应始终奉行这一宗旨，不论是在经济发展、产业布局，还是在社会治理、环境保护等方面，强调将人民的利益放在首位，将是否有利于满足人民日益增长的对美好生活的向往、是否有利于实现区域经济协调发展、是否有利于实现公共服务均等化作为基本衡量标准，以此将飞地经济导入正确的发展方向，使之运行于良性的发展轨道。

（二）引领飞地建设始终坚持新发展理念

以国情为依据是中国特色的飞地经济建设的重要特征之一。新发展阶段必须树立新的、先进的发展理念。2015年10月习近平总书记提出的创新、协调、绿色、开放、共享的新发展理念，符合中国国情，顺应时代要求，对破解发展难题、增强发展动力、厚植发展优势具有重大指导意义。飞地经济的规划理念以这五大发展理念为指导，不仅在规划编制过程中深入贯彻，而且注重发挥规划的刚性控制作用，对可能违背新发展理念的行为划出红线，通过正向引领与反向约束保证飞地建设始终坚持新发展理念。

（三）引领市场力量践行适宜的经济发展模式

中国特色的飞地经济发展以市场为动力，因此在飞地产业规划方面特别注重引导市场力量，激发各市场主体的活力，市场在资源配置上的决定性作用得到充分发挥。政府深入细致地研究飞入地与飞出地各自的要素禀赋结构，并结合外部环境与市场需求，判断双方以怎样的互补投入，能够使飞地在哪些具有良好前景的产业领域形成比较优势，据此确立飞地的产业发展战略，并合理选择最有利于实现战略目标的经济发展模式；然后通过具有明确指向性的产业规划，引导企业等市场主体发展目标产业，引领飞地践行适宜的经济发展模式。

（四）引领各政府部门科学、积极作为

中国特色的飞地经济最突出的优势就是充分发挥政府的作用，飞地发展规划可在各项事务的规划中较为明确地界定各政府部门的责任与任务，指明行动的方向，确立各项工作的基本原则，以此引领各政府部门科学、积极作为，为实现总体发展目标各司其职、各尽所能，压实政府管理责任，激励、督促政府人员在面对具体问题与难关时锐意进取，尤其是在体制机制创新方面勇于探索。

二 合作区第一阶段的规划理念

发展理念是发展行动的先导，是管全局、管根本、管方向、管长远的东西，是发展思路、发展方向、发展着力点的集中体现。要制定一个科学的规划，必须有贯穿始终的先进发展理念。合作区管委会一直高度重视理论学习，不断更新理念，并将之运用于规划工作，形成规划的基本原则。从总体上说，合作区的规划工作分为两个阶段，第一阶段从2011年成立起到2015年，第二阶段从2016年到2019年，第一阶段形成了规划理念的底色，第二阶段又有了进一步的丰富与提升。

2012年11月，党的十八大站在历史和全局的战略高度，对推进新时代"五位一体"总体布局作了全面部署，从经济、政治、文化、社会、生态文明五个方面，制定了新时代统筹推进"五位一体"总体布局的战略目标。2012年年底，习近平总书记视察广东时提出了"三个定位，两个率先"的殷切期望，即广东要努力成为发展中国特色社会主义的排头兵、深化改革开放的先行地、探索科学发展的试验区，为率先全面建成小康社会、率先基本实现社会主义现代化而奋斗。

2014年，处在两方合作时期的合作区着手编制《15总规》时，其出发点是为广东省统筹推进"五位一体"总体布局，实现"三个定位、两个率先"的总目标，促进区域经济协调发展进行探索实践，实现深圳、汕尾两市互利共赢发展。根据广东省委、省政府的指示要求，以及当时的战略定位，合作区管委会编制规划的指导思想是"三个有利于"，一是有利于遵循市场规律，充分发挥深圳汕尾的比较优势，引导生产要素合理流动，创造性地推进"双转移"，探索"先富带后富"、互利共赢发展的新路，为全省乃至全国区域合作探索新路径，创造新经验。二是有利于深圳市拓展外溢发展空间，优化资源配置，推动经济结构转型升级，提升经济发展质量，为全国改革发展做出新的更大的贡献。三是有利于汕尾市加快融入珠三角，深度参与区域产业分工合作，打造粤东地区新的经济增长极，全面提升城市经济社会发展水平，为实现跨越式可持续发展提供新引擎。基于上述指导思想，合作区制定总体规划基于五个基本理念。

（一）政府主导，市场运作

建立精简高效的组织架构和合作机制，确立政府在合作区规划建设中的主导地位。正确处理政府和市场关系，尊重市场规律，坚持发挥市场在资源配置中的决定性作用，积极引进有实力的企业和机构参与合作区开发建设，推进合作区开发运作的社会化和市场化，尽快引导形成多元投资机制和竞争经营机制。

（二）区域合作，体制创新

始终把区域合作作为合作区发展的立足点，按照优势互补、集约发展、权责一致、互利共赢的基本要求，加快融入珠三角，深化深莞惠汕（尾）一体化，在更高层次、更宽领域加快推进与周边地区紧密合作。加快创新投融资机制、开发建设机制、产业园区管理服务机制和产业转移承接机制，开创区域合作新模式。

（三）产业优先，协同发展

充分发挥合作区的区位优势和资源潜力，加快承接珠三角高端产业转移，积极培育与深圳优势产业内在关联和配套的产业，大力发展本地的特色优势产业，逐步形成以先进制造业、传统优势产业、现代服务业、生态农业、滨海旅游业为主的特色产业体系，构建促进珠三角转型升级、粤东振兴发展的重要平台。

（四）科学规划，产城融合

坚持规划先行，发挥规划引领调控作用，统筹规划、从容建设、分期推进，坚持走以人为核心的新型城镇化道路，统筹城乡发展，推进基本公共服务均等化，坚持产城融合的开发建设理念，以产立城，以产兴城，以城促产，以业聚人，形成产业、城镇之间融合发展的组团式格局。

（五）生态和谐，绿色低碳

落实主体功能区规划，把生态文明理念全面融入发展建设进程，着力推进绿色发展、循环发展、低碳发展，节约集约利用水、土地、海洋、岸线等资源，注重保护与开发相协调，推动经济、社会、生态和谐发展，形成绿色低碳的生产生活方式和城市建设运营模式。

2014年11月，秉持以上五个基本理念编制的《15总规》经广东省常务会议审议通过。

三 合作区规划理念的丰富与提升

2015年10月，中国共产党第十八届五中全会议审议通过《中共中央关于制定国民经济和社会发展第十三个五年规划的建议》，明确提出必须牢固树立创新、协调、绿色、开放、共享的发展理念。这种新发展理念符合中国国情，顺应时代要求，对破解发展难题、增强发展动力、厚植发展优势具有重大指导意义。其中，将坚持创新发展放在首位，再次强调创新是引领发展的第一动力，必须把创新摆在国家发展全局的核心位置。要求全党同志不断推进理论创新、制度创新、科技创新、文化创新等各方面创新，让创新贯穿党和国家一切工作，让创新在全社会蔚然成风。这对于深汕特别合作区进一步丰富、提升规划理念具有重大的指导作用。

2017年4月4日，习近平总书记对广东工作作出重要批示，充分肯定了党的十八大以来广东各项工作，对广东提出了"四个坚持、三个支撑、两个走在前列"的要求，即坚持党的领导、坚持中国特色社会主义、坚持新发展理念、坚持改革开放；为全国推进供给侧结构性改革、实施创新驱动发展战略、构建开放型经济新体制提供支撑；在全面建成小康社会、加快建设社会主义现代化新征程上走在前列。2017年10月，党的十九大号召全党不忘初心，牢记使命，高举中国特色社会主义伟大旗帜，决胜全面建成小康社会，夺取新时代中国特色社会主义伟大胜利，为实现中华民族伟大复兴的中国梦不懈奋斗。明确要求贯彻新发展理念，建设现代化经济体系；加快建设创新型国家，为建设现代化经济体系提供战略支撑。

党中央、习近平总书记对"五大"发展理念的深刻阐释，为深汕特别合作区制定新一版的发展规划指明了方向。合作区党工委、管委会在《15总规》五个理念的基础上，进一步丰富、提升了规划理念，其主要表现在三个方面。

（一）坚持以人民为中心

充分发挥规划的引领作用，确保在发展中保障和改善民生，坚持保护弘扬中华优秀传统文化、延续历史文脉。坚持产城同步、产城融合，统筹推进经济事务与社会事务，统筹全域要素和生产、生活、生态三大空间，引领合作区实现经济社会双跨越发展。

（二）坚持高质量创新发展

把创新驱动置于首要位置，以深圳市一个经济功能区的标准和要求规划建设合作区，使其成为释放深圳城市发展新动能、解决资源紧约束问题的重要载体，成为整合、导入粤港澳大湾区优势资源的新高地、带动粤东区域振兴的新兴增长极，成为广东省破解区域发展不平衡、不充分矛盾的示范平台和重要抓手，为全国后发地区高质量创新发展提供示范。

（三）坚持智慧引领示范

探索新时代新型城镇化之路，把新一代信息技术充分运用于城市中各行各业，实现信息化、工业化与城镇化深度融合，实现精细化和动态化管理，通过建设智慧城市提高城镇化质量，促进人与自然、城与乡和谐共生，走生态优良、生产发展、生活富裕的现代化文明发展道路。

2017年，深圳市委、市政府启动了合作区总体规划的编制工作，并将其纳入深圳新一轮城市总体规划中。2017—2019年，合作区一直秉持新发展理念编制、修改、完善新一版的总体规划。

四　与时俱进：战略目标的演进与规划的升级

深圳、汕尾的飞地经济合作经历了不同的发展阶段，从起初的产业转移园到特别合作区，从两方共管到深圳全面主导，不同时期所承担的使命与任务有所不同，其战略定位与发展目标也在持续演进之中，因此合作区的发展规划也会呈现阶段性的特点。

2008—2011年，深汕飞地的战略定位是成为深圳一些产业转移的承接地，这一时期的规划相对简单，主要以适应产业梯度转移发展模式为立足点，着眼于建设一个优质的产业转移工业园。2011年特别合作区正式成立，广东省委、省政府将深汕飞地合作上升为省级战略，赋予合作区"创新发展、先行先试"的历史使命，这一时期的战略定位是把深汕飞地建设成为区域协调发展示范区、粤东振兴发展先行区、深圳产业拓展支撑区、承接珠三角产业转移协作区和现代产业新城。随着战略定位的演进，深汕飞地开始采用将产业梯度转移、要素禀赋互补、建立区域诱导增长极结合在一起的组合式经济发展模式，合作区的规划也从建设工业园区向建设产业新城升级。

2016年，随新一代信息技术革命浪潮的兴起，中央将创新驱动提升为国家发展战略，尤其是粤港澳大湾区建设规划的提出，要求深圳市在实现创新驱动、向高质量发展转型中充当先行者的角色。在这种背景下，深汕飞地又迎来了新的使命与任务，其战略定位也必须与时俱进。新一届的合作区领导班子从2016年下半年到任伊始，不仅对深汕飞地内部的具体情况与发展状况进行了细致调研，还时刻关注外部环境的变化，一直深入思考合作区在新时期的战略定位。其间，合作区党工委、管委会进一步丰富了飞地经济组合发展模式，将培育内生性创新增长动能作为其重要内容。此后，在广东省委省政府、深圳市委市政府的大力支持下，合作区党工委、管委会又以极大的勇气与魄力对飞地经济管理模式进行了创新，完成了从两方合作向深圳全面主导的历史性转变，深汕飞地的战略定位也日渐清晰：建设"区域协调发展示范区"的初心不改，使深汕飞地成为粤东沿海经济增长新中心，整合、导入深圳的优势资源，建立带动粤东区域振兴的新兴增长极；将"粤东振兴发展先行区"升级为"粤港澳大湾区向东辐射的重要节点"，意在使深汕飞地成为粤港澳大湾区的东部门户；将"深圳产业拓展支撑区"升级为"深圳自主创新拓展区"，明确以引进、发展自主创新产业为重点；将

"承接珠三角产业转移协作区和现代产业新城"升级为"现代化国际性滨海智慧新城",以世界眼光、国际标准,高起点向东再建一座高新产业新城,同时打造与创新驱动适配的城市功能,实现经济社会双跨越发展,探索新时代新型城镇化之路。

随着深汕飞地战略定位的清晰,飞地经济发展模式的再上层楼,飞地经济管理模式的大胆创新,以及规划理念的丰富与提升,新一版的合作区发展规划在经历反复修改后,《深汕特别合作区发展总体规划(2020—2035年)》(以下简称《20总规》)终于在2019年成型。与《15总规》相比,《20总规》在很多方面进行了调整、丰富、提升,主要表现在以下四个方面。

第一,积极响应"粤港澳大湾区"发展的国家战略,依托深圳"东进"战略,推动粤港澳大湾区向粤东地区传递经济能量,促进区域板块间的融合互动发展,构建与汕尾、惠州等区域协同发展的节点城市。

第二,贯彻落实广东省"一核一带一区"[①]战略格局新要求,大力推动新旧动能转换和区域协调发展,打造粤东沿海经济带上的重要战略增长极,发挥通道和节点功能,建设现代化产业新城,促进汕尾等周边地区分享经济社会发展成果。

第三,深度融入深圳市战略性新兴产业和未来产业体系,引导创新要素集聚,建设深圳市自主创新拓展区;大力提升产业层次,构筑"广深科技创新走廊"重要新支点,全面融入珠三角高新科技产业分工体系和区域创新网络。

第四,探索新时代新型城镇化之路,充分发掘利用优越的山海生态资源,创新和示范可持续发展模式,高质量建设具有滨海特色的山水田园生态城市和现代化国际性智慧城市;依托深圳、面向国际,汇聚创新要素、吸引创新人才、营造创新空间,构建环境优良、服务完善、智慧安全、和谐共生的永续发展格局。

《20总规》中合作区总体发展目标从建设"现代产业新城"升级为建成"创新发展的山水田园新城",明确将"创新发展"摆在

---

① "一核"即广东省珠三角地区,"一带"即广东省沿海经济带,"一区"即广东省北部生态发展区。

核心位置。并按照三步走的战略部署制定阶段性目标：到2025年，城市功能基本完善，各功能区初具规模，建成城市基础设施与公共服务设施相对完善、高端产业集聚、山海特色突出的现代滨海新城主体框架；到2035年，辐射带动粤东发展，基本建成生态环境友好、经济文化发达、科技创新引领、社会服务完善的创新发展的山水田园新城；到21世纪中叶，全面建成社会和谐稳定，具有竞争力和美誉度的国际一流滨海智慧城市。

《20总规》于2019年6月26日通过深圳市政府六届一七五次常务会议审议，于2020年3月5日通过深圳市委第六届第二二九次常委会议审议。这意味着它正式开始引领深汕特别合作区未来15年的经济社会发展。

第二节　空间规划：飞地新城建设的战略布局

一　构建全域资源要素空间格局

《20总规》坚持生态优先、绿色发展，将"山、水、林、田、湖、草"作为一个生命共同体进行统一保护。通过统筹生产、生活、生态三大空间，科学确定资源环境底线，形成依山面海、林田共生、水城相融、蓝绿交织的全域资源要素空间格局，具体表现在以下三个方面。

（一）构建系统完整、层次分明、功能复合、贯通全域的生态安全格局

依托自然生态本地，顺应地形地貌、主导风向和水网脉络，构筑"一湾、一屏、三山、三河、多廊"[①]的全域生态安全格局，确保合作区生态系统完整，规划范围内蓝绿空间占比稳定在70%

---

① "一湾"，即南部红海湾生态景观带，是广东省蓝色海岸带的重要组成部分；"一屏"，即北部莲花山生态屏障，是珠三角外围生态屏障的重要组成部分；"三山"，即龙山、狮山、南山生态斑块，是区内的结构性生态绿核；"三河"，即赤石河、南门河、明热河骨干水系，是彰显水城共融、蓝绿交织城市底蕴的生态脉络；"多廊"，即内部多条生态廊道，是生态空间之间互联互通的绿色开放网络。

以上。

（二）科学配置各类资源

构建山、水、林、田、海与城、乡和谐共生的生态空间、海洋空间、农业空间和城镇空间，形成系统全面、分类管控、引导明确、权责清晰的全域资源要素管控体系。其中，生态空间包含自然保育、自然公园、林业和湿地水域四类，总面积约300平方千米，占规划范围的64%。通过充分利用自然本地优势，保护和修复自然生态系统，强化城市韧性；丰富游憩功能，提高城市品质。海洋空间由大陆海岸线、海岛及广大海域，岸线总长50.9千米，海域面积约1152平方千米。这一空间是构建全域生态系统、打造滨海特色景观的空间载体，是发展海洋经济、丰富滨海生活的重要依托。规划坚持保护优先、海陆统筹，科学划定海洋生态保护红线，合理利用海洋、岸线、海岛资源，严控围填海活动，鼓励新型用海。农业空间包含田园和乡村建设用地两类，面积约23.3平方千米，占规划范围的5%。在坚守耕地规模底线、严格保护永久基本农田的基础上，大力发展多功能都市现代农业，构建农村一二三产业融合发展体系，深入推进农业绿色化、智慧化、特色化、品牌化；建成基础设施完善、生态环境优美、服务体系健全、文化繁荣兴盛的美丽乡村，实现乡村振兴，保护传承客家、潮汕、广府三大民系传统文化，鼓励保持自然风光、田园风貌，突出历史记忆、地域特色。城镇空间包括城镇建设用地和区域交通设施用地，总面积145平方千米（不含填海预留面积），占规划范围的31%，主要位于赤石、鹅埠、鲘门和小漠的集中建设区；规划严格控制城镇空间规模，注重远近结合、留有余地，为未来发展留足资源和战略空间，提高空间包容性；确定弹性建设用地，作为战略预留的发展空间或适宜建设用地；保障港口、铁路、航空、高速公路等重大区域交通设施空间，以形成对外联系的支撑系统。

（三）保育优美自然生态环境

加强资源保护和生态建设，维护生态资源的完整性、连续性和多样性；实施生态空间整体保护与修复，恢复自然生态系统功能及其稳定性，保障生态安全。维护水和大气质量，保障饮用水源水质安全，治理工业污染源和农业面源污染，推进雨污分流与再生利用；积极推进清洁能源的使用，实行国内最严格的机动车排放标准，控制大气污染物排放总量，加强污染源监控能力建设。严格保护海洋生态环境，以海洋生态红线为底线，有效保护重要河口、自然岸线、海岛、红树林保护地、滨海旅游区等，构建海陆生态骨架；加强海洋生物多样性保护，恢复海洋生物资源；加强海岸线修复、河口区整治、生态岛礁保护利用，建设美丽海湾；强化陆源污染监管与治理，加快海岸带地区污水处理设施建设与改造，实施近岸海域污染物总量控制；科学管控围填海工程。塑造高品质城乡生态环境，构建生态绿地和城市公园体系；贯彻低影响开发理念，建设绿色基础设施，强化城市韧性。创新生态环境管理制度，加强自然资源调查、确权、规划、监管工作，建立健全生态空间分类管控、项目准入、建设引导、生态补偿和动态调整机制，层层落实生态环境管理责任。推动生态环境监测管理智能化系统建设，完善定期评估考核体系，积极引导全社会参与生态空间保护、建设和监督，全面建成与生态文明发展要求相适应的生态环境管理模式。

（四）加强国土空间规划管控

实施底线管控，科学划定生态保护红线、永久基本农田、城镇开发边界，加强各类规划空间控制线充分衔接。严守生态保护红线，划定生态保护红线约117.8平方千米，占规划范围的25.2%；强化生态保护红线刚性约束，加强红线内生态保育与修复，明确管理责任，建立考核机制。严格实施海洋生态红线制度，划定海洋限制类生态红线，面积约14.5平方千米，红线范围内禁止从事围填海及可能影响滨海旅游的开发建设活动，合理控制旅游开发强度。坚决落实最严格的耕地和基本农田保护制度，建立"集中区内基本农田增加—集中区外基本农田调整"挂钩联动机制，推进永久基本农田"落地块、明责任、设标志、建表册、入图库"，确保永久基本农田确定后总量不减少、用途不改变、质量有提高。严控城镇开发边界，城镇开发边界外严格限制除资源、能源、交通等重大基础设施以外的其他建设用地。

二　完善城乡空间布局

《20总规》尊重自然生态、坚持区域协调、促进城乡统筹、彰显人文地域特色。通过严控城乡用地规模，合理控制人口密度，以期逐步形成规模适度、功能完善、空间有序、疏密有致，宜居宜业宜游的城乡空间布局。

（一）框定城乡发展规模

严控建设用地规模，规划至2025年年末建设用地规模达到70—80平方千米，至2035年建设用地规模控制在135平方千米以内，其中城乡建设用地规模约125平方千米。合理控制人口规模规划至2025年总人口60万—70万人，至2035年人均建设用地按约90平方米控制，总人口控制在150万人以内。

（二）优化城乡空间结构

规划形成"一心、两轴、三带、四组团"的城乡空间总体结构。

"一心"即围绕政务文化片区和高铁站片区形成的具有综合功能的城市中心组团；"两轴"为东西向依托深汕大道，打造产城融合发展功能轴，南北向依托科教大道，打造科技创新发展功能轴；"三带"分别指南部以红海大道和滨海岸线为载体的沿海综合发展带，北部以圳美绿道和创智路为依托的沿山生态发展带，以及中部依托赤石河打造的"一河两岸"滨水特色景观带；"四组团"为环绕中心组团布局的东部、南部、西部、北部四大功能组团。此外，结合单元社区、都市乡村、温泉和海岛等特色资源，打造若干功能节点。在此基础上，创新空间组织模式，打造以多元复合发展的"城市组团＋发展单元"为核心要素，形成适度集中与有机分散相结合的轴带—组团空间组织模式。明确组团主导功能，中心组团以行政、文化、商务、科研等为主导功能，并安排城市级大型公共服务设施；西部组团以先进制造及配套服务为主导功能；东部组团作为科教研发区和未来产业区，以高教科研、未来产业等为主导功能，并结合滨海资源安排旅游服务设施；南部组团作为新兴海港商贸区和滨海生态旅游区，以文化旅游、临港产业等为主导功能；北部组团以生态康养、休闲度假等为主导功能。建设美丽乡村，保护特色村落，推动乡村振兴和环境综合治理，在推进农业现代化、高新化发展过程中保持自然田园风貌；充分利用清洁能源，建成基础设施完善、服务体系健全、基层治理有效、公共服务水平较高的都市乡村体系；重点保护一些具有特色古村落，合理和适度开发赤石古村落群、鹅埠畲族村等特色村落，保留赤石北等片区的乡村聚落。

（三）加强用地精细化管控

按照生产、生活、生态三大空间的布局要求，参照《深圳市城市规划标准与准则》进行城市建设用地细分，并进行分类指引。创新用地分类标准，鼓励居住用地、产业用地、综合服务用地、交通用地、公园绿地、公共设施工地、乡村建设用地等土地混合利用；强化发展单元管控，以发展单元为基本单位，合理安排用地功能和开发强度；实施用地弹性管控，为城市灵活应对动态增长需求预留弹性建设用地；实施产业用地空间管控，主要产业集聚区，产业及配套服务用地内的工业用地面积原则上不得低于该类用地总面积的70%，保障合作区长远发展所需的工业用地；加强自然开敞空间管控，管控范围内尊重自然生态环境现状，保护自然滩涂、湿地、红树林、沙滩等稀缺资源，不得开展对城市综合安全、环境风貌有影响的建设活动。预留弹性用地发展空间，为灵活应对动态增长需求预留弹性建设用地，弹性建设用地的使用应结合未来发展与建设需求，在科学、合理的规划指导下确定用地主导功能及其规模。

（四）塑造特色风貌形象

构建"三河汇金湾、三山缀新城"的整体风貌格局，充分发挥群山环绕、岛湾相拥的环境优势，彰显山海城特色魅力形象；塑造"山海特色、精致风尚"的城市形象，构建色彩和谐、形制统一的空间界面和边界轮廓，彰显政务文化区、高铁商务区、滨海旅游区等地段的大气形象和现代气息；建立"结构清晰、自我平衡"的开敞空间系统，构建"城市—组团—单元/社区"三级公园系统，并利用滨海与滨河岸线、绿道、路网等要素实现街区、社区、园区间的有机联系，形成一体化的开敞空间网络；保护历史遗存，保护鲘门壮帝居、千年古驿道等特色历史遗迹以及东江纵队六支队遗址、赤石革命烈士纪念亭等革命物质遗存；弘扬地方文化，深入展开对老地名、老字号、地方传说等优秀传统要素的发掘与保护。

三 统筹海陆空间发展

合作区规划海域管理范围为1152平方千米，《20总规》综合考虑资源环境特点和经济发展需求，对海岸带区域海陆空间资源进行重点统筹，涵盖生态保护、资源开发、港口建设、产业发展、空间布局等方面。具体范围包括向陆至深汕高速及狮山南麓，向海至10米等深线，并包含芒屿岛、江牡岛、鸡心石等无居民海岛，面积约为220平方千米。

（一）统筹海岸带空间

明确保护与发展目标，严守底线、保护生态资源；提升海洋文化特色、凸显公共服务功能，构造多元活力、宜居宜游的多彩魅力海岸带；推动海洋产业创新发展，打造高端产业集聚、高质量发展的优质黄金海岸带。促进海岸带区域东西协调、南北融合，东西方向以海岸带生态保护和功能协调为基础，南北方向以陆域与海域空间融合为重点，促进海岸带区域东西协调、南北融合。建构"西港、中带、东湾"的海岸带总体格局，西部为商贸物流港，中部为文创旅游带，东部为科创休闲湾。

（二）保护与利用海岸线

加强自然岸线严格保护，保障自然岸线保有率不低于60%；划定海岸带陆域建设管控区，结合不同岸段类型特征，以海岸线为界、向陆一侧一定范围的管控距离，划定海岸带陆域建设管控区，管控区新建及更新项目应严格落实管控退线要求；建立海岸带陆域建设核心管理区的准入制度，核心管理区内应对建设项目实行严格管控，原则上应以规划及建设公共绿地、公共开放空间为主；强化海岸带陆域建设协调区的公共开放，协调区为核心管理区边界外再向陆延伸50米的地带，协调区内建设项目应编制详细规划设计，作为规划审批的重要依据。

（三）划定海洋功能分区

综合考虑海洋自然属性、保护与开发利用现状、环境承载能力、资源开发适宜性和经济社会发展需要，将海洋空间划分为农渔业区、港口航运区、旅游休闲娱乐区、海洋保护区四大类基本功能区，以加强海域生态环境保护和污染综合整治，改善近岸和近海海洋生态环境质量，并保障合作区经济社会发展重大涉海项目用海需求，规范海洋开发利用秩序，有效提升海洋经济综合实力和竞争力。

四 保障先进产业发展空间

《20总规》力图使合作区充分发挥资源与体制优势，加速融入深圳市战略性新兴产业和未来产业体系，建设成为以深圳先进制造业集中承载区和人工智能产业集聚区为主的智造基地、具有区域影响力的海洋产业集聚区、辐射粤东的现代服务中心，以及面向粤港澳大湾区的休闲康养目的地，建立多元、复合、弹性的产业单元开发模式。

（一）拓展区域一体化的产业发展导向

积极参与深圳市产业分工，融入区域创新链环，围绕"总部＋基地、研发＋生产、智慧＋运用"形成高竞争力的现代产业体系，建设成为深圳自主创新拓展区。

1. 主动承接深圳的创新成果产业化和优质产能扩张。依托电子设备产业基础，重点布局第三代半导体、机器人、人工智能、智能装备等新一代信息技术的科技成果中试和产业化，大力拓展工业互联网和大数据应用服务，加快建设数字经济产业化基地和集成应用示范区；响应新能源和节能环保产业的发展趋势，重点发展新能源汽车动力装备、储能设备、智能电网等产业，适时发展环境治理产业；新材料领域重点发展能源新材料、电子信息材料，适时引入超材料、石墨烯等前沿新材料产业；依托深汕机场，适当布局航空设备制造和通航服务产业。

2. 推动形成本地特色化发展优势。发挥海域和岸线资源优势，重点布局清洁能源、海洋装备、游艇产业、海洋生物医药等产业，前瞻性布局海水淡化、海洋新材料、海洋探测与海洋环保等产业，积极拓展港口物流、海滨旅游、展示贸易等相关服务业，建设成为深圳市海洋产业新增长极。结合山海景观资源，重点发展运动、温泉、海洋、森林、田园、医疗为特色的康养旅游，带动生命健康、绿色生态农业、海洋渔业等产业发展。

3. 提升辐射粤东地区现代服务水平。聚焦区域协调发展示范区功能定位，大力引进现代物流、保税仓储、国际贸易、商业服务以及金融法律等生产性服务，发展信息服务、科技服务、文化创意等专业服务，打造区域性商务服务基地。全面提升休闲娱乐、零售消费、住宿餐饮、文化体育、教育培训、健康医疗等生活性服务质量，适当预控大型公共服务设施用地，满足多层次物质文化生活需求，建设成为区域性优质生活中心。

4. 加快建设开放型的产业创新体系。主动建立创新要素资源的区域共享和产业联动机制，优先以企业为主体组建一批企业研发机构，全面提升区域产业创新协作水平。加强研发创新资源投入，充分激发全社会创新创业活力和动力。

（二）优化融合发展的产业空间布局

在坚守蓝绿生态保护底线的基础上，形成高效开放、有机协同、多元弹性的产业空间组织。构建"两带、两区"的产业格局，两带分别指从小漠延伸至百安半岛的滨海创新产业带和莲花山山脉南麓狭长地带的沿山生态产业带，两区分别指以高铁枢纽、政务文化中心为依托的现代服务产业区和以鹅埠为中心的先进智造产业区；推动形成多元、复合、弹性的产业空间单元，从产城融合、人本尺度出发，建立2—3平方千米尺度为宜的多元、复合、弹性的产业单元空间组织和开发模式，产业单元内，着力推动人口、产业、居住、服务的功能复合和有机衔接，支持产业快速成长。

第三节　基础设施规划：引领高标准的公共服务

一　营造宜居高品质生活空间

《20总规》坚持以人民为中心，注重保障和改善民生，营造宜居适度生活空间。强调服务区域、联动深圳、国际标准，打造具有深汕特色、基本服务与个性服务相结合、配置均衡的城市（区域）—组团—单元三级公共服务网络体系，建设全民友好型城市。

（一）培育高等级公共服务功能

建设一批世界一流、国内领先的城市（区域）级公共服务设施，加强与粤港澳大湾区、深圳市各类公共服务资源协调对接，构建粤东地区的公共服务中心。按照1.5倍弹性系数，高标准预留配置城市（区域）级公共服务设施。首先，大力发展高品质的教育设施，打造一批高等教育、国际培训、职业教育以及科研院所等机构，打造区域知识创新和服务中心；加强产学研深度融合，促进高等教育与城市社区的交流，强化社会服务功能。其次，打造具有区域影响力的区域医疗中心，建成一批体现国际水准、具有优势学科群的现代化三甲综合医院和专科医院，形成辐射区域的高水平医疗资源集聚区（见图4.1）。再次，构建世界级滨水文化功能带，以"一湾、三河"沿线和中心组团为重点布局重点文化设施，大力引入具有国际影响力的重大文化节事活动，提升城市文化品牌。最后，建设具有国际知名度和影响力的体育场馆，利用优良的生态环境打造户外运动基地，并预留大型综合性体育赛事场馆用地。

（二）实现基本公共服务均等化

按照国内一流标准均等化配置基本公共服务设施，满足各类人群生活生产需求。匹配城市空间格局，结合公园绿地和公交节点，布局文化活动中心、体育活动中心、综合医院、高中、养老院等大型公共服务设施。首先，按照单元发展模式，打造10分钟生活圈，以10分钟骑行为半径配置基本生活设施，以10分钟步行为半径配置邻里服务中心，布局日常高频使用的生活设施。其次，推进全龄友好型城市建设，以5分钟步行范围打造儿童安全成长圈，配置儿童友好型公共设施和儿童活动场地，营造儿童友好型公共空间。以10分钟步行范围打造老年人宜居健康圈，配置满足老人基本需求的日常生活服务设施。以10分钟骑行范围打造人才活力社交圈，配置人才公寓、创业空间场所，供给高品质共享型公共设施，打造面向人才的充满活力的公共空间。引进国际优质公共服务资源，提供国际化服务生活圈，打造国际化社区。再次，构建乡村公共服务保障

图 4.1　深汕人民医院开工仪式

资料来源：深汕特别合作区管委会供图。

体系，结合美丽乡村建设，配置保障性基本公共服务设施、基础性生产服务设施和公共活动场所；保障村村通公交，30 分钟可达城市或组团服务中心，共享城市教育、医疗、文化等服务设施。最后，建设智慧公共服务设施，鼓励云计算、物联网、人工智能、大数据、移动互联网等新技术在公共服务领域的应用，推进共享网络教育、智慧医院、数字文化、智能体育、智慧社保等智慧公共服务的建设。

（三）建立新型住房保障体系

建立多元住房供给体系，建立多主体供给、多渠道保障、租购并举的住房制度，坚持保障基本、兼顾差异、满足多层次个性化需求，建立多元化住房供应体系，提供市场商品住房、安居型商品房、人才住房和公共租赁住房等多种住房产品；加大住房保障力度，逐步构建多层次、差异化、全覆盖的住房保障体系，分层次确定面向人才群体、中低收入群体和特殊需求群体的住房保障方式，建立各层次租售补结合的住房保障标准。拓宽政策性住房的来源和渠道，探索与深圳共建共管的保障性住房合作模式；强化住房居住属性，引导住房市场转型，推进租购并举的住房政策改革，完善和规范租赁市场，满足人口高流动性的灵活居住需求。探索居住、服务和设施共享模式，提高资源配置效率，适度提高住房自有率。

（四）完善居住空间布局

保障居住用地比重，保障公共住房用地供应；引导居住空间合理布局，结合"组团—单元"式的空间布局结构，构建与区域产业、交通体系相匹配的居住空间，促进就业空间和居住空间的紧密融合，促进职住平衡；提高住房建设标准和质量，保障居住环境品质，大力发展节约型居住区、绿色宜居型居住区和节能省地型住宅，推进住房建设标准化、信息化、智能化，加强工程质量安全管理。

二 构建便捷高效交通网

《20总规》按照网络化布局、智能化管理、一体化服务要求，打造与"大湾区"紧密互动的立体化对外交通网络，建设铁路、港口、航空等重大区域交通设施，构筑深圳向东辐射粤东沿海经济带的区域性综合交通枢纽。加快内部道路系统的建设完善，坚持以公共交通引导城市发展，建立与组团式空间布局相匹配的"TOD导向"的交通结构，倡导发展公交与慢行主导的绿色低碳交通方式。实现多种交通方式的顺畅换乘和无缝衔接，打造畅达、便捷、绿色、智能的交通体系。

（一）完善区域综合交通网络

加强合作区与深圳重大交通枢纽的直接衔接，完善与汕尾、惠州、广州等周边城市的轨道交通联系。重点构建广汕高铁、深汕高铁、厦深铁路和深汕城际、汕惠城际的"四横一纵"轨道交通走廊；建设"两横一纵"区域高速公路网，其中"两横"为深汕高速和潮莞高速，"一纵"为河惠汕高速，经由跨海通道和盐坝高速联系深圳市区，构成深汕高速新通道；规划层次清晰、功能明确的机场体系，在百安半岛南端规划水陆两用通用机场；建立本地与深圳港口的新型组合港关系，建设深圳港小漠国际物流港区，规划建设鲘门客运港，开通水上客运航线，加强与深圳、香港及粤东沿海城镇的联系；打造"一主一辅三站"的铁路交通枢纽格局，其中，一主为深汕高铁站，一辅为鲘门高铁站，三站分别为依托深汕城际预留的深汕城际站、小漠城际站，依托汕惠城际预留的鹅埠城际站，其中深汕城际站拟选址于中心南区，实现合作区中心与深圳市中心的直连直通。

（二）构建合作区便捷交通体系

构建"十字形"快速路网和"四横五纵"主干路网，其中"十字形"快速路网为深东大道、望鹏大道，"四横五纵"主干路网中的"四横"为红海大道、发展大道、深汕大道和创智路，"五纵"为通港大道、创新大道、龙山路、宜城大道和科教大道；构建组团式城市道路网，打造舒适宜人的沿河、滨海景观路，在各城市组团和单元内倡导密路网、小街区的建设方式；预留大中运量公交走廊，构建快速公交专用通道，规划"十字形"大中运量公交系统骨架：以深汕大道、发展大道为横轴，东西向联系鲘门站和鹅埠地区；以科教大道、红海大道西段为纵轴，南北向联系深汕站和小漠地区；沿创智路、创新大道及红海大道东段规划布置联络线，加强中心区与北部组团、东部组团的公交联系。构建环山、沿河和滨海慢行系统，形成由区域绿道、城市绿道和社区绿道三级结构组成的绿道网络。构建由区域综合货运枢纽、组团商贸货运枢纽、社区配送中心组成的三级物流站场布局体系，保障全域物流高效组织。

（三）打造绿色智能交通系统

大力发展绿色低碳交通，提高绿色和公共交通出行比例，构建"公交+自行车+步行"的出行模式，规划绿色交通出行比例达到80%；建设优质服务的新型公交系统，合理布设场站设施，构建"快线+干线+支线"三级公交网络，快线服务区内各组团间出行，干线服务组团内出行，支线灵活设置线路；搭建智能交通体系框架，建设智慧交通基础设施，以综合交通大数据利用为基础，构建智慧交通感知体系、决策体系、管控体系和服务体系。搭建智能交通体系框架，构建智慧交通感知体系、决策体系、管控体系和服务体系，建设智慧交通基础设施，适度超前布局广覆盖、多维度、全方位的智慧交通基础设施，创新交通管理模式，提供面向多元出行需求的个性化、智慧化交通服务。

三　建设绿色智慧新城区

《20总规》按照绿色、智能、创新要求，推广绿色低碳的生产生活方式和城市建设运营模式。全面落实海绵城市理念，建立海绵城市建设管控机制。推进新一代信息技术与城市发展全面融合，建成以数字化、网络化、智能化为主要特征的智慧城市。合理开发利用地下空间，因地制宜推进市政综合管廊建设，筑牢绿色智慧新城基础。

（一）坚持绿色低碳和低冲击发展

严格控制碳排放，优化能源结构，促进能源互补与可再生能源消纳；倡导绿色低碳发展，推进资源节约和循环利用，保护碳汇空间、提升碳汇能力。强化用水总量和效率红线管理，按照以水定城、以水定人的要求，强化用水总量管理；实行严格的水资源管理制度，实施节约用水制度化管理，对生活、农业等各类用水强度指标严格管控；严控高耗水产业引入，全面推进节水型社会建设。建设海绵城市，尊重生态本底、保育自然生境、维护河湖水系，构建海绵空间结构；规划新建地区80%以上面积应达到海绵城市要求，实现径流削减、初期雨水污染控制及雨水资源化利用目标，雨水年径流总量控制率不低于70%。完善区域排水体系，采用雨污分流的排水体制；遵循高水高排、低水低排、雨洪分流原则，高区雨水进行滞蓄及雨洪利用，低区雨水布置浅层排水系统；高标准建设雨水管网，合理布局行泄通道。

（二）保障资源与能源的有效供应

合理确定用水规模，规划用水总量3.6亿立方米/年，通过本地常规水资源挖潜及再生水、雨水、海水等非常规水资源利用，大力推动惠州白盆珠水库跨境调水工程，形成双水源保障。构建安全共享的水源布局，按照"一引、三蓄、二厂"的总体布局，规划明溪、水底山、北坑三大水库，结合用水需求分期建设西部和中心2座水厂。建设集约高效的供水系统，构建环状供水格局，实现水厂互为备用、管网互联互通，不断完善供水网络、提高供水效率。充分挖潜利用雨洪资源，重视雨水渗蓄工程建设，利用分散水库及截洪沟，采用雨水调蓄池、雨水花园、生态湿地等措施积极推进非常规水资源利用。构建循环再生的污水处理系统，建设适度分散的处理设施，初期雨水主要采用海绵设施分散处理；新建7座水质净化厂，在乡村地区设置一体化水质净化设施。完善保障有力的供电系统，新建2座500千伏变电站、9座220千伏变电站。积极引入可再生能源及节能技术，推进太阳能、风能发电，加强能源需求侧调峰，开源节流，打造智能安全、节能高效、低碳友好的现代化绿色能源系统。建设安全可靠的燃气供应系统，规划燃气供应以管道天然气为主，瓶装液化石油气为辅。天然气气源依托省天然气管网等上游管输气，LNG储备站为调峰应急气源。构建次高压—中压两级输配系统，并依托厂站设置指挥调度中心，保障稳定供气和运行安全。建设先进专业的新型环卫体系，按照减量化、无害化和资源化要求，建设分类投放、分类收集、分类运输、分类处理的垃圾分类治理体系。新建小型转运站承担垃圾分类、转运与再生资源回收功能，规划4座大型转运站承担各类垃圾转运功能，高标准规划设计、高质量建设运营、高水平安全监管，建设国际一流、国内领先的生态环境科技产业园，有机组合各类城市垃圾处理设施，实现资源利用效率最大化和环境影响最小化。

（三）创建新型智慧新城

加强信息通信基础设施建设，适度超前布局信息通信基础设施，打造国际一流的宽带网络，强化集约建设与共建共享，统一规划和建设通信管道；推进计算机网络的基本架构、数据及智慧控制中心和信息机房、对外连接方式等系统建设。打造先进可靠的智能电网，以坚强网架为基础，以通信信息平台为支撑，以智能控制为手段，包含发电、输电、变电、配电、用电和调度各环节，覆盖所有电压等级的智能电网，实现"电力流、信息流、业务流"的一体化融合。构建城市智慧化环境和保障体系，创设智慧城市研究院，建成较为完善的城市信息通信技术环境和可扩充、面向未来的智慧城市系统框架，实现城市感知能力、网络传输环境及信息处理能力全面提升；推动智慧政务、智慧医疗、智慧教育、智慧交通、智慧水务、智慧能源、智慧管网、智慧环保、智慧安监、智慧园区、智慧社区等领域的建设；建立保证智慧城市顺利运行的政策法规、标准规范、组织机构、资金支持、人才培养、技术支撑、安全等方面的保障体系。

（四）有序开发利用地下空间

基于地质情况和城市功能需求，按照安全、高效、适度的原则，分层、有序地利用地下资源，优先保障浅层作为市政管线、排水系统及综合管廊的主要通道，积极开展对次浅层地下空间的商业开发利用，有条件利用次深层空间，预留深层空间。优先布局基础设施，规划在城市干路、高强度开发和管线密集地区，结合实际需要建设干线、支线和缆线管廊等多级网络衔接的市政综合管廊系统。建立统筹协调机制，坚持统筹规划、整体设计、统一建设、集中管理，健全管理体制和运行机制，完善用地制度和权籍管理，推进地下空间管理信息化建设，保障地下空间有序利用。

四　构筑现代化城市安全体系

《20总规》以建设韧性城市为目标，合作区在综合安全风险评估基础上，科学制定规划，加强安全源头治理。构建面、线、点多层级安全空间要素体系，优化全域安全空间布局。高标准规划布局安全服务设施，科学配置防灾资源，构建体系化、智能化安全运营保障体系，全面提升城市抵御灾害和从灾害中恢复的综合防灾能力，建设安全深汕。

（一）构建城市安全和应急防灾体系

在区域综合安全风险评估基础上，对灾害风险进行针对性治理，尽可能消除本底隐患，构建城市安全国土本底。健全城市灾害监测预防体系，深化和完善区域地震、地质、气象等灾害风险监测和预防体系。加强对重大安全隐患地区的重点防控。构建陆海统筹的气象和海洋灾害监测预警防控体系，建立完善合作区气象和海洋灾害风险的精细化监测、分区预警预报、突发事件信息发布、陆海统筹的防灾减灾救灾协同处置系统建设。构筑城市安全运行体系，充分利用智慧城市技术，构建区域全灾种安全监控体系，建立区域协同、分区分级传导的风险管理体制机制，形成常态安全城市营造和非常态应急响应的城市安全运营计划；建立基于信息共享的应急指挥救援系统，形成对综合安全形势的实时把握、智能研判、科学决策和瞬时响应，全面提升指挥决策的速度和精度。强化公共卫生治理能力，健全公共卫生应急防控体系，将公共卫生事件预防的关口前移，按照"预防为主、常备不懈"的原则，结合可能发生的重大传染病等做好情景构建和风险分析，强化城市空间的韧性应对能力，优化公共卫生应急管理预案编制，夯实社区公共卫生分级管理体系建设，提升精细化、智慧化健康服务能力，加强公共卫生治理体系法治支撑。按照底线思维采取有效措施来预防、控制和消除突发公共卫生事件的危害，切实保障合作区公众身体健康与生命安全。

（二）提升城市综合安全放在标准

提升防洪潮内涝防治标准，如确定赤石河干流防洪标准达到200年一遇，明热河、南门河防洪标准达到100年一遇，其余支流防洪标准达到50年一遇；沿海地区防潮标准达到200年一遇；城区和重要区域内涝防治重现期达到50年。建设以水库、河道、河堤、滞洪区、海堤、闸站及泵站等设施为主体的防洪潮排涝工程体系，构建"源头减排—过程控制—末端排放"的全过程水安全系统。构建海堤海防林带，抵御台风海潮，沿海种植200米多行宽带海防林，阻挡降低风力；建筑结构风荷载基本风压按50年一遇标准，10分钟平均最大风速计算；防潮堤设计校核200年一遇风暴潮遭遇12级台风；生命线设施全部采用埋地方式，必须架空的应根据风荷载采取防护措施。明确抗震设防标准，重大工程、超高建筑和可能产生严重次生灾害的工程，必须进行地震安全性评价，确定抗震设防要求，并正确用于抗震设计和验算。

（三）构建区域立体协同安全格局

陆上立体布局广汕、厦深两条高铁和深汕高速、深东大道两条道路，海上保障深—汕、惠—汕多条航线，构建有弹性冗余的全方位区域安全交通体系，以此构建区域立体协同安全格局。结合一中心、四组团的总体空间布局构建5个安全大区，下设生活圈、单元和社区三层级，构建独立设防的单元化安全分区体系。构建安全冗余的应急交通网络，依托交通规划，构建特殊设防一级、重点设防二级应急救援通道，标准设防的三四级疏散避难通道。按照综合防灾一体化，分级建立防灾减灾、避灾、抗灾救灾等安全服务设施体系（见图4.2）。

图4.2 多维空间地理信息平台"深汕一张图"系统界面

资料来源：深汕特别合作区管委会供图。

（四）提升综合防灾减灾能力

积极部署地震地质灾害防治工作，稳步开展地震地质灾害的监测、治理、防御工作，最大限度减轻地震和地质灾害造成的人员伤亡和财产损失。充分完善消防安全体系建设，完善消防通道规划建设和管理，合理布局消防站站点，保障灭火、救灾装备配置；建立城市火灾应急数据库，完善智慧消防救援信息平台。全面提升城市防空防灾能力，完善人防工程体系，形成人防建设与地下空间开发利用的共生机制。发展防空防灾一体化指挥、管理系统，全面提升城市整体防护能力。全面完善应急基础设施供给保障体系，提高城市工程管线的安全和维护更新能力，确保城市基础设施供给命脉安全。

五 保障规划有序实施

《20总规》要求促进合作区与深圳及周边地区的协调发展，加强合作区与毗邻地区的协同管控。探索建构符合新时代要求的国土空间规划体系，合作区要加强组织领导，完善和创新政策机制，保障规划有序有效实施，确保一张蓝图干到底。

（一）推进区域协调发展

加强合作区与深圳市及汕尾、惠州等周边地区的规划协调，坚持共建共享，建立协调机制或专门机构，负责组织相关省、市部门就关乎区域协调发展的重大规划事项进行经常性、制度性协商。探索区域共享新模式，利用区位优势，发挥通道和节点功能，集聚和传递大湾区经济势能，建设现代化产业新城，推动粤东沿海经济带振兴发展。

（二）建立空间规划体系

探索符合国家和自然资源部要求的空间规划体系，构建空间、规模、产业三大结构，生产、生活、生态三大布局，形成全域覆盖、分层管理、分类指导、多规合一的空间管理依据，实现"一张蓝图"。在总体规划对全域空间要素统筹布局的基础上，完善各层次规划编制。

（三）保障规划有序实施

在广东省委、省政府领导下，推动形成深圳市全面主导、汕尾市积极配合的合作发展新格局，不断完善规划实施统筹决策机制。加强规划分期分区实施，按照分阶段发展建设目标，坚持通过发展单元有序开发，科学制订分时序实施方案及行动计划。建立总体规划实施的评估考核机制、科学决策机制和实施问责机制，建立"实施—监测—评估—维护"机制，保障规划有效实施。加强规划公众参与，建立健全多方协商机制，推进形成共谋、共建、共治、共享的新时期空间治理模式。

（四）完善相关政策机制

进一步扩大政策和机制优势，积极推动将合作区纳入深圳市自主创新示范区范围，争取设立高新技术产业园区、特殊海关政策区等，享受相应的扶持政策。建立产业人才引进与集聚机制，如对接企业技术需求和高校科研机构创新资源，建立孵化器、加速器、博士后工作站等创新载体，并大力拓展项目合作、服务外包等方式，加快人才导入。创新土地征收及全周期管理机制，保障产业发展空间资源。探索海洋生态环境监管与考核机制，如探索实施以海洋生态环境长效保护为目的的"湾长制"管理机制，加强"河长制"和"湾长制"的衔接，实现海陆一体管理。面向智慧城市建设和人工智能、大数据、智能制造、无人控制系统等新兴产业发展趋势，高起点规划建设智慧城市基础设施，将合作区纳入各类深圳智慧公共服务平台，推进与深圳一体化的智慧基础设施。健全城市安全管理与风险防控机制，包括建立区域协同、分区分级传导的风险管理体制机制，建立信息共享机制，建构安全预警、应急指挥救援系统。

第五章 基础先行：迈向高新智慧新城的第一步

第一节 基础设施建设的适度超前发展模式

《20总规》绘制的是一幅高新智慧新城的蓝图，将蓝图变为现实的第一步就是基础设施建设。不论是在飞地建立区域诱导增长极，还是培育内生性创新动能，单纯依靠市场机制的作用都必须经过漫长的周期与反复的调整，因此特别需要政府在建设初期大力投入；并且，对以实现跨越式发展为战略目标的飞地而言，政府对基础设施的规划与建设除了必须具备科学性、系统性、可行性之外，还必须具有足够的前瞻性。从2016年下半年新一届领导班子到任起，深汕特别合作区在制定总体规划与产业规划的同时，就已经依据本地的条件与特点，着手加快推进基础设施建设。

一 基础设施建设的特点与发展模式

基础设施是城市经济发展、居民生活的物质载体，是顺应城市人口规模、生产力水平、经济活动效率的需要，而配备的一系列软硬件设施。基础设施是物质生产与劳动力再生产的重要条件，产业结构和基础设施建设决定一座城市的经济发展水平。如果说产业结构决定了城市经济的可能性边界，那么与该产业结构相配套的基础设施，则是城市经济发展的主要限制性因素。作为城市建设体系的一部分，基础设施的设计、规划、开发、建设不仅要先于城市主体功能，还要与城市自身的发展紧密协调、高度融合。

经济学家认为绝大部分基础设施属于介于公共产品和私人产品

之间的准公共产品。公共产品指某个人对这种产品的消费，不会导致其他人对该产品消费减少的产品，其基本特征是非排他性与非竞争性。私人产品指某个人对这种产品的消费，会导致其他人不能再次消费的产品，其基本特征是排他性与竞争性。基础设施介于两者之间，具有不充分的非排他性与非竞争性。例如，公路是一种非排他性不充分的准公共产品，虽然任何人都可驾驶车辆行驶于其上，但其容纳能力存在上限，超过上限就会出现交通堵塞。作为准公共产品性质的基础设施，有以下几个特点。

第一，在经济社会发展中的先导性。基础设施是人类直接生产活动与社会生活的基础，一个国家、地区的基础设施建设如果没有优先发展，而是和其他产业同时起步，将会形成负效应时间差，成为制约经济社会发展速度的瓶颈。因此，英国经济学家罗森斯坦·罗丹（P. N. Rosenstein-rodan）认为基础设施是社会先行资本，即在一般的产业投资之前，一个社会应具备的在基础设施方面的积累。

第二，具有很高的经济正外部性。正外部性指某个经济行为主体的活动使他人或社会受益，而受益者无须花费代价。基础设施所提供的产品、服务能够为经济社会的发展带来很大的效益，但相比之下，基础设施的投资者获取的经济利益一般要低得多。因此，基础设施建设投资的目的不是获取利润，而是为了获取经济外部性效果。

第三，大规模初始集聚性（sizeable initial lump）。基础设施建设一般是一个庞大的社会工程体系，不仅建设规模大、配套多，并且通常只有同时建成才能最大程度地发挥作用。因此，在基础设施建设初始阶段就需要有最低限度的大量投资作为其创始资本，并且投资周期长。

以上三个特点决定了基础设施建设一般需要政府计划而非市场调节来组织实施，其投资也大多由政府来承担。因此，政府在基础设施建设的规划与实施中发挥着不可替代的作用，许多方面都需要政府做出科学的决策。其中，选择合适的基础设施发展模式是一个非常重要的问题，基础设施发展模式指国家、地区在制定社会经济发展规划和经济增长战略时，对基础设施建设与直接生产部门发展顺序的安排。对此，西方经济学界有两种代表性理论，一是罗森斯坦·罗丹提出的"优先发展论"，二是美国经济学家艾伯特·赫希曼提出的"压力论"。

罗森斯坦·罗丹认为，基础设施是其他生产部门建立和发展的基本条件，其发展水平能够影响其他生产部门的成本和效益，并且基础设施建设的周期一般很长，因此发展中国家、地区在工业化初期，必须一次性投入大量资金，全面推动基础设施建设。① 由此，罗森斯坦·罗丹主张"基础设施优先发展"。

艾伯特·赫希曼虽然也认为基础设施投资是经济持续发展的保障，但他提出了与罗森斯坦·罗丹相反的观点。艾伯特·赫希曼认为基础设施的投资需要政府支持，资金需求量非常大，并且投资回收非常慢，而发展中国家、欠发达地区普遍面临资金不足的困难，因此想一次性投入大量资金往往不切实际。可行的办法是先对直接生产部门投资，促进经济发展，通过经济发展的压力促进基础设施的建设，在发展中积累资金，创造基础设施投资的条件。② 由此，艾伯特·赫希曼主张"基础设施滞后发展"。

究竟是用基础设施建设来发展经济，还是通过发展经济来反哺基础设施的建设与完善，经济学界至今仍存在一定的争议。深汕飞地应该选择何种基础设施发展模式，对这一问题，合作区党工委、管委会必须做出正确回答。

二　合作区对基础设施发展模式的思考

合作区党工委、管委会认为，实践是检验真理的唯一标准，西方经济学界提出的两种不同的基础设施发展模式，应该放到世界各国的经济发展实践中去检验。从世界经济发展史看，基础设施建设可主要分为超前型、同步型和滞后型三类。超前型指基础设施建设相对于直接生产活动超前一个时期。同步型指基础设施的建设、扩

---

① ［美］马尔科姆·吉利斯、德怀德·H. 帕金斯、迈克尔·罗默、唐纳德·R. 斯诺德格拉斯：《发展经济学》，李荣昌、胡和立译，经济科学出版社1989年版，第86页。
② ［美］艾伯特·赫希曼：《经济发展战略》，曹征海、潘照东译，经济科学出版社1991年版，第75页。

充与直接生产部门的需要相适应，两者基本保持同步发展。滞后型指基础设施建设滞后于直接生产部门的发展。

英、美等国在特定历史时期采用过超前型发展模式，其中最具代表性的是美国在19世纪的两次铁路建设运动。19世纪50年代的第一次铁路建设，使美国的铁路总长接近6万千米，不仅大力推进了东部地区重工业的发展，而且给西部地区的农业发展提供了动力；60年代之后又掀起了第二次铁路建设"狂潮"，至1892年美国的铁路总长猛增至40万千米。大规模的铁路建设极大地促进了钢铁、机械等重工业的发展，助推美国的钢铁产量在19世纪80年代超越了英国；同时还进一步促进了西部地区植垦农场经济的发展。加拿大、瑞典等国则主要采取同步型发展模式，基础设施建设尽量适应生产消费的需要，即觉察到既有基础设施可能对经济发展形成制约时，立即投资扩建。这种同步发展模式的关键在于平衡直接生产部门与基础设施的投资，使有限的资本发挥最大的经济社会效益。苏联、东欧社会主义国家以及大多数发展中国家在工业化过程中则大多采用滞后型发展模式，这种模式不可避免地会存在负效应时间差，基础设施建设的"欠账"频频成为制约发展的瓶颈，在这种压力下不断用直接生产部门创造的利润来"还债"。

结合选择这三种模式的国家当时的经济状况来研究，可以发现它们的选择都有其合理性。英、美等国在进行工业化时资本相当充足，有条件为基础设施建设投入大量资金，也因此实现了高速发展；加拿大、瑞典等国在进行工业化时资本基本充足，需要在直接生产部门投入与基础设施建设投入之间寻找最优平衡点，也因此实现了稳步发展；而苏联、东欧社会主义国家以及大多数发展中国家在迈入工业化进程时，都还是贫穷落后的国家，普遍欠缺资本，不得不靠发展直接生产部门来积累财富，忍受负效应时间差对经济发展的制约。正因如此，罗森斯坦·罗丹的"优先发展论"往往在发展中国家水土不服。事实上，选择"优先发展论"的发展中国家几乎没有特别成功的案例。更多的发展中国家选择了艾伯特·赫希曼的"压力论"，在资本匮乏导致没有好的选择的情况下，这是一种最不坏的选择。

从以上分析可见,"优先发展论"与"压力论"都有其合理性,也都有不足之处。"优先发展论"强调基础设施建设对于经济发展的重要作用,提出了最优的发展模式,但忽略了这种发展模式的前提条件;"压力论"从发展中国家、欠发达地区的现实条件出发,指出了一条在资本匮乏情况下可行的发展路径,但未能明确在条件得到改善时,还可以做出更好的选择。

基于上述考虑,深汕特别合作区党工委、管委会认为,中国特色飞地的基础设施建设模式选择,不应机械地照搬某种西方经济学理论,而应对其批判性地借鉴。更为重要的是,要一切从实际出发,在科学地分析飞地所具有的各项条件(包括但不限于资金)的基础上,选择既有利于高效实现飞地经济发展目标,又是自身能力所能达到的基础设施建设发展模式。

三 先行一步:适度超前的基础设施建设

选择深汕特别合作区的基础设施建设发展模式时,有两个最为重要的因素必须同时予以考虑:一是需要适应合作区的战略定位,需要有利于实现总体发展目标;二是需要立足于现实条件,并最大限度地发挥其作用。

基于对使命与任务的认识,深汕特别合作区决心从零开始建设一座高新产业的滨海智慧城市,这意味着要实现经济、社会双跨越式发展。为实现这一战略发展目标,合作区决定采用新组合式发展模式,首先在农村经济的基础上快速启动现代化、工业化进程,然后按照《20总规》的"三步走"计划,在飞地践行新型工业化和新型城镇化,在经济、社会领域与深圳"一体化"发展。启动现代化、工业化进程需要从产业、城市基础设施建设开始;践行新型工业化和新型城镇化,更需要建立与城市产业结构、城市战略定位和区域发展导向相适配的基础设施体系。可以预见,采用新组合式发展模式将使合作区的发展明显高于"自然发展"的速度,将在短短十几年时间内走完一个城市通常需要几十年才能走完的发展历程。在"自然发展"的情况下,一个城市在工业化启动期所建设的基础设施,往往是在充分使用后才面临升级换代的需要。而在深汕特别合作区，这一过程将大为缩短。因此对于深汕特别合作区而言，不仅选择滞后型模式显然是不行的，采用同步型模式也是不合适的。如前所述，同步型模式适合在各项条件基本具备的前提下实现稳步发展，但很难实现跨越式发展。并且，这种模式已经难以适应当前形势，加拿大、瑞典等国采用这种模式之时，经济社会的发展速度比现在慢得多，如今随着科技的加速进步与工业的加速发展，与之配套的基础设施体系越来越庞大，越来越复杂，导致建设与当代产业发展相适应的、完善的基础设施需要比以往投入更多的资金，花费更长的时间。换言之，产业发展在不断加速，基础设施建设的要求也在不断提高，要使两者同步已经越来越困难。这就意味着如果不前瞻性地考虑问题，势必会频繁地改造、重建基础设施，既浪费财力，还必须付出时间成本。因此，从战略定位及总体发展目标看，深汕特别合作区选择超前型模式最为理想。

那么，深汕特别合作区是否具有选择超前型模式的条件呢？虽然合作区此前基础设施薄弱且历史"欠账"较多，但转变为深圳全面主导之后，合作区在基础设施建设方面迎来了难得的机遇。从资金方面看，首先，合作区已经按照深圳的一个功能区的标准来建设，深圳市委市政府决心全力支持合作区的发展，加大投入力度。其次，2016年深圳推出"东进战略"①，将合作区作为重要的战略支点。最后，深圳具有良好的招商引资条件，除了政府投入外还可以借助深圳的品牌效应，采用PPP模式进行融资。从管理方面看，主要由深圳派出的新一届合作区领导班子大多亲身经历过"深圳速度"的基础设施建设过程，具有丰富的实践经验。此外，除资金、管理以外的各项条件，合作区也能够得到广东省委省政府、深圳市委市政府的大力支持。也就是说，凭借飞地合作的要素禀赋优势互

---

① 2016年5月7日，深圳市委审议并原则通过《深圳市实施东进战略行动方案（2016—2020年）》（以下简称《方案》）及相关配套方案。东进战略的目的在于打通连接东部、辐射粤东的战略通道，拓展城市发展空间，有利于改变深圳市"西强东弱、西密东疏"的不均衡城市格局，推动、促进东部地区形成新的城市发展中心，打造新的区域增长极；也有利于在更大范围内优化资源配置，发挥深圳经济中心城市辐射带动作用。《方案》特别强调，深汕特别合作区是深圳实施东进战略的尖兵，要牢记使命，创新思路，真抓实干，努力发挥更大作用。

补，合作区能够依托深圳形成基础设施建设超前型发展的条件。

在经过审慎研究之后，深汕特别合作区明确提出采取"基础先行"的发展模式，提前为发展积蓄能量、备足后劲，避免因基础设施建设滞后导致的发展瓶颈。"先行"有两重含义，一是基础设施建设先于城市主体功能，二是在基础设施建设上要先行一步，采用适度超前的发展模式。前者是所有产业、产业新城建设的共性要求，而后者则是深汕飞地依托深圳建设高新智慧新城，实现跨越式发展的个性特点。合作区党工委、管委会在基础建设的设计、规划与建设上极为注重短、中、长相结合的原则，即当前必须有的基础设施应以"深圳速度"加紧建设，对于在不久的将来就会需要的基础设施可超前一步建设，对于稍长一段时期后可能需要的基础设施预留建设空间。这一原则贯穿于合作区的交通、市政、公共服务等各种基础设施的设计、规划与建设之中。

第二节 内联外通：交通基础设施建设

深汕特别合作区的交通基础设施建设可分为区域间与区内两大部分。区域间交通基础设施建设的目的是通畅与周边地区的陆海连接，使合作区的地理区位优势能够充分发挥，为融入粤港澳大湾区产业集群铺平道路，同时也能够配合深圳市的"东进战略"，建设与"大湾区"紧密互动的交通网络，构筑深圳向东辐射粤东沿海经济带的区域性综合交通枢纽。区内交通基础设施建设的目的是建立与组团式空间布局相匹配的"TOD导向"的交通结构，实现多种交通方式的顺畅换乘和无缝衔接，打造畅达、便捷、绿色、智能的交通体系，为城市产业发展提供支撑，为居民生活出行提供良好的公共服务。

一 立体化对外交通：潜在优势显性化

深汕特别合作区具有得天独厚的地理区位优势，东连潮汕平原西接珠三角，地处珠三角经济圈和海峡西岸经济圈接合部，位于广东连接福建、浙江的东南沿海主轴线上,但由于交通基础设施落后,这种优势并未发挥出来。因此,需要通过建设内外互联的立体化交通设施,将这种潜在优势显性化。《20 总规》对铁路、高速公路、港口、航空等重大区域交通设施的建设做出了详细规划,力图从道路交通和海上运输入手,建设东西贯通、海陆联动的交通体系,将优越的地理位置、深水良港和广袤的海陆空间结合起来。

(一)"四横一纵"铁路运输,"西衔东扩"步入快车道

"一纵"指南北延伸的汕惠城际铁路。该铁路西连惠州市区、惠州机场,东连汕尾市区,在合作区内接入鲘门站及深汕城际站,并预留鹅埠站。"四横"指四条东西走向、连通"珠三角"与粤东地区的铁路:深汕高铁、深汕城铁、广汕高铁和厦深高铁。深汕高铁连通深圳与合作区中心区,西起西丽,途经坪山、惠阳,东边于深汕站与广汕高铁接泊,是中国首个时速 350 千米以上的城际高速铁路(见图 5.1)。它对深汕和深圳实现互联互通意义重大,现在需要至少一个小时的客货往来,在未来只需要半个小时就能实现,可极大节约时间成本。深汕城际铁路从深圳福田中心区至深汕中心区南部,这条轨道交通的建设将为深圳智能装备、海洋产业、生物健康、旅游服务产业转出和深汕的转型升级提供新契机。广汕高铁从广州出发,经过惠州、汕尾,直达汕头,这条西端深入"大湾区",横穿合作区中部,向东延至粤东的铁路,一方面能够助推深圳的科技服务、专业服务要素向粤东四市流动,便于"大湾区"新一代信息技术、新材料、智能装备、生命健康等产业东扩;另一方面为合作区从粤东地区引进能源、材料、集成电路等上游产品提供便利。厦深高铁西起深圳东至厦门,经惠东后横穿合作区南部,然后经潮汕到达厦门。它使合作区融入厦深三小时经济圈。经济圈内珠三角经济区、海西经济区的双重带动,可让合作区的信息经济、绿色经济、智能经济、健康经济和海洋经济发展步入"快车道"。

(二)建设高速公路,助推湾区要素流通

一般而言,企业为降低运输费用、提高运输效率,更愿意将厂

图 5.1 深汕站效果图

房建设在邻近高速公路的地区,因此经济资源会沿高速公路扩散。[①] 为大幅提高承接珠三角、联动粤东北的集散能力,除高铁和现有的深汕高速外,深汕特别合作区还将修建两条东西走向、一条南北走向的高速公路。一条是深汕第二高速,它解决合作区往来深圳的快速交通需求;一条是潮莞高速,它东西方向连通惠州、潮州;一条是河惠汕高速,它从南北方向连通河源。三条高速公路的建成,将使合作区便于输出电子信息、新材料和生物医药产品,引进电子和现代服务业,吸引珠三角相关产业向粤东扩散。

(三)完善主干路网,连通"最后一公里"

深汕特别合作区在"两横一纵"高速公路网的基础上进一步规划了"十字形"快速路网和"四横五纵"[②] 主干路网,以实现区内交通与外联交通全面对接。为更好肩负起"粤港澳大湾区"东部门

---

① Chandra Amitabh and Eric Thompson, "Does Public Infrastructure Affect Economic Activity? Evidence from the Rural Interstate Highway System", *Regional Science & Urban Economics*, Vol. 30, No. 4, July 2000, pp. 457-490.

② "十字形"快速路网为深东大道、望鹏大道;"四横五纵"主干路网,"四横"为创智路、深汕大道、发展大道、红海大道,"五纵"为科教大道、宜城大道、龙山路、创新大道、通港大道。

户职责，便于"珠三角"与"粤东西北"地区的大宗商品运输和要素流动，将东端对接珠东快速的"T字形"接口改为"十字交叉"，并且配合深汕高速改扩建工作延迟西端对接工程。

东西走向的深东大道，东部穿过"科教走廊"与珠东快速衔接，连接汕尾，便于区内的生物医药、高端装备制造和海洋产业与汕尾联动发展；西部穿过"先进制造业"组团，对接深汕第二高速通往深圳，为引进深圳的新一代信息技术、新材料、智能装备的研发成果提供便利。深汕大道、发展大道、创智路分别将先行片区鹅埠与深汕城际站、鲘门站和深汕站连通，为起步区的企业职工往来深圳和周边地区提供便利，便于鹅埠片区快速形成产业集聚。红海大道西起小漠组团，沿着深汕城际一路向东延伸至海丰、陆丰，为小漠国际物流港扩大服务范围，与汕尾的海洋产业联动发展。

南北走向的望鹏大道，南连小漠片区的第三高速、北接赤石片区潮莞高速，并且在中部预留出衔接深东大道的接口，经由通港大道与河惠汕高速互通，为连通河源、惠州做准备。该主干路串联北部的"康养度假区"、中心组团和南部的"滨海生态旅游区"，打造一条集"海上旅游—滨海度假—生态康养"于一体的旅游线路，便于引进深圳和惠州的休闲度假客流，带动区内高端服务产业发展。宜城大道从深汕城际站向北延伸至北部"康养度假区"，为本地的生态康养产业吸引来自深圳和惠州的消费者。通港大道从西部组团直通小漠片区，服务于区内先进制造业产品的出口贸易，便于先进制造和科创研发产品在西部和南部组团间往来流通。

（四）发展海上航线，满足客运旅游需求

为配合粤港澳大湾区"探索开通香港—深圳—惠州—汕尾海上旅游航线"的需要，合作区在鲘门渔港的基础上，在东部片区建设鲘门客运港。鲘门港拥有良好的水深和岸线，后方配套的6万平方米未开发建设用地能够为港口建设提供配套支撑。此外，该地区临近鲘门镇、厦深高铁鲘门站、高尔夫球场和滨海度假村，观光休闲资源丰富，具备得天独厚的地理位置和资源优势。鲘门客运港的建设，将有助于与周边地区的旅游业形成协同效应，为区内文化旅游、滨海旅游、康养度假和乡村旅游产业吸引客源。

(五) 选址深汕机场，规划航空基础设施

考虑到未来发展的需要，合作区提前对航空运输作出规划。拟选址百安半岛南端建设深汕机场，飞行区按2B级标准预留，形成以1座A1级水陆两用机场为主、若干直升机场和水上飞机起降点为辅的航空基础设施体系，满足合作区对外立体综合交通网络建设及综合保障需求。同时，优化合作区至深圳宝安、惠州平潭等周边干线机场的快速交通，合理布设机场城市候机楼、开通机场专线。

二 高标准区内交通：面向未来的高新产业新城

在合作区成立前，此地的交通基础设施建设处于"欠账"状态，道路基础非常薄弱。区内仅有的一条国道弯多坡陡，路灯、信号灯、监控和隔离护栏缺失，多次引发交通事故；各镇的道路也大多狭窄，路面坑洼不平。合作区成立后即开始整修、增建道路，2017年改为由深圳全面主导后，深汕特别合作区成为深圳的第"10+1"个区，大大提高了城市发展水平。当前合作区的人口约7.93万人，而《20总规》将人口规模上调为150万人（至2035年），服务人口上调为约300万人。这意味着未来15年将是合作区高速发展的时期，而交通基础设施难以根据人口的扩张和经济活动的变化而随时进行调整，因此其规划与建设必须要适度超前，并为进一步的增长预留出空间。

(一) 预留空间：规划交通站点与道路宽度

合作区依据城市未来发展的目标定位，计划建设"深汕高铁"用于与深圳的快速通勤[1]，考虑到深汕城市人口的远期发展目标和轨道交通服务的客流量，将深汕铁路和广汕铁路的交汇点——"深汕站"从原先规划的2台4线调整为4台10线，站房规模从3000平方米调整为不小于1.4万平方千米。除交通站点外，合作区连通深圳的各主干道路也进行了改扩建，例如G324国道、深汕西高速均在原有基础上扩宽了60—80米，同时深汕西高速在区内进行优化调整。这一调整既符合深汕特别合作区长远发展的要求，又为充分

---

[1] 2017年9月7日，省委、省政府《深汕特别合作区体制机制调整方案》中指示："支持从深圳到合作区间建设一条时速350千米的高速铁路，实现合作区与深圳的高效互联。"

发挥粤港澳大湾区东部门户的辐射功能预留空间，助力深圳实现"东进战略"。

（二）港口建设，支持深圳迈向"全球海洋中心城"

2017年国家发改委和国家海洋局发布的《全国海洋经济发展"十三五"规划》明确提出要"推进深圳等城市建设全球海洋中心城市"，2018年深圳市委、市政府出台《关于勇当海洋强国尖兵加快建设全球海洋中心城市的决定》，2019年《中共中央 国务院关于支持深圳建设中国特色社会主义先行示范区的意见》提出"支持深圳加快建设全球海洋中心城市，按程序组建海洋大学和国家深海科考中心，探索设立国际海洋开发银行"，这是新时代背景下国家赋予深圳的重大历史使命，也是国家对深圳海洋发展提出的新要求。

在多重政策带动下，海洋经济成为深圳七大战略新兴产业之一。2018年该产业的生产总值达到2327亿元，同比增长4.63%，占全市GDP的9.6%。[①] 但是，在挪威公布的"全球领先的海事之都"排名中，深圳却连续多年未能上榜，其原因在于深圳在海洋航运、海洋研发和海洋金融方面存在短板。要在这些领域有所突破，深圳就需要解决土地资源紧张和海洋资源限制的问题，前者的紧张自不必说，后者的限制虽不是显而易见但已现出端倪。从产业布局来看，大鹏侧重海洋生物、盐田发展海洋电子信息、高端装备、海洋交通运输、海洋旅游和海洋渔业、南山主攻海洋科技[②]，深圳区内的海洋经济空间布局已经成型。但从海岸线看，大鹏有生态红线且深圳湾内海浅，盐田港口优良却货运繁忙无暇他顾。若不从长计议，在不久的将来，海洋资源也会成为深圳海洋产业发展的掣肘因素。

深汕特别合作区海洋资源富足，有1152平方千米的海域，50.9千米的优质海岸线和深水良港，具有发展成为深圳进军"全球海洋

[①] 夏凡：《深圳海洋生产总值占GDP比重达9.6% 全球海洋中心城市怎么建》，《南方日报》，http://static.nfapp.southcn.com/content/201911/21/c2824495.html，2019年11月21日。

[②] 胡春燕：《对标全球海洋中心城市 加快国际海洋名城建设》，《青岛日报》2018年11月2日第9版。

中心城市"的东部拓展区的天然优势。为了在高效互联互通的基础上弥补深圳海洋航运空间不足的短板，深汕合作区选取南部组团的核心港区，建设小漠国际物流港（见图5.2）。同时规划建设疏港铁路与海洋贸易航运相配套，在港区后方建设物流园，吸引国内外物流企业进驻，形成"物流港＋物流园＋临港产业"联动发展的综合型海港商贸区，降低园区企业物流成本；配套建设保税区，就近解决出口加工企业和进出口贸易企业的报税问题，提高报税效率。预计到2035年，小漠港吞吐量可达1800万吨/年，远景吞吐量为7500万吨/年[1]，在服务本地的基础上，履行深圳港"喂给港"职能。

图 5.2　小漠国际物流港

资料来源：深汕特别合作区管委会供图。

除海洋航运外，合作区还在产业上支持深圳的海洋研发工作，充分利用优越的地理位置与港口背后广阔的陆域面积，与西部先进制造业片区联动，聚焦海洋高端装备、海洋生物和电子信息等海洋新兴高端产业，构建全产业链条，形成海洋装备制造集聚区，未来还将与以百安半岛航空港为依托的民营航空、航空物流、航空研发制造产业协同发展。

---

[1] 肖云龙：《深汕特别合作区的前世今生：深圳向东飞地造城，曲折中前行》，《南方都市报》，http://static.nfapp.southcn.com/content/201812/16/c1762445.html，2018年12月16日。

第三节　全面夯基：市政基础设施建设

市政基础设施是城市生存必不可少的物质基础，是保障城市可持续发展的关键性的设施。深汕特别合作区的前身是农村，水、电、气、通信等市政基础设施均远远不能达到现代化产业城市的要求。例如，电力供应严重不足，到2012年9月才建成的两个110千伏变电站，仅能供本地居民使用，而企业的用电需求需要从外引入才能满足；供电线路严重老化，容易因暴雨台风而跳闸停电。再如，用水隐患多，水源地管理保护落后，区内居民的饮水安全存在隐患；水利设施防洪标准过低，且部分设施年久失修，难以抵御重大洪涝灾害。又如，消防设施短缺，不足以应对区内山火多发的形势，需要邻区消防队援助才能将火扑灭。对于设施底子薄、基础差的地区，如果不能先将市政基础设施的短板补齐，那么它们必定很快成为制约经济社会发展的瓶颈，导致整个城市的发展思路、发展理念和美好蓝图都成了无根之木，难以顺利落地，甚至阻碍社会经济生活的正常运行。深汕特别合作区正视短板，注重规划，全面提升，在较短时期内达到了良好效果。

一　合作区的主要市政设施建设

（一）水利设施

深汕特别合作区所在位置是广东省三大暴雨集中区之一，常年受台风暴雨侵袭，85%的降水集中在每年的4—9月。原有的水利安全设施建设标准低且老旧失修，不足以可靠应对台风暴雨的侵袭。例如，下径水库大坝曾在2018年夏季强降雨后发生滑坡事故，出现溃坝风险，严重威胁区内居民的生产生活安全，后经紧急救援，现场加固大坝才得以排除隐患。为防止水涝灾害，避免城市受到山洪冲击，合作区在城市建设之初，就全面提升水利安全设施建设体系。

明溪水库是区内的一项重要水利工程，从惠州白盆珠水库引入水源，其建设目的是满足未来300万城市人口的用水需求，增强合作区的功能自立性。作为全区唯一的调蓄水缸，这座大型水库的库容1.73

亿立方米，占全区水库容量的81.6%。但是，明溪水库位于合作区的东北部，区内北高南低且落差甚大的地势，使其悬于中心区头顶之上，存在安全方面的隐患。因此，合作区的当务之急是要先行建设水底山水库，库容可以达到1900多万立方米。此外，合作区还规划修筑20—30米的超宽海堤，足以防御百年一遇的大海潮。

（二）给排水设施

为满足城市居民基本生活与工业生产的供水、排水系统的需要，合作区从一开始就对城市的给排水设施建设高度重视。规划建设集约高效的供水系统，构建环状供水格局，实现水厂互为备用、管网互联互通，不断完善供水网络、提高供水效率；重视雨水渗蓄工程建设，充分挖潜利用雨洪资源，利用分散水库及截洪沟，采用雨水调蓄池、雨水花园、生态湿地等措施积极推进非常规水资源利用。规划至2035年雨水资源替代自来水供水水量的3%；构建循环再生的污水处理系统，考虑污水收集处理与再生利用的便捷性和经济性，建设适度分散的处理设施，初期雨水主要采用海绵设施分散处理；坚持国际标准和绿色理念，倡导公园景观式设计，新建7座水质净化厂，并在乡村地区设置一体化水质净化设施。

（三）能源设施

能源是经济发展的原动力，也是决定城市居民生活质量的关键因素。为建设保障有力的供电系统，合作区依托广东省500千伏电网，新建2座500千伏变电站和9座220千伏变电站。在非城市建设区，结合山体绿地布局高压走廊；在城市建设区，以电缆形式铺设220千伏及以下等级电力线路，并与规划综合管廊相结合。与此同时，引入可再生能源及节能技术，推进太阳能、风能发电，打造智能安全、节能高效、低碳友好的现代化绿色能源系统，加强能源需求侧调峰。在燃气供应方面，以管道天然气为主、瓶装液化石油气为辅，建设安全可靠的燃气供应系统，规划至2035年燃气气化率达到100%，天然气管道气化率达到95%。

（四）环卫设施

1. 城市绿化带

深汕特别合作区常年受暴雨台风侵袭，丰水期径流量突然增大，如果不加以调整很可能会诱发地质灾害。为增强雨洪调解性能，避免因丰水期径流量突然增大造成城市内涝，合作区在道路建设上引入"海绵城市"的概念，采用"下沉式绿化带"设计，将雨水通过绿化带渗入地下减少对植被的冲刷。此外，吸取光明新区的经验教训，对"下沉绿化带"的纵坡和横坡进行改良，避免出现因纵坡无法满足雨洪调解需求而产生的雨水溢出、泥沙覆盖路面、堵塞下水等问题。

2. 垃圾处理

2019年，深圳入选"无废城市"建设试点，但成倍增加的垃圾产量和一直短缺的土地资源，却给深圳的垃圾处理能力带来极大挑战。目前深圳垃圾处理缺口高达11000吨/日，到2035年这一缺口将增加至19928吨/日。[①] 为解深圳燃眉之急，深汕特别合作区充分发挥空间和区位优势，在交通便利、无敏感点的地带划出5.9平方千米的狭长地块，建设生态环境科技产业园，用以承担深圳固废处理的重要任务。

生态环境产业园目前已经完成规划、环评、风评等前期工作。建成后，该产业园日垃圾处理总量的89%将用于服务深圳（见表5.1），来自深圳的污泥、生活垃圾和危废通过海运的方式由小漠港经过通港大道运往园区。为避免带来次生污染问题，产业园的设施建设将对标国内外先进地区的同类设施，其中污泥焚烧设施对标香港"T. PARK"的优良设计和"转废为能、焕然一新"的自给自足系统，生活垃圾焚烧设施则对标东京练马垃圾清扫工厂，与周边生态和谐相处。

表5.1　　　　　深汕生态环境产业园固废处理规模

	设施类型	处理规模	用地规模
1	生活垃圾焚烧厂	2550吨/日	7.65公顷
2	污泥处置中心	800吨/日（绝干）	6.00公顷
3	危废医废处理厂（焚烧）	3.3万吨/年	3.70公顷

---

① 《深汕生态环境科技产业园概念规划方案》。

续表

	设施类型		处理规模	用地规模
4	综合填埋场	生活垃圾及污泥灰渣填埋场（服务期限10年）	99万立方米	7.07公顷
		危废及医废灰渣填埋场（服务期限10年）	9万立方米	3.87公顷
		炉渣综合利用厂	830吨/日	3.10公顷
5	汽车拆解厂		400辆/日	4.00公顷
6	水质净化厂		5万立方米/日	4.30公顷
	合计		/	39.69公顷

数据来源：《深汕生态环境科技产业园先行启动项目选址及规划设计条件研究》。

（五）通信设施

无论是居民生活、经济生产还是智慧城市建设，都离不开通信基础设施建设。按照适度超前布局基础设施的理念，合作区拟建设8座通信机楼、1座有线电视中心、1座有线电视灾备中心和2座数据中心，统一规划和建设通信管道，力图打造国际一流的宽带网络，强化集约建设与共建共享。推进计算机网络的基本架构、数据及智慧控制中心和信息机房、对外连接方式等系统建设。此外，在智能电网方面，合作区以坚强网架为基础，以通信信息平台为支撑，以智能控制为手段，在发电、输电、变电、配电、用电和调度的各环节，覆盖所有电压等级，实现"电力流、信息流、业务流"的一体化融合。

（六）商务配套

在刚步入城市化、工业化之时，就规划建设高端国际酒店，这对其他地区而言，可能是非常大胆的举措，但对于站在深圳肩膀上升级发展的深汕特别合作区而言，却是"飞地经济体"借助"飞出地"资源禀赋进行"跨越式"城市建设的最好注脚。在借助深圳信息、技术、品牌、管理等资本要素和知识要素禀赋的基础上，为了给深圳的战略新兴产业提供更有力的承载，合作区决定将鹅埠先行片区确定为"先进制造集聚区"，发展机器人、新材料等高端制造业。而高端产业必然需要高品质的商务配套，因此合作区在2018

年就引进首家高端商务酒店——维也纳国际酒店，以满足企业和群众的高端住宿需求。

二 有序建设：前期聚焦先行片区

市政基础设施建设一般是一个庞大的工程体系，通常会经历相当长的建设周期。而由于基础设施建设的大规模初始积聚性特点，很多设施只有同时建成才能最大程度地发挥作用。对于从工业"空白之地"建设高新产业新城的深汕特别合作区而言，其市政基础设施工程尤为浩大，配套尤为繁多，不可能等到全区基础设施建成再安排企业进驻、产业项目落地。因此，除了筹集充足的资本保证建设投入之外，合理安排建设时序也极为重要，合作区需要时空上周密运筹，先在某一空间建成基本生产条件，迅速引进企业，尽早开工生产创造效益，进入边生产边建设的阶段，即一边在局部地区创造财富，一边完善全区的基础设施建设。

时任广东省委书记的胡春华同志多次调研合作区，在基础设施建设的时序问题上多次强调合作区要"聚焦鹅埠，聚焦产业"，特别叮嘱"为避免到处开发、分散力量，变成'夹生'的产业园区，必须要借助过去5年在鹅埠打下的基础，集中整合资源加快推进这一片区项目建设和基础设施建设，先把这里搞起来"。合作区积极落实这一指示，将已经具备五年对口帮扶基础的产业园区——鹅埠镇——作为"先行片区"。在飞地经济发展中，相对于由级差地租所引起的先发地区产业空间拥挤，后发一方有可能出现"卫星城病"——由于企业集聚度低，导致开发分散、经济不振、人气不足。在前期"聚焦鹅埠"，能够避免因企业分散落地而形成的产业集聚。因此，合作区集中资金力量优先建设该片区，优先做好基础设施配套，率先启动鹅埠片区内81条道路的建设工作，率先解决水、电、气、通信等问题。截至2020年年底，鹅埠片区规划建设的81条道路有27条已建成通车，19条已开工建设，其余35条均已开展前期工作；已经配备公交站、停车场、加气站和加油站，给排水、电力、通信、燃气、水务和有线电视设施均已配齐。优先配齐生活设施，率先建设北大深圳医院（深汕门诊部）、南山外国语学校、体育场和特色商业街区；后续将要设置10处文娱设施、11处体育设施、24处教育设施、12个医疗设施和10所社会福利设施。合作区在项目建设、基础配套建设和生活配套建设方面的努力，均是为了降低企业交易成本、提高交易效率，化解因人口不足、硬件基础薄弱给企业集聚带来的阻碍。在此基础上，合作区优先明确先行片区的产业体系定位，制定详细产业规划，吸纳相关企业形成集聚。

在新建工业园区和开发区修建厂房之前，必须要做好"七通"。一般而言，出于成本收益的考虑，政府只负责做好公共区域的"七通"工作，而企业与公共区域的连接部分则需要其自行出资修建，或者政府根据企业集聚和纳税情况与之分摊。为鼓励"先行企业"进驻，管委会将率先做好"七通"工作，将道路、管道设施修建到企业大门口。为支持西部组团发展智能制造和高端数字器械等先进制造业，打造大数据产业园，管委会以最为优惠的水电气价格率先吸引了上述行业的"龙头企业"——华润新一代数据中心和腾讯云计算数据中心，同时规划建设工业互联网制造业创新基地，以降低生产和交易成本，补偿"先行企业"的外部性，以业内龙头带动上下游企业集聚。

第四节　对标深圳：公共服务设施建设

不论是推进区域经济协调发展还是践行新型城镇化，都要求逐步实现公共服务均等化。合作区所辖的四镇一场，原有的文教卫体等公共服务水平本就难以满足区内居民的需求，更无法适应未来的发展。因此，合作区在公共基础设施建设方面着眼于对标深圳，制定高质量发展目标，力求在较短时间内大幅提升区内公共服务水平，跨越式地摆脱落后面貌，并形成一定的服务周边的能力。

一　学有优教：教育基础设施建设

教育关系个人的前途命运，也关系地区乃至国家的未来发展。

受经济发展水平的制约，汕尾地区教育资源严重匮乏，教育体系不完善，基础教育办学质量亟待提升。在深汕特别合作区成立之前，鹅埠、赤石、小漠、鲘门四镇一共仅涵盖39所学校，仅涵盖幼小初教育，无普高、职高和大中专学校，兼之教育设施功能不全且老旧简陋，师资力量极其薄弱。总体上，还处在"粗放型"农村乡镇教育水平。

提升飞地的教育水平是政府义不容辞的责任，让每一个孩子都能够接受高水平的教育，都有机会用知识改变命运，才能提高地区的整体文明素质，保证经济的可持续发展。同时，合作区要培育内生性创新增长动能，必须大量引进优质人才，而优质人才尤其重视子女的教育问题，一个地区的教育水平甚至可能成为他们是否愿意扎根落户的决定性因素。创新离不开教育的支持，一般而言，具有顶尖创新能力的城市都有极高的教育水平，正如一谈到硅谷就绕不开斯坦福。然而深圳却是一个尴尬的例外，深圳的教育资源甚至都难以满足本市居民的需求，与其国际创新城市的盛名极不相称。高中教育资源供需矛盾是目前最为突出的问题，受入户政策和人口结构的影响，深圳的高中学位需求快速增长，但土地空间不足严重限制了学校建设，以致2019年公办高中录取率只有44.5%。合作区作为深圳全面主导的飞地新城，也理所当然地要承担起纾解深圳教育之困的责任。

改变教育的落后面貌当从改善教育基础设施开始。为此，深汕特别合作区首先对现有的39所学校进行了分类提升改造，将符合产业和城市发展需求的学校进行翻新、重建，对不合规的进行拆除或整合。在此基础上，合作区将优化师资力量，培训提升现有师资队伍，与深圳的学校合作引进优秀教师。针对区内教育体系不完善的情况，合作区充分发挥飞地的优势，采取自办和引进两种方式补齐高中教育欠缺。一面在深圳市政府支持下，通过市投市建规划建设九年一贯制公办学校和深汕高级中学；一面探索"飞地型教育"，与深圳南山外国语学校、深圳百合外国语学校、深圳职业技术学院和深圳信息职业技术学院共建办学，设立深汕校区，学习其办学经验，弥补高中教育和职业教育的缺失。

为帮助深圳突破教育资源的瓶颈,深汕特别合作区首先锚定深圳所需,在中心城区边缘靠近未来产业的地方,建设一条包含高中教育城、职业教育组团在内的"科教走廊";其次,深汕特别合作区将建设一座占地面积75万平方米的高中教育城,使之成为深圳三大高中园之一,助其解决高中教育资源紧张的困局。最后,职业教育组团还将引进深圳职业技术学院(深汕分校区)和深圳信息职业学院(深汕分校区),既能帮助深圳中职学校优化调整、提升吸引力,又能满足本地产业转型升级的劳动力需求。

二 病有所医:公共卫生基础设施建设

(一)建设高品质医疗设施

在深汕特别合作区成立之前,该地区原有的医疗设施极为简陋,正规医疗机构只有四镇的乡镇卫生院。对此,从深圳派来的第一批合作区建设者们颇为感慨,说"在这里连病都不敢生"。为迅速建设高品质医疗设施,合作区以"飞地医联体"的方式与深圳市内的北大深圳医院、深圳大学附属医院合作,联手打造高质量医疗服务。其中最为重要的一项工程是对接北京大学深圳医院,在合作区建设现代化综合性三级医院。该医院占地20万平方米,前期规划占地10万平方米,可提供床位800张,包含医疗、医学教育和医学转化功能。该项目当前已经被纳入深圳市政府的投资建设计划,未来将被打造成为"振兴粤东医疗中心",为合作区居民提供与深圳同等质量、同等水平的医疗服务。

(二)提升医疗资源水平

早在2016年,合作区就对四镇卫生院的医疗配套设施和技术力量进行了调研摸底,随后开始对卫生院进行资金帮扶,投资数百万元支持乡镇卫生院购买医疗器材、改扩建医疗场所,以初步保障区内群众的就医需求;并使四镇街道的社康中心和门诊部组成紧密型医联体,发挥医院的专业技术优势和带头作用,整合卫生机构管理运营能力。在提升、改进卫生院医疗水平的基础上,合作区与北京大学深圳医院合作,在鹅埠镇先行片区建设深汕门诊部,为区内群众提供疾病诊疗、入职体检、健康教育和应急救援等医疗服务，开通"空中救护车"为需要转诊的患者提供绿色转诊通道。此外，门诊部还发挥专业技术优势和带头作用，与四镇的社康中心组成了"医疗联合体"，整合本地卫生机构，提升医疗水平和运营能力。

三 住有宜居：合作区的住房建设

住房问题涉及居民的根本利益，事关民生根本，也对产业发展有至关重要的影响。受经济发展水平的制约，合作区原户籍居民的住房普遍老旧，危房较多。一遇台风暴雨天气，不少住房就出现漏水、渗水现象，严重影响居民生活。此外，在城市建设过程中，大量村落、民房将被拆除迁移，为妥善解决当地居民的拆迁安置问题、为其提供良好的居住环境，合作区始终把户籍居民的住房保障摆在优先位置，一方面通过应急救济渠道，帮助当地居民解决房屋修缮问题；另一方面坚持"房住不炒"的原则，加快构建相对完善的住房供应和保障体系。

为满足不同收入水平居民的居住需求，合作区按照"住有所居"的原则设计了不同类型的保障房。合作区的保障性住房体系由人才住房、安居型商品房和公共租赁房构成，三者配比为1:1:1。为吸引更多高端优质人才，合作区秉持"为人才建好家"的理念，研究制定人才住房保障政策，打造标准化人才公寓。目前全区已经规划建设的7处保障房项目，已经明确占地面积，预计提供2.5万至5.5万套住宅。到2022年全区计划建设保障性住房项目11个，拟建住房7万套，为深汕人才的安居乐业提供坚实保障。目前，创业村、生活中心的人才住房已建成使用，深耕村、海逸村、深乐村和深颐村的人才住房项目也已开工建设，共可提供人才保障性住房10507套。具备一定经济基础的居民则可以选择"安居型商品房"，开元大厦、振业时代花园、辉煌1号、海悦湾畔等2700套商业地产项目已经出售。正在建设的临安里、邻邦里、临富里、临泰里住房项目，为房价低廉的"公共租赁房"，主要面向中低收入的居民（见图5.3）。

除保障基本居住需求外，合作区也注重配套服务体系建设。如

第五章 基础先行：迈向高新智慧新城的第一步 143

图 5.3 （a）创业村实景图

图 5.3 （b）辉煌花园实景图

海逸村项目实行住房与商业配套设施共建，以打造集人文居住、商业休闲于一体的复合型示范小区。深乐村、深颐村将配有社区服务中心、社区老年日照中心、社区健康服务中心等公共配套设施，计划 2022 年完工。此外，为了给拆迁安置村民提供优良的居住环境，合作区在每类保障性住房周边均配备了完善的交通、教育、管理服务和商业配套设施，在居住条件上迈向城市化。

四 以文化人：文体基础设施建设

文体基础设施被称为"离居民最近的福利"，同时也能够成为体现一座城市的文化底蕴、精神气质的名片。合作区成立之前，四镇的文体设施几近于无，居民的文化生活、体育运动条件极为有限。合作区秉承"以文化人"的理念，重视从文化与体育两个方面塑造健康向上的城市风貌，丰富城市的文化内涵。

合作区因地制宜规划、建设公共文体基础设施。在文化设施方面，以"一湾、三河"沿线和中心组团为重点，构建世界级滨水文化功能带，布局海洋博物馆、中国著名博物馆深汕分馆、音乐厅、图书馆、城市规划展馆、美术馆、文化馆、科技馆、青少年宫、会展博览中心等设施，为大力引入具有国际影响力的重大文化节事活动，提升城市文化品牌奠定基础。在体育设施方面，规划建设具有国际知名度和影响力的高标准综合体育馆，利用优良的生态环境打造户外运动基地，并预留大型综合性体育赛事场馆用地，为积极引进粤港澳地区丰富的体育赛事、广泛开展全民健身活动创造条件。

第五节 超前谋划：合作区的智慧城市基础设施建设

一 新一代信息通信技术与智慧城市

"智慧城市"（Smart City）的概念源于 IBM 公司 2008 年提出的"智慧地球"的理念，2010 年 IBM 又提出"智慧城市"愿景。IBM 认为，城市是一个宏观系统，而组织（人）、业务/政务、交通、通信、水和能源是其中六个核心子系统。六个核心子系统不是零散的，而是以相互协作的方式有机结合在一起。随着城市的发展，这个宏观系统越来越复杂，如果缺乏"聪明的管理"，便会产生交通堵塞、环境污染、资源短缺、治安恶化等"城市病"。这些"城市病"将制约、扰乱城市功能的正常发挥，导致生存环境恶化、经济社会功能衰退、应急反应迟缓等问题，会使企业损失财富，城市浪费能源和资源，居民生活质量降低，从而成为阻碍城市可持续发展的顽疾。进入21世纪，人们发现"城市病"是几乎所有国家曾经或正在面临的问题，且在发展中国家的城镇化过程中尤为突出。因此，如何更有效地管理城市这种复杂的系统，成为一个世界性的课题。

对于这个世界性的课题，人类给出的答案之一就是建设智慧城市。智慧城市是充分运用新一代信息通信技术，将工业化、城镇化与信息化深度融合，实现对城市的动态化、精细化管理，以提升城市管理成效，提高政府行政水平（智慧政务）、增进企业效率（智慧产业）、改善市民生活质量（智慧民生）。一般来说，建设智慧城市以互联网、移动互联网、物联网、云计算、大数据、地理信息系统、人工智能、5G为主要支撑技术。这些技术之间具有紧密有序的联系，构成一个完整的信息科技版图。

信息通信技术在智慧城市领域的运用，包括信息生成与信息采集、信息集成、信息存储、信息分析处理等环节。首先，通过物联网、移动互联网、物联网"三大网络"，空间遥感卫星和其他数字设备，生成、采集物理世界和人类社会的各种信息。在此基础上，这些信息持续积累形成大规模、时序性、多样性的大数据，形成信息集成。随后，集成的信息通过分布式架构存储，并以云计算为算力、以人工智能为算法进行分析处理。最后，信息传输贯穿这一过程的始终，由最新一代移动通信技术——5G建立起的信息高速公路，大大提高了信息传输能力，使人类的信息获取与信息处理水平又跃上一个新的台阶。[1]

新一代信息通信技术革命全方位提升了信息联通、信息生成、信息感知、信息传输、信息存储、信息分析等能力。在这种条件

---

[1] 罗俊、李凤翔：《双向驱动：以新兴信息通信技术为支撑的社会治理创新》，《社会发展研究》2020年第1期。

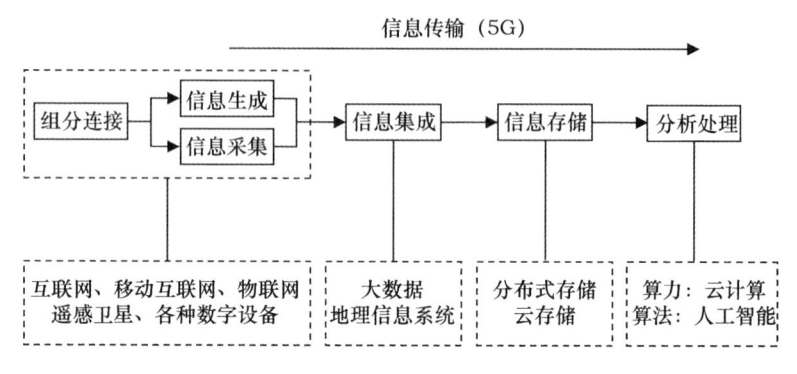

```
信息传输（5G）
────────────────────────────────→

┌─────────┐  ┌─────────┐  ┌─────────┐  ┌─────────┐  ┌─────────┐
│ 组分连接 │→│ 信息生成 │→│ 信息集成 │→│ 信息存储 │→│ 分析处理 │
│         │  │ 信息采集 │  │         │  │         │  │         │
└─────────┘  └─────────┘  └─────────┘  └─────────┘  └─────────┘

互联网、移动互联网、物联网    大数据        分布式存储    算力：云计算
遥感卫星、各种数字设备      地理信息系统    云存储       算法：人工智能
```

图 5.4　新型信息通信技术

资料来源：罗俊、李凤翔：《双向驱动：以新兴信息通信技术为支撑的社会治理创新》，《社会发展研究》2020 年第 1 期。

下，人类可以重新审视生产、生活各方面的原有模式，将这些新技术、新方法、新工具创造性地运用于经济社会各领域，形成经济社会发展的新形态。对于一个城市来说，不论是经济还是社会事务，都有大量的环节其实是对信息进行分析、处理，或提供信息实施干预，因此完全可以借助新一代信息通信技术来创新原有模式，以提高效率。例如，传统的城区交通指挥，各路口的交通信号灯一般按固定的时长进行切换，不能根据即时的交通状况进行灵活调整；而运用新的信息通信技术则能够实现智能化交通指挥，首先借助物联网技术感知、采集车流量等道路交通信息，然后将采集到的信息通过网络传输到云计算中心，运用数据分析技术计算出最优调度方案，再将执行指令传输到交通信号灯等现场设施，指挥来往车辆。这种动态化、精细化的"聪明管理"可以显著提高道路利用率，缓解交通拥堵。

新一代信息通信技术革命不仅为城市治理提供了技术工具，更带来了观念上的变革。智慧城市建设将城市的政务、产业、民生等各种系统与服务连通、集成，是城市的信息化高级形态，代表了城市的未来发展方向。

二　未雨绸缪：智慧城市基础设施建设

智慧城市是为应对"城市病"尤其是为解决"大城市病"而提

出的，因此最先在大城市开始试点，例如，2012年北京、上海、广州、深圳、杭州、苏州等城市首先启动了对智慧城市的探索，并已初见成效。但对于尚未出现"城市病"的地方，智慧城市建设在提升城市资源利用效率、优化城市管理与服务、提升社会治理水平等方面也具有显著效果，因此"智慧城市建设"被列入国家战略，至2017年，已有73.68%的地级市及以上城市开始着手建设新型智慧城市。①

对于深汕特别合作区而言，虽然在当前阶段尚不会出现交通拥堵等问题，但2016年新一届领导班子到任伊始，就把建设滨海智慧新城提上了议事日程。合作区党工委、管委会经过调查研究，认为合作区的超高速发展，对城市治理水平的要求将会快速提升，故而不应等到将来问题显现，形成"倒逼"之势时再被动应对，而应未雨绸缪，发挥合作区"一张白纸好作画"的优势，在基础建设时期就高标准地为智慧城市建设打好基础。首先，在城市通信系统底层架构上，前瞻性地考虑未来15年合作区打造智慧政务、智慧交通、智慧水务、智慧城管、智慧产业、智慧民生等方面的需要，采用高标准配置；其次，及时启动当前及短期内即需投入的一些项目，提高城镇化质量；最后，根据城市发展规划，计划好建设时序，科学预判未来的需要，预留好扩展空间。

在信息通信基础设施建设方面，合作区适度超前布局，按照国际一流的宽带网络的标准进行设计。在计算机网络的基本架构方面，综合考虑政务、水务、交通、城管、产业、民生方面的需要，强化集约建设与共建共享，统一规划和建设通信管道。在此基础上，合作区将有序推进数据中心、智慧控制中心、信息机房及对外连接系统的建设。

电力在城市建设之初就会投入使用，因此合作区在发电、输电、变电、配电、用电和调度各环节的建设上一步到位，打造以通信信息平台为支撑，以智能控制为手段，覆盖所有电压等级的先进可靠的智能电网。

---

① 亿欧智库：《2019年中国智慧城市发展研究报告》，http://www.199it.com/archives/881743.html，2019年7月16日。

在交通基础设施建设上，合作区从一开始就搭建智能框架，基于道路安全、交通效率、联网服务等应用场景，明确智慧交通设施的功能要求和技术标准，结合近远期道路建设规划，开展智慧交通规划指引及近期重点道路智慧设施的规划布局。目前，合作区已经针对6条骨干道路网启动道路场景特征分析，并制定设施布局规划方案等前期设计工作。此外，合作区将以统一的标准建设智慧交通基础设施；根据与道路建设时序的契合程度，确定智慧交通设施建设方式；以综合交通大数据利用为基础，构建智慧交通感知体系、决策体系、管控体系和服务体系；适度超前布局广覆盖、多维度、全方位的智慧交通基础设施；统筹数据，推动智慧道路信息化平台建设；搭建智慧道路信息化平台，以数据共享、统筹发布、统筹管控为目标，建设智慧化道路信息化平台，指挥合作区"五横六纵"规划道路按统一标准实施智慧化建设；并提前与相关道路设计单位进行沟通，实现精准对接；调整工序，优先制定基础性方案；制定数据传输统一标准方案，打通平台与设备、设备与设备、平台与平台之间的数据屏障；预留数据接口，预备与合作区大数据平台联合。

在公共服务基础设施建设方面，合作区鼓励在公共服务领域应用新一代信息通信技术，稳步推进共享网络教育、智慧医院、数字文化、智能体育、智慧社保等智慧公共服务的建设。

在环保基础设施建设方面，合作区着眼于建成较为完善的城市信息通信技术环境和可扩充、面向未来的智慧城市系统框架，实现城市感知能力、网络传输环境及信息处理能力全面提升，构建城市智慧化环境和保障体系。

此外，合作区通盘考虑未来15年智慧政务、智慧医疗、智慧教育、智慧交通、智慧水务、智慧能源、智慧管网、智慧环保、智慧安监、智慧园区、智慧社区等领域的建设。2017年专门成立了深汕智慧城市研究院，负责为智慧城市建设提供强有力的技术支撑，制定保证智慧城市顺利运行的政策法规、标准规范。合作区在资金方面给予智慧城市研究院有力支持，助其加强技术研发，强化相关人才的培养体系。

第六章 平台带动：以政府杠杆撬动市场力量

第一节 企业服务平台与产业带动平台

一 有为政府：从规划引领、基础先行到平台带动

在中国特色的飞地经济建设中，政府的先导作用不仅体现在"规划引领""基础先行"两个方面，在这之后还需要继续发挥杠杆作用，撬动市场力量，即以合理的方式引导、带动目标产业的形成与发展。

新结构经济学在研究现代经济增长的本质及其决定因素时，以要素禀赋结构作为研究的切入点，认为对一个经济体来说，其某一时期的要素禀赋结构决定了该时期能够形成何种比较优势，而能够形成何种比较优势决定了此经济体的最优产业结构。基于这种观点，新结构经济学认为对于发展中国家或欠发达地区而言，遵循每一时期的要素禀赋结构所决定的比较优势来选择技术、发展产业，并提供相应的基础设施和制度安排，是取得经济快速增长、追赶发达国家与发达地区的最优策略。最为重要的是，为了使这种策略成为企业的实际选择，一方面必须有充分竞争的有效市场；另一方面必须有因势利导的有为政府。

上述观点对飞地经济建设具有重要的指导意义。飞地经济的特殊性在于在考察要素禀赋结构时，需要同时分析飞入地与飞出地两个经济体，并且要研究最佳的优势互补式的要素投入方式。深汕特别合作区在规划目标产业结构时，不仅以飞入地与飞出地双方要素禀赋结构作为切入点，还充分考虑了市场需求等外部环境因素，在两者的交集中选择目标产业。换言之，合作区会将那些既能够凭借要素优势互补式投入建立起比较优势，又适应市场需求、具有发展前景的产业确定为目标产业。然后，以"规划引领"作为实现路径，将飞地经济导向大力发展目标产业的战略轨道。

新结构经济学认为经济发展是产业、技术、基础设施和制度结构不断变迁的过程。经济体不但要建立与自身要素禀赋结构相适应的最优产业、技术结构，还要通过不断完善相应的基础设施与制度安排，来降低交易费用。在基础设施建设方面，深汕特别合作区以"基础先行"为实现路径，为产业的引进、可持续发展打下坚实的基础。在制度安排方面，合作区继续发挥政府杠杆作用，提高"平台带动"来撬动市场力量。平台指进行某项工作所需要的环境或条件，"平台带动"则是指在政府主导下，有计划地、系统性地为目标产业准备其起步、发展所需要的各种条件，营造良好的营商环境，集聚市场力量，以有效带动、加速目标产业的发展。

合作区首先通过制定合理政策，创造良好的营商环境，建立高效的企业服务平台，然后针对不同目标产业的特点，建立具有适配性的产业带动平台。当前，合作区的产业带动平台主要有三种类型：

一是前瞻性制定产业链形成计划，即确定在飞地经济发展中以何为主导性产业，以及发展哪些与主导产业具有密切关联的纵向（上下游产业）与横向（与主导性产业具有横向关联）产业，以打造产业集群，并促进其在未来融入更大的产业集群（粤港澳大湾区产业集群）之中。

二是对具有潜在要素禀赋优势，但由于资金缺乏等原因无法发挥优势，未能形成相关产业或尚处于落后水平，但该产业具有市场前景的，通过有计划地投资、孵化等，将其潜在优势转变为显在优势，并准备好其他发展条件，以吸引外来投资，引进有实力的先行企业，推动该产业的起步与发展。

三是在充分了解某一目标产业及产业链的发展条件的前提下，将其规划在适宜其发展的空间，通过引进具有行业影响力的龙头企业，带动上下游企业投资、进驻，促使该空间内形成产业集聚，比如说，新能源汽车、生物医药等企业通过产业集聚增强竞争优势，以带动目标产业的发展及产业链的形成。

二 建立企业服务平台 改善营商环境

营商环境是一个地区的主要竞争力之一。打造最优的营商环境，就是要营造稳定、公平、透明、一体的环境，其中最为重要的就是企业服务和人才服务。合作区党工委、管委会认为，最简约、最高效、最让企业满意的企业服务制度，最优惠、最有吸引力的引才聚才政策，是合作区形成"洼地效应"的最重要基础。在改善营商环境方面，合作区党工委、管委会做了大量工作，以下列举其中几项。

2015年10月，深汕特别合作区园区服务公司设立入园企业项目筹建办，方便入园企业开展前期工作。11月28日，入园企业项目筹建办牵头制定《深汕特别合作区企业服务指南》，全面梳理注册登记、施工报建等行政审批事项，制定服务规范，减少审批流程，缩短审批时限；以建立工商注册信息登记系统为突破，搭建行政审批服务平台，为企业提供高效、便捷的行政审批服务。此外，合作区还将落实"深圳企业同等待遇"的产业政策，明确总部在深圳的企业到合作区投资享受同等待遇。

2018年，为配合金库、税务调整，落实财政体制由深圳市直管，合作区财政局积极助力合作区金融业发展，为建设"营商环境最优区"打好财税体制基础。其一是落实金库调整，迈过收支关口，落实合作区金库转由人民银行深圳支行接管的事宜，加速金库调整；与深、汕两市人民银行加强沟通协调，做好库款核对和划转工作，确保金库业务平稳安全过渡。其二是组建机构，为入区企业提供优质服务，合作区成立国税、地税征管体制改革专项组，与深圳市税务部门开展专题会议，共同推进税务机构合并工作。

2019年，合作区对标国家营商环境评价指标，对标"深圳标准"，多管齐下动态优化营商环境，持续激发市场活力，力争为深圳市的营商环境改革贡献力量。合作区以"大产业、大招商、大平台、大服务"体系为目标，采取四大举措提升企业服务水平，带动营商"友好指数"大幅上涨,为构建"营商环境最优区"打下根基。

第一,持续用力,深化"放管服"改革。

一是逐步解决业务系统连接、账号权限开通、区划编码增加等难题,开通深圳市商事登记、食品、药械、特种工设备等业务办理系统,实现同城化市场监管审批服务;做到统一标准,规范流程,为企业提供便捷的服务,制作审批事项办事指南,为企业办事提供指引,避免企业盲目奔波。二是全力推动"互联网+政务服务",大力推广电子证照,实现"不见面审批",让企业少跑腿、降低经营成本;建立连接省市场监管局的企业档案电子化综合管理系统,为企业提供上市等级电子档案查询服务。三是优化办证流程,压缩办证时限,推行多证合一,促进政务服务提速增效;优化窗口服务,提高办事效率,多渠道为企业提供服务,建立线上互联网方式为企业提供、审查资料,完善规范材料收集流程制度,提高办事效率。四是,构建"多规合一"的创新机制,实现协同平台获取综合审查意见和一站式办齐项目目标,大大提高办事效率,使企业实实在在感受到政府改善服务的力度。

第二,强化监管,提升市场监管水平。

一是加强对企业信息公示的监督管理,采取"双随机"抽查的方式,对企业的年报信息、登记事项、经营情况进行检查,强化市场主体的自律和社会监督。二是完善规范严格的外商投资安全审查制度,明确规定审查要素、审查程度与可采取的措施,对涉及国家安全的外商投资,依法进行安全检查;提升监管队伍素质,通过选调选派的方式,组建专业的市场监管人才队伍,强化监管力量,组织开展食品、药品、特种设备、计量、质量等行业专题培训,注重宣教,提升辖区内企业的安全意识和规范。三是积极联系深圳市有关专业机构,建立稳定常态化的市场审查机制,开展覆盖式的特种设备全检验;做好计量检定、质量检验工作,分行业领域进行专项价格检查,规范市场经营活动。

第三,良性互动,提升政企沟通水平。

一是构建"亲""清"新型政商关系。合作区领导带队对辖区内民营企业进行实地走访，详细了解并协调解决企业发展中存在的问题和困难，建立、完善政企沟通机制，掌握企业建设发展情况，瞄准企业反映的突出问题和痛点问题对症下药，有效解决问题，切实实现企业满意。二是鼓励企业明确需求，认真研究相关的方针政策，思考转型之策，做到"树信心、要专心、有恒心"。三是印发《公司办事指南》《个体工商户微信申报指南》，接受企业业务咨询，向企业宣传解释有关政策法规，提供业务程序、办事指引等服务。

第四，靶向攻关，落实产业扶持政策。

一是全面梳理市、区的产业扶持政策，编制并向企业发放《深汕特别合作区优惠政策汇编》，定期召开政策宣讲会，确保优惠政策讯息及时送达企业；切实落实各项税收减免政策，主动上门介绍税收优惠政策、惠企便民举措，及时为企业答疑解惑。二是组织企业申报项目贷款贴息资金，保障项目建设。三是进一步深化银企合作，引导中国工商银行、中国建设银行、中国银行、中国农业银行入驻合作区，同时组建基金投资公司，为企业提供贷款和担保等服务。

三 建立产业带动平台 推动产业发展

深汕特别合作区要从种植业主导农村经济的阶段跨越到高新产业新城，实现产业结构的跨越式升级，最为困难的无疑是起始阶段。一个产业的形成需要经过从0到1、从1到10两个过程，从0到1离不开有为政府，而从1到10则要依靠有效的市场。

飞地经济建设中的产业形成发展过程，可抽象为如下模型（见图6.1），其实现需要经过六个阶段。

第一，政府首先从飞入地与飞出地要素禀赋结构出发，并依据宏观政策趋势和市场需求等外部环境因素，研究确定飞地的最优产业、技术结构，确定未来发展的最优目标产业。

第二，通过优势互补式的要素投入，因地制宜地建设适应最优目标产业发展的基础设施环境，营造、改善当地的营商环境，完成硬件、软件两个方面的准备，以降低企业的生产、交易费用。

第三，建立产业带动平台，吸引"先行企业"进入。先行企业一般是具有战略眼光、雄厚实力与行业带动能力的龙头企业。先行

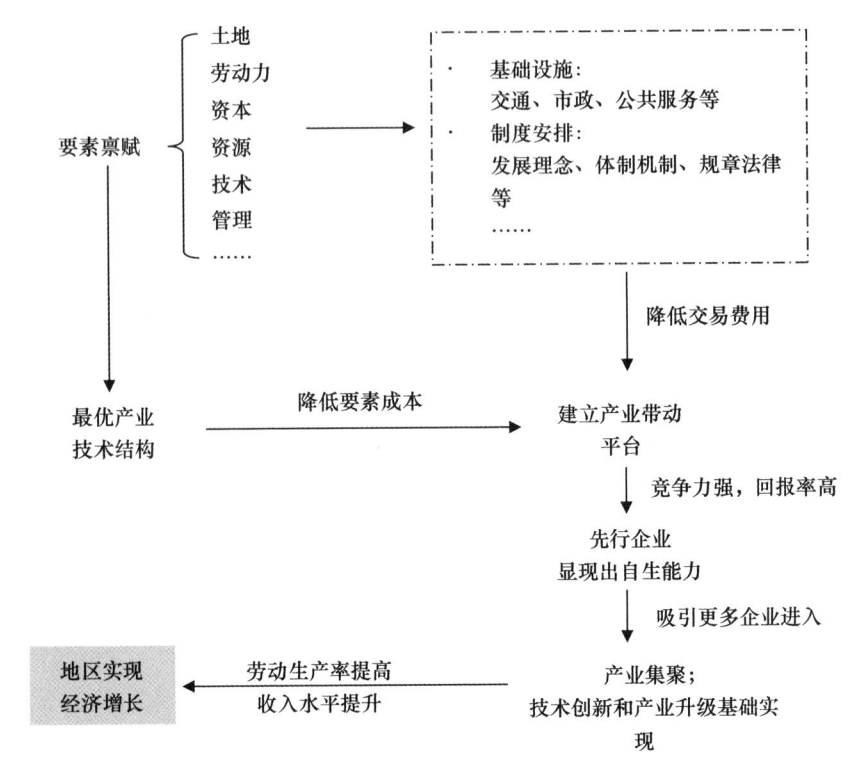

图 6.1 飞地经济建设中的产业形成发展过程

企业进入时,不可能享受产业集聚效应给企业带来的好处,因此政府需要给予优惠政策,对其进行有力扶持。

第四,在具备生存、发展的基础条件后,企业会显现出自生能力。自生能力指一个处于开放自由竞争的市场环境中,具有正常管理水平的企业,无须依靠政府或外部补助就可以获得的一个社会可接受的正常利润水平的能力。而先行企业的成功与否会影响同行或上下游企业进驻,亦即对能否形成产业集聚有至关重要的影响。

第五,当先行企业获得成功,则会吸引更多同类企业、上下游企业投资、进驻,在飞地逐步形成产业聚集。此时,政府继续完善基础设施体系的建设,继续改善营商环境,飞地的产业形成与发展即可步入良性轨道。

第六,当产业聚集效应产生之后,技术创新和产业升级就具备了基础,产业呈现蓬勃发展的状态,技术创新能力被激发出来,吸引更多的相关企业来此集聚。企业的劳动生产率持续提高，收入水平持续提升，并推动地区劳动力水平和整体收入水平的提升，实现地区经济增长。

从上述六个步骤可见，在"规划引领"与"基础先行"之后，最优目标产业形成、发展的成败关键在于能否建立有效的产业带动平台，引进理想的先行企业，并为其提供完备的生存、发展的基础条件，缩短其从投资到盈利的周期。换言之，通过政府的积极作为，建立产业带动平台，实现从0到1的突破，并加速先行企业的成功，从而快速打开局面，撬动市场力量实现从1到10的发展。因此，合作区党工委、管委会将产业带动平台视为重要的杠杆。

在西方，产业的形成与聚集基本是由市场自发调节，因此经济欠发达地区一般不具备形成产业集群的条件。但在中国特色的飞地经济建设中，可以依靠有为政府的力量"自上而下"加速产业启动，然后逐渐转为依靠有效市场的力量"自下而上"发展产业集群。采取这种"两只手"协同作用的方式，能够有效地推动飞地经济发展，增强飞地经济的竞争力和可持续发展能力。需要特别强调的是，不论"规划引领""基础先行"还是"平台带动"，都并非以政府干预取代市场在资源配置上的决定性作用，而是在充分了解的情况下，依据要素禀赋结构。市场调节是有规律可循的，在充分认识规律的前提下，对一些需要反复的、缓慢的市场自发调节才能完成的资源配置，政府可以顺应规律积极作为，加速其过程，而绝不是违背规律去做扭曲市场的事。

深汕特别合作区在推动自主创新的先进制造业、生态健康产业、现代服务业等最优目标产业的形成与发展时，均有针对性地建立了产业带动平台，并且取得了显著成效。

第二节　打造创新产业带动平台加速创新要素集聚

一　培育内生性创新增长动能的天时、地利与人和

高增长绩效在一段时间内可以通过技术模仿取得，但当模仿的

后发优势逐渐耗尽时，唯有通过科技创新和制度创新，支持社会和企业创新创业才能实现经济的持续高速增长。近几年正值深圳战略新兴产业突围的关键时期，合作区在通过体制机制改革进行制度创新，从两方合作转变为深圳全面主导之后，调高了产业发展的战略定位，将培育内生性创新增长动能作为重要的发展模式之一。从农村经济基础上迈向最具现代化色彩的创新驱动发展，其跨度之大、难度之高自不待言，这无疑是合作区最具挑战性的工作之一。合作区党工委、管委会认真分析了各种有利条件与制约因素，认为要实现这种跨越式发展必须有效聚集创新要素，而聚集创新要素需要"天时地利人和"，当前已占天时、地利，但还需想方设法促成人和。

深圳是中国创新之都，尤其是在2015年中央全面启动创新发展战略后，深圳更是倾尽全力建设现代化经济体系，推动关键性战略新兴产业。2018年，深圳发布《关于推动深圳在现代化经济体系上走在全国最前列的工作方案（2018—2022年）》，特别强调要依靠自主创新实现产业升级，大力推动向经济高质量发展迅速转型。深汕特别合作区作为深圳的第"10＋1"区，在建设前期就遇到了这一战略机遇，完全有可能乘此东风，积极加入到创新驱动发展的时代大潮之中，此可谓恰逢天时。

深圳发展战略新兴产业的最大制约因素是土地资源极度紧缺，如何给战略新兴产业腾挪出空间，是深圳必须解决的难题。而深汕飞地距离深圳很近，拥有待开发的土地资源，让一些具有自主创新能力的企业落户合作区，不仅可以解决发展空间制约问题，而且这些企业依然可以与深圳这个创新中心保持密切的联系。深圳自主创新的拓展区深汕起初考虑的是采用通过梯度产业转移，实现"腾笼换鸟"。而合作区主动请命，提出在承接深圳产业转移的同时，融入深圳的创新产业集群的布局之中，把合作区建设成为深圳自主创新产业的拓展区，得到了深圳市委、市政府的肯定与支持。此可谓充分发挥了地利的优势。

要培育内生性创新增长动能，凭借天时地利还不够，因为实现创新驱动发展最为关键是要聚集具有创新精神的企业家、具有创新能力的优秀人才，因此合作区还必须促成人和。对此，合作区首先提升了发展规划的等级，调高了基础设施建设的标准，因为"无论在何种空间组织密度下，要素的集聚与分散都与城市的基础设施紧密相关"①，创新要素自然也不会例外。但"规划引领"与"基础先行"还只是筑基工程，接下来还需要合作区党工委、管委会继续发挥有为作用，通过制定切实有效的政策等制度安排与落实，搭建引进、聚集高新技术企业的带动平台。

在《关于推动深圳在现代化经济体系上走在全国最前列的工作方案（2018—2022年）》中，人工智能与机器人产业等高端智能制造被确定为重点支持和培育发展的未来产业。合作区瞄准了这些战略性新兴产业，在东部组团内重点规划建设公园式的"机器人小镇"，将其作为引进、聚集人工智能与机器人企业的平台。

二 机器人小镇的创新产业带动平台

机器人小镇位于鲘门镇，在合作区东部组团之内。鲘门镇依山面海，拥有优越的自然环境，便利的交通条件，厦深高铁、深汕高速、深汕大道贯穿而过。机器人小镇规划总面积13.5平方千米，由AI智慧体验公园、AI智慧社区、AI测试场、深汕湾科技城以及若干产业园等片区组成，核心区5平方千米，位于鲘门站周边（见图6.2）。

2018年11月30日，深汕湾科技城举行隆重开工仪式，这是机器人小镇的首发项目，它的开工标志着机器人小镇建设正式拉开序幕。深汕湾科技城位于机器人小镇的核心承载区内，占地约13万平方米，总建筑面积约41万平方米，总投资额25亿元，项目以机器人、人工智能等高科技产业为主导，发展目标是建成集研发生产、孵化加速、花园式办公、生态住宅为一体的科技产业平台。首期项目中同步建设的有展示展览区、文化服务设施以及人才住房等配套服务设施，主要有深汕湾科技城智展中心、党群服务中心、海逸村人才房等。

深汕湾科技城智展中心位于324国道旁，鲘门高铁站东侧，总用

---

① 姚士谋、王书国、陈爽、陈振光：《区域发展中"城市群现象"的空间系统探索》，《经济地理》2006年第9期。

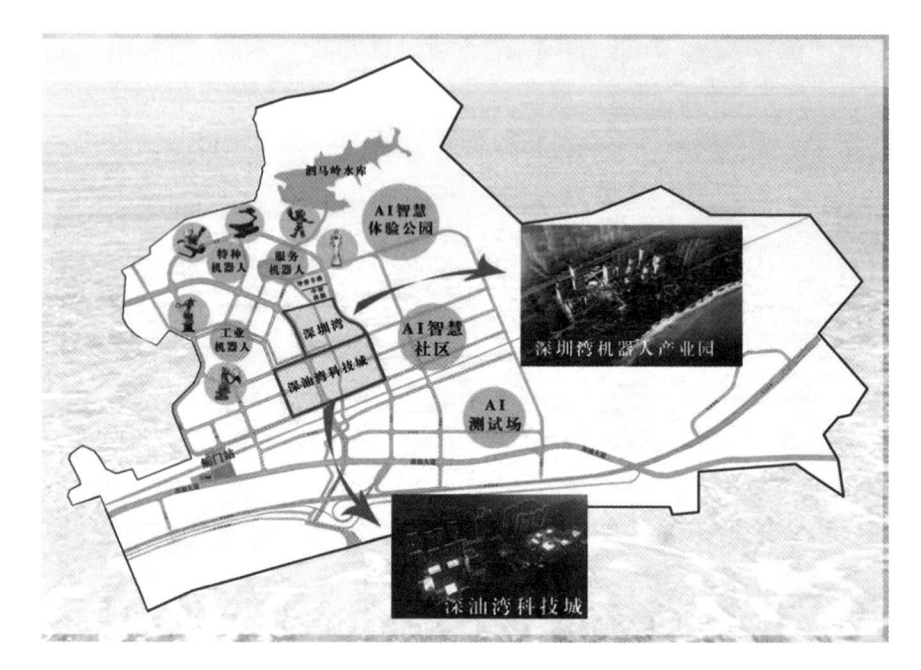

图 6.2　鲘门机器人小镇规划图

资料来源：深汕特别合作区管委会供图。

地面积 1.39 万平方米，总建筑面积 5088.56 平方米，主要功能为区域规划、园区、企业、前沿创新产品的展示展览，是合作区人工智能、机器人产业对外展示的一个窗口。智展中心采用国际先进的设计理念，采用多项国内领先应用的先进高科技多媒体展陈技术，如全互动光电影虚拟数字沙盘、裸眼 3D 虫洞动感影院、多组室内光互动演示系统、组合投影演示系统、非触摸式互动投影体验系统等。

党群服务中心位于深汕湾科技城智展中心一层，是深汕特别合作区在鲘门片区设立的第一个党群服务中心，建筑面积约 1000 平方米，设有政务服务大厅、党群咖啡吧、智慧党建电子阅览区、24小时便民政务服务区、主题党建活动室、组织生活馆、党代表活动室、宣传长廊、文体活动室等，并配备现代化办公设施。党群服务中心充分整合党建、教育、文化、群团组织、党员代表、党员志愿者等服务资源，密切联系群众、服务群众，构建和谐社区，推动党群互动、政企共赢。

海逸村人才房位于鲘门高铁北片区，占地5.1万平方米，建筑面积16.2万平方米，建设住房1350套。项目分两期建设，其中一期住房450套，于2021年投入使用。

除了推进主体项目与配套设施建设外，合作区还推进机器人小镇创新创业平台建设，依托产业加速器平台开展招商工作。2019年5月30日，合作区成立机器人小镇建设工作领导小组，由管委会主任担任组长，合作区发改委和财政局、科技创新和经济服务局、住建委和水务局等部门共同参与，协调开发建设过程中出现的重点难点问题，加快推动招商引资进程。

从建立伊始，机器人小镇建设工作领导小组就有明晰的发展思路。一是产业链共享，用好用活招商抓手。坚持精准招商、品牌招商和产业链招商的思路，优先引进在国内具有行业领先地位、具有自主知识产权核心技术的机器人产业龙头企业，依靠龙头企业带动配套产业链项目，按照"建链、补链、强链"三步走战略，启动深汕湾科技城项目建设，引进工业机器人、服务机器人、特种机器人企业入驻投产，优化小镇的产业链条。二是坚持外部环境共享，汇集机器人产业元素。做好小镇的道路交通、生态绿化和教育、住房、生活娱乐设施建设，为企业生产和职工生活提供便利；并且率先在园区内推进人脸识别、机器人安保、智能清洁等技术的应用。三是研发转化设施共享，联合多元主体。联手哈工大机器人集团与北京中航智科技公司，打造人工智能科教基地、无人机综合生产试飞基地；联合高校成立机器人产业专项研究小组，申请组建机器人制造创新中心；此外，合作区还拨出专门的公共用地，由政府专责打造机器人产业孵化基地，配套引进高端人才加快成果转化。

机器人小镇建设工作领导小组通过一系列制定引导政策及相关制度安排，通过产业链共享、外部环境共享和研发转化共享，满足企业职工的工作、生活的多方面需求，既能提高"行业性基础设施"的利用效率，也能降低企业的各项生产经营成本。同时还能促进不同企业和专业人士的交流，引导落户机器人小镇的高新企业建立行业内的商业联系，以产生集聚效应，激发其创新活力。当前，机器人小镇项目正成为合作区自主培育内生性创新动能的前沿阵地。

三 平台加速器 引导创新要素集聚

深汕特别合作区精心打造的创新产业发展平台，在引导、加速创新要素聚集方面起到了显著的加速作用。目前，机器人小镇已引进深圳华睿丰盛电气有限公司、深圳科卫机器人科技有限公司、深圳三宝创新智能有限公司、韩端科技（深圳）有限公司、深圳天鹰兄弟无人机创新有限公司、深圳控汇智能股份有限公司、深圳普盛旺科技有限公司、深圳合发齿轮机械有限公司8家企业，其中对应华睿丰盛智慧电力产业园、科卫机器人产业园、三宝机器人产业园、韩端（中国）智能机器人产业基地、天鹰智能农业物联网无人机生产基地、控汇智能工控机及核心零部件研发生产基地、普盛旺智能产业园，以及合发集团智能驱动产业园（见表6.1）。此外，合作区还与睿博天米科技（深圳）有限公司、中以创新中心（深圳）有限公司、哈工大机器人集团等十多家优质企业签订了合作协议书。

表6.1　　　　　　　机器人小镇引进企业项目一览

序号	项目名称	项目情况
1	华睿丰盛智慧电力产业园	由华睿丰盛下属深圳电力规划设计院有限公司开展项目代建，总投资2.6亿元，用地面积1.93万平方米，总建筑面积5.79万平方米，主要围绕变电站巡检机器人、机房巡检机器人、智能客服机器人、隧道巡检机器人、隧道环境监控及自动化控制成套设备等智能设备开展研发及生产工作，产品主要应用于变电站、数据中心、营业厅、城市综合管廊等领域。计划建设生产楼、研发楼及相关配套设施
2	科卫机器人产业园	由深汕特别合作区科卫机器人服务有限公司投资开发建设，总投资2.4亿元，用地面积1.91万平方米，总建筑面积5.73万平方米，主要用于建设安保服务机器人、安保巡逻机器人、家庭警卫机器人生产研发基地，产品主要应用于安防、巡逻等领域

续表

序号	项目名称	项目情况
3	三宝机器人产业园	由深圳三宝创新智能有限公司投资开发建设，总投资1.5亿元，用地面积2.03万平方米，总建筑面积6.09万平方米，主要生产金刚迎宾机器人、三宝精灵迎宾机器人及建设服务机器人数据中心、示范应用展示中心等
4	韩端（中国）智能机器人产业基地	由韩端科技（深圳）有限公司投资开发建设，总投资1.2亿元，用地面积1.34万平方米，总建筑面积4.04万平方米，业务涵盖教育机器人研发设计、生产销售、课程开发、教育培训、赛事运营等各大板块
5	天鹰智能农业物联网无人机生产基地	由深圳天鹰兄弟无人机创新有限公司投资开发建设，总投资1亿元，用地面积0.91万平方米，总建筑面积2.74万平方米，主要生产电动单旋翼无人机、电动多旋翼无人机及其他周边产品
6	控汇智能工控机及核心零部件研发生产基地	由深圳控汇智能股份有限公司投资开发建设，总投资1亿元，用地面积0.91万平方米，总建筑面积2.74万平方米，主要生产嵌入式运动控制器、智能工控机、机器人嵌入式工业主板、机器视觉系统等产品
7	普盛旺智能产业园	由深圳普盛旺科技有限公司投资开发建设，总投资2亿元，用地面积1.38万平方米，总建筑面积4.13万平方米，主要生产数控抛光机器人、智能装配及检测设备、精密夹治具等
8	合发集团智能驱动产业园	由深圳合发齿轮机械有限公司投资开发建设，总投资1.5亿元，用地面积1.33万平方米，总建筑面积3.98万平方米，主要生产齿轮、同步机、减速机等零部件

以上成果证明，合作区瞄准深圳的创新驱动战略规划，结合本地实际情况，确立把合作区建设成为深圳自主创新产业拓展区的战略定位，继之通过科学的规划制定出行动纲领，依据高新技术产业的特点夯实基础设施，然后通过建立产业引导平台，积极引进高端产业，加快高新企业的聚集，不仅能够使合作区培育内生性创新动能的发展模式，并且在支持深圳关键性战略新兴产业发展中发挥出

了最大效用。目前，深汕湾科技城项目已经正式被确定为深圳市三个机器人产业示范园之一，这是对合作区建设"高新技术特色小镇"，建立高新企业引导平台等工作的极大肯定。机器人小镇规定建设的产业加速器还有，由深汕投资控股集团公司投资建设的锐博特创新产业园、哈工大机器人产业集团投资建设的哈工大机器人产业园。当前，合作区还在认真研究如何进一步完善、提升创新产业平台，使之在合作区未来融入粤港澳大湾区的科创产业集群中发挥更有力的带动作用。

除了机器人小镇外，深汕特别合作区在西部组团还规划建设了工业互联网制造业创新基地、新材料、新能源、汽车工业产业园和时尚品牌产业园等产业平台。

第三节 打造现代服务业带动平台挖掘优势要素潜力

一 采用要素禀赋互补模式发展现代服务业

深汕特别合作区采用的新组合式发展模式中，要素禀赋互补也是重要的内容。除了地理区位之外，合作区所辖的四镇一场最具优势的禀赋是其优良的生态本底、丰富的自然资源，这些都是难得的发展旅游产业、康养产业的优质要素。甚为可惜的是，此前"四镇一场"的经济发展水平低，兼之交通基础设施落后，这些优质要素完全没能发挥作用。对闲置的优良生态资源进行科学的开发利用，发展旅游、康养等生态产业，借以实现欠发达地区经济的跨越式发展，在国内不乏成功的案例，其中最具代表性的是张家界。

张家界原本是湖南省大庸县北部的一座林场，是湘鄂渝黔革命根据地的发源地，也属经济欠发达的革命老区，当地居民长期生活在贫困之中。因为一个非常偶然的机会，著名画家吴冠中顺路来到了这座林场，原计划只做短暂停留。但当吴冠中看到张家界雄奇险秀的三千奇峰、绿树迭翠的原始森林、千回百转的清澈溪流之后，立即被这举世无双的峰林峡谷之奇美所震撼，觉得雁荡、武夷、青城、石林都比不上眼前这寂寂无名的张家界。在接下来的13天中，他在极为简陋的条件下连续画出了五幅水墨风景，张家界独一无二的山水之魂被这些画作带到了世人眼前，引起了极大轰动。此后，吴冠中所作散文《养在深闺人未识——一颗失落的风景明珠》发表在《湖南日报》头版，随后这篇千字短文相继被《人民日报》《人民画报》《文汇报》等报刊转载，自此拉开了张家界旅游产业大开发的序幕。随着开发资金源源不断的注入与各种旅游设施的建设，这颗失落在湘西北偏远地区的明珠开始向世界绽放越来越绚丽夺目的光彩。1992年，联合国教科文组织将由张家界国家森林公园等三大景区构成的武陵源风景名胜区列入《世界自然遗产名录》；2004年2月，又将其列入全球首批世界地质公园；2007年，张家界国家森林公园成为中国首批国家5A级旅游景区。旅游产业的蓬勃发展还促进了当地其他产业的发展，这个一直被贫穷困扰的革命老区彻底改变了落后面貌。2017年被授予"国家森林城市"荣誉称号之时，张家界市的GDP已从1990年的11.08亿元猛增至538.24亿元，增长幅度超过48倍；人均GDP从1990年的754.12元猛增至35170.00元，增长幅度超过46倍。

张家界的成功给予经济建设者的最有益的启示，就是一定要重视对本地经济发展要素的充分挖掘，将优质的生态资源转化为推动产业发展的动力。2016年年底，新一届的领导班子到任后，随即就踏遍青山，对四镇一场的自然资源进行了全面考察。羊蹄岭盘纡险峻的关隘古道，赤石河碧草萋萋的岸边小路，水底山青峰环抱的林溪幽径，小漠湾潮起潮落的蜿蜒沙滩，都留下了领导班子成员的足迹。经过多次细致的调研，合作区党工委、管委会认为，南部红海湾50.9千米长的优质砂质岸线资源以及大大小小的岛屿，可作为滨海特色景观的空间载体，发展滨海文化旅游产业；北部的生态屏障莲花山脉，拥有龙山、狮山、南山等生态板块，尤其是地热资源丰富，拥有广东省最大的优质温泉，非常适合发展健康疗养等现代服务业。从市场需求来看，随着人民对美好生活向往的日益增长，文化旅游行业具有长足的发展后劲；深圳的土地主要用于发展产业，产业的发展壮大带来城市人口的膨胀，对文化、休闲、娱乐场所的需求也随之增长,但深圳已经没有继续发展文化旅游产业的条件。中国的人口老龄化趋势,决定了康养产业具有良好的发展前景;具体到深圳这个曾经最年轻的城市,如今第一代建设者也大多已步入花甲之年,而深圳已经没有发展康养产业的空间。

发展康养产业与滨海文化旅游产业,不仅有利于合作区的经济发展,而且能够弥补深圳城市功能的不足,因此深圳也愿意为此投入更多资金。如此,就可以形成汕尾生态资源+深圳资金管理的要素优势互补式投入。正是基于这种分析,《20总规》将合作区的总体发展目标定位为"建设创新发展的山水田园新城",既倾尽全力培育内生性创新增长动能,又重视通过要素禀赋的优势互补性投入推动具有良好前景的健康经济产业与现代服务业。为了加速这些产业的形成与发展,合作区也有针对性地建立了多个产业带动平台,其中最具代表性的是南部组团的"小漠文旅创新小镇"与北部组团的"生态康养小镇"。

二 小漠文旅小镇的滨海文化旅游产业带动平台

小漠文旅小镇位于深汕特别合作区小漠镇,总占地面积22平方千米。从2017年年初开始,合作区积极谋划海洋经济平台建设。在南部组团,除打造小漠国际物流港,建设海洋物流体系外,充分利用小漠兼具"海、河、湖、山、镇"的优越自然环境,推动文旅创新小镇的规划与建设。对于如何搭建能够有效带动文旅创意产业形成与发展的平台,如何发挥政府的先导作用,合作区党工委、管委会有深刻的理解。应当如何发展文旅创意产业,并非合作区管委会所擅长,在这种情况下必须恰到好处地把握政府作为的尺度,需要更多地借助市场力量,合作区发挥政府先导作用的方式应当是积极寻求最佳的市场合作主体,与理想的市场主体共建平台。理想的市场合作主体不仅应该是资金实力雄厚,在文旅创意项目建设和运营方面经验丰富的行业龙头企业,其作为先行企业,能够在未来带动其他企业入驻;而且要对小漠湾的自然资源有深刻独到的理解,对未来的发展有清晰的战略思考。按照这一标准,合作区对招商对象进行了多轮的考察对比,最终选定华侨城集团为文旅创意小镇的战略合作方。2018年4月2日，合作区管委会与华侨城集团签订战略合作意向书，共同推进小漠湾文化旅游创新小镇项目（以下简称小漠文旅小镇），打造粤港澳大湾区首席滨海文化旅游特色小镇。经过半年的精心筹备，2019年1月8日，华侨城成功摘得首期项目用地，总面积13.54万平方米。2019年5月16日，小漠文旅小镇项目正式动工。

小漠文旅小镇是合作区与多元市场主体共建文化旅游产业带动平台的代表。2019年7月24—25日，为加快项目科学规划、设计及落地运营，提升项目战略地位及品牌价值，合作区与华侨城集团首次共同组织召开小漠文旅小镇创新发展国内专家研讨会，涉及宏观规划、文旅产业、设计实操的11位业内知名学者、专家同赴深汕，就该项目进行充分研讨，特别是围绕核心区和南香创意文化园的产业与客流导入、产品组成、空间规划、核心价值点、运营模式等重要议题展开深入交流，为文旅小镇建言献计。3个月后，合作区与华侨城又共同组织了"以智汇国际视野，创想优质生活"为主题的深汕合作区小漠湾文旅小镇国际专家研讨会（见图6.3）。会议邀请国外10余位规划、设计和水环境研究领域权威专家学者，围绕"城市设计""场地营造"和"生活方式"三大议题，对合作区打造"宜创、宜业、宜居、宜游"的小漠文旅小镇的所需要素、产业构成、空间关系、开发路径、开发节奏以及未来愿景进行充分研讨，并从地域和场地特征、城市结构和机理、交通和活动路线、城景一体化打造、场地易识别性、可塑性、多样选择性、提升场地归属感、面临的挑战、可借鉴的成功案例等诸多视角，进一步提升项目概念设计方案的水平，为深汕合作区小漠组团的控制性详细规划编制及小漠文旅小镇后续科学规划建设提供智库支撑，助力"产、城、人、文"和谐共生的国家级文化旅游小镇建设。

合作区通过与华侨城、领域专家学者等多元市场主体的深入细致的交流探讨，共同确定了带动小漠文旅小镇发展的思路。一是因地制宜，激活本地资源禀赋。小漠镇依山傍海，拥有红树林、香山、湿地等一大批自然景观，以及林氏宗祠等历史人文资源，在充分尊重场地现状，保留和传承原有空间特色和格局的基础上，加以

图6.3　小漠湾文旅小镇国际专家研讨会

资料来源：深汕特别合作区管委会供图。

保护性开发，适度发展度假、居住、休闲功能，引进和完善旅游配套服务设施，打造尺度宜人、富有地方特色的滨水旅游城镇。为此，通过首期项目的精心策划，做好示范景观，建立优质品牌，搭好文旅平台，做好海洋经济。二是塑造特色产业，实现文化引领。对标"华侨城"集团的安仁古镇，参照安仁建川博物馆运营思路，以林氏宗祠保护改造为起点，在展示渔民生产和生活方式的同时，深入挖掘当地历史文化民俗，利用祠堂建筑、小漠渔港发展文化街区。在具体行动上，主动对标上位规划，制定重大基础及配套设施建设计划，并根据小漠镇的实际情况，有计划、有步骤地引入文化创意产业。通过建立博物馆、艺术家工作室、主题商业和文化民宿，结合滨海地区特有的文化生活方式，打造文旅产业链，支撑小漠产业转型升级，满足当地人民日益增长的物质文化需要，同时也为吸引优质人才创造条件。三是完善配套服务，全面提升接待能力。精耕细分市场，结合商务、办公、旅游、休闲等现实需求，积极引资引智，持续不断细化小漠文旅小镇整体方案，及时调整建设运营思路，例如集中优势力量先行建设香山公园、图书馆、美术馆、艺术中心及商业配套设施，满足百姓的切实生活文化需求。

遵循上述发展思路，小漠文旅小镇采用"两核双轴六组团"总体结构，在尊重自然现状和保护性开发的原则下，综合小漠片区海岸线、白沙滩、赤湖、赤石河等优质天然景观资源与林氏宗祠、小漠镇区、小漠渔港等历史文化资源，着力打造小漠欢乐海岸、海岸文化建筑群、白沙滩大型海滩公园、小漠商务中心、主题酒店群等多元化文旅产品，同步建设阳光社区、山麓社区两大生活服务类配套设施，树立新的有影响力和吸引力的高品质海洋文旅标杆。

2020年，受新冠肺炎疫情的影响，合作区因地制宜地推动疫情防控和复工复产"两手抓、两不误"。合作区携手有关企业，科学组织、合理防控、抢抓时间，全力推动小漠文旅小镇项目首开区的建设，力争2021年年底完成首期项目主体以及周边公共服务配套建设。

三 "康养小镇"的健康服务产业带动平台

目前，中国65岁以上老年人数量占总人口11.19%，超过联合国判定老年型社会的标准（7%），已经步入老龄化社会。人口老龄化带来的养生养老、慢病管理和康复保健问题将日益突出，对未来的经济社会发展和养老保险体制提出了严峻挑战。党的十九大报告提出了"健康中国"的战略，要把人民健康放在优先发展的战略地位。作为现代服务业的重要组成部分，生态康养产业一头连着民生福祉，是提升民众体质和生活质量的抓手；一头连着经济发展，蕴含着扩大内需，带动地区经济增长的巨大潜力。

深圳市老年群体与养老服务需求的规模已在逐年增长，老年康养公共服务滞后、民营资本进入滞后、居民老年康养观念落后、专业人员培养机制滞后等问题逐步显现，发展康养事业已经成为解决时代问题、提升社会福祉的迫切需求。在深圳市内可供开发土地空间基本用尽的前提下，自然条件优越的合作区能够为未来的康养产业发展提供充足的空间。因此，合作区从两方合作转变为深圳全面主导后，对发展生态康养产业进行科学规划和布局，明确提出依托北部的山水田园与温泉湿地，保护性地利用赤石北部莲花山脉的生态林区和水库区，以生态康养、休闲度假为主导功能，并结合山水田园建设美丽乡村，将北部组团打造为以生态康养、休闲度假为主导功能的"生态康养小镇"。

在建立生态康养产业带动平台方面，合作区党工委、管委会同样是采取与市场主体合作的方式，政府发挥杠杆作用，撬动市场力量来加快产业的形成与发展。具体的举措是积极引进有实力的企业、机构参与开发建设，以推进生态康养产业开发运作的社会化与市场化，尽快引导形成多元投资机制和良性竞争经营机制。

合作区在科学制定生态康养产业的发展规划，布局相关基础设施建设后，就着手引进民营资本，选择与合作区发展理念契合的、有实力经验的行业龙头企业作为先行企业，使之带动相关企业的集聚。当时的泰禾集团股份有限公司（以下简称泰禾集团）坚持的"高端精品"路线，与合作区"世界眼光、国际标准、深汕特色、高点定位"的城市规划思路可谓不谋而合。并且，泰禾集团在产业、技术、资金、管理上具有明显优势，与合作区在旅游、医疗、康养方面具有广阔的合作空间，作为合作区发展生态康养产业的先行企业甚为理想。因此，2018年8月17日，合作区与泰禾集团签订了战略合作协议，确定共同在北部组团投资建设国际康养特色小镇，总投资180亿元，重点拓展旅游、医疗康养等领域的产业。

合作区与泰禾集团共同打造的"生态康养小镇"（见图6.4），除了完成泰禾集团自身的投资项目建设之外，还发挥引导合作区生态康养产业体系形成，继续吸引外来投资，带动其他企业入驻，逐步形成产业集聚的平台作用。

一是通过先行企业吸引其他企业入驻，培育生态康养产业体系。目前，"生态康养小镇"正积极引进医疗学术中心、健康管理中心、康复医学中心、生命健康产业等健康服务企业。这些企业在产业分工中分属不同模块，具有很强的协作互补性。随着它们的不断集聚，将塑造一个生态康养产业的体系。而一个完整的产业体系将能够把合作区潜在的生态资源优势转化为经济发展优势。

二是形成多元投资机制，带动企业不断向产业价值链高端攀升。随着生态康养产业各个模块的企业不断集聚，将会吸引更多的国有、民营等资本的投入，从而形成一个健康产业的生态系统。这些

图 6.4　生态康养小镇

资料来源：深汕特别合作区管委会供图。

企业可以协同合作开展技术研发，共享创新成果，向产业价值链高端攀升，因而有望重塑产业价值链。目前，"生态康养小镇"将生物技术和生命健康产业作为战略性重点产业开展招商，引进深圳农科集团等企业，优先扶持生物技术、基因科技等创新型企业，规划高端医疗器械园、医疗产业实验园和生物科技产业园，为生物技术领域的供应商提供平台，通过技术和产品研发提升生命健康企业的系统服务能力，提升生命康养产业的价值。

三是形成良性竞争经营机制，带动企业通过创新实现高质量发展。随着产业生态系统的形成，未来会吸引更多的企业进驻，其中会有一些同质性的企业。同质性企业为进入这一生态系统，必须在技术能力、服务质量、服务模式和成本控制等方面与先进入的企业展开竞争，而良性的市场竞争能够推动技术创新，各产业模块的质量，优化价值链。在这一阶段，政府需要履行的主要职能就转变为通过适当的制度安排维护良性的市场竞争，创造更好的营商环境，并对企业行为进行必要的、适当的监督。

综上所述，合作区依托广深港资金、技术和市场优势，抓住生物技术与生命健康产业的投资发展机遇，充分利用北部组团的优势生态资源，对生态康养产业作出科学的规划，加强相关基础设施的建设，然后积极引进理想的市场主体作为先行企业，并与先行企业共同建立生态康养产业带动平台，吸引行业内更多企业入驻，引导形成多元投资机制和良性竞争经营机制。在这种社会化与市场化开发运作方式之下，合作区的生态康养产业接下来会显现出产业集群效应，有助于打造生态康养产业高地。

从"机器人小镇""小漠文旅小镇""生态康养小镇"这三个具有代表性的平台可见，合作区在推动目标产业的形成、发展与升级上，充分发挥有为政府在飞地经济建设中的先导作用，首先科学地制定规划，让规划发挥战略引领作用；继之推动相关基础设施建设，夯实产业持续发展的根基；然后针对不同产业的特点，以合适的方式建立平台，引进先行企业、带动相关企业，形成产业集聚；最后，通过合理的制度安排，促进企业良性竞争，并持续改善营商环境。

然而，产业的形成与发展并不是飞地建设的全部，一座城市的经济事务与社会事务是密不可分的，如鸟之双翼不可偏废。区域经济协调发展不仅要求通过发挥比较优势、加强薄弱环节来扭转区域间产业发展差距拉大的趋势，还要求实现基本公共服务均等化。因此，合作区对飞地的社会事务给予同等的重视，在积极推进产业发展的同时，全力建设和完善城市功能，以"产城融合"为路径推动深汕飞地实现经济社会双跨越发展。

第七章　产城融合：实现经济社会双跨越发展

第一节　合作区"产城融合"的提出背景与实现路径

城市既是生产活动的场所，也是人们居住和工作的区域。工业化基础上的经济发展，是城市形成和发展的根本动因。城市的产生是为经济活动提供场所，并在此基础上形成人口在空间上的集中。但随着产业发展、人口集聚，城市规模逐渐扩大，世界上的很多城市都出现了"城市病"，交通拥堵、住房困难、环境恶化、资源紧张等问题严重制约城市的可持续发展。究其原因，可归结为产业发展和城市生活之间出现了失衡，这种失衡在"产"与"城"的关系上有两种具体的表现形式，一是"有城无产"，二是"有产无城"。"有城无产"指一些城市低效扩张，缺乏足够的产业配套支撑，出现产业发展落后于城镇化的现象；"有产无城"则是指一座城市过于注重产业发展，而忽视城市功能的现象。城镇化与工业化相互促进才能相得益彰，产城分离将不可避免地导致社会运营成本增加，经济效益递减，无论是"有城无产"还是"有产无城"，都有违经济社会系统规律。因此，在深汕飞地新城建设实践中，坚持建城与建市并举，产业与配套共进，产与城并重、产与城融合发展的理念将贯穿始终。

一　新型城镇化战略中的产城融合

新型城镇化是党的十八大提出的关于中国经济社会发展的重大战略规划，对转变经济发展方式、破解城乡二元结构、提高广大农村居民幸福感和归属感具有里程碑意义，将影响到6亿多农村人口和7亿多城镇人口中的很大一部分。① 随着新型城镇化工作的持续推进，按照走中国特色新型城镇化道路、全面提高城镇化质量的新要求，2014年国家颁布实施《国家新型城镇化规划（2014—2020年）》（以下简称"新型城镇化规划"），进一步明确未来城镇化的发展路径、主要目标和战略任务，统筹相关领域制度和政策创新。新型城镇化规划是指导全国城镇化健康发展的宏观性、战略性、基础性规划。

新型城镇化规划提出"城镇化是伴随工业化发展，非农产业在城镇集聚、农村人口向城镇集中的自然历史过程，是人类社会发展的客观趋势，是国家现代化的重要标志"。这其中包含了多个方面更深层次的意义：一是城镇化是现代化的必由之路。工业革命以来的经济社会发展史表明，一国要成功实现现代化，在工业化发展的同时，必须注重城镇化的发展。二是城镇化是保持经济持续健康发展的强大引擎。内需是中国经济发展的根本动力和保障，扩大内需的最大潜力在于城镇化。三是城镇化是加快产业结构转型升级的重要抓手。城镇化过程中的人口集聚、生活方式变革、生活水平提高，都将扩大生产性服务需求，加快服务业发展，促进产业结构优化升级。此外，城镇化也是解决农业农村农民问题的重要途径，是推动区域经济协调发展的有力支撑，是促进社会全面进步的必然要求。加快城镇化进程，有利于培育形成新的经济增长极，推动人口经济布局更加合理、区域发展更加协调，有利于维护社会公平正义、消除社会风险隐患，促进人的全面发展和社会和谐进步。

在规范新城建设方面，新型城镇化规划明确指出"统筹生产区、办公区、生活区、商业区等功能区规划建设，推进功能混合和产城融合，在集聚产业的同时集聚人口，防止新城新区空心化"。由此可见，产业融合的理念在新型城镇化战略施行中已引起广泛重视，特别是中国经济发展进入新常态，推进产城融合协调发展，实

---

① 周广亮：《新型城镇化背景下的社会冲突根源及化解》，《郑州轻工业学院学报》（社会科学版）2016年第4期。

现城市产业空间与社会空间的匹配，对于经济持续发展、区域协调发展和全面建成小康社会具有重要的意义。[①]

产城融合理念是在新城（产业园区）内生活空间滞后于产业空间、城市功能滞后于产业功能、社会事业滞后于经济发展的现实的背景下提出来的，强调产业发展与城市发展相互依托、相互促进。[②]理论上来说，"产城融合"的内涵有广义和狭义之分。广义的"产城融合"指的是产业与城市的融合，或者说工业化与城镇化的融合；狭义上可理解为"产业区"与"城区"的融合。[③] 不过，对产业的定义和城市功能的理解却因人而异，对"产城融合"适用对象的认识也有所不同。有学者理解"产城融合"的"产"指产业集聚、产业文化，包含工业和服务业；"城"指城市功能集聚，包括生产功能、服务功能、管理功能、协调功能、集散功能、创新功能，是城市发展的动力因素。"产城融合"是社会的融合、经济的融合、文化的融合、产业的融合和空间的融合等，是一定范围内产业发展与城市功能协同共进，良性互动的一种科学发展状态，是城镇化与高科技结合的理想状态。[④] 也有学者提出"产城融合"是生活与就业并存、制造与服务互动；还有学者认为"产城融合"是一个涉及面广且复杂的系统工程，由产业、城镇、人、土地、就业、居住等实体要素和思想、观念、政策理念、制度、社会环境等非实体要素构成；二者在融合的过程中相互影响，相互促进，两个系统通过实体要素和非实体要素之间的交叉渗透形成了多个子系统，在发展过程中形成其变体以及更高层次的复合系统。[⑤]

---

① 王晓红、冯严超：《中国产城融合的影响因素识别和空间效应分析》，《南京财经大学学报》2018年第5期。
② 周正柱：《推进上海郊区新城产城融合发展的思考和建议》，《科学发展》2018年第9期。
③ 孙红军、李红、赵金虎：《产城融合评级体系初探》，《科技创新导报》2014年第2期。
④ 苏林、郭兵、李雪：《高新园区产城融合的模糊层次综合评价研究——以上海张江高新园区为例》，《工业技术经济》2013年第7期。
⑤ 丛海彬、段巍、吴福象：《新型城镇化中的产城融合及其福利效应》，《中国工业经济》2017年第11期。

二 深圳全面主导推动深汕产城融合

在城市建设中，经济事务与社会事务是一体两面的关系。在合作区成立之初，采用的是两方合作模式下，深圳主要负责产业的引入和发展等经济事务，汕尾负责民生服务等社会事务。由于两方在发展阶段和水平上存在显著差异，导致经济事务与社会事务之间出现不匹配甚至脱节的现象。兼之合作区成立前，四镇一场是汕尾西部最贫穷的农村地区，由于缺少资金、管理较为落后等，历史累计投入较少，基础设施建设欠账较多。2018年合作区转为深圳全面主导之后，产城融合发展迎来了难得的历史契机，这主要表现在战略规划、基础设施建设和产业发展三个层面。

在战略规划层面，广东省委省政府、深圳市委市政府要求合作区按照深圳的一个功能区的标准来建设。有了深圳市委市政府的全力支持，合作区党工委、管委会明确提出扩大城市规模，并将"现代化国际性滨海智慧新城"作为合作区建设的主要目标，即按照一座150万人口规模的城市来规划设计，基础设施按照300万人口规模，高标准建设一座集高新产业与智慧城市于一体的新城（见图7.1）。新的战略定位，明确了合作区要走新型城镇化之路，将落后和贫穷的农村地区发展成为现代化国际性的城市。通过规划引领，按照深圳的标准和质量重新审视和设计这民风淳朴、资源丰富、生态优美，极具潜力的希望之地。

在基础设施建设层面，深圳全面主导将为合作区带来更多的资金和管理。从资金方面看，深圳市的全力支持、深圳"东进战略"的明确定位、深圳良好的品牌和信用，便于合作区发挥市场化的效用，积极筹集建设资金。从管理方面看，在深圳全面主导下，深圳派来了大量优秀的管理者，其中很多领导干部亲身经历过"深圳速度"的基础设施建设过程，具有丰富经验，并且干劲十足，很多人都满心期待用20年时间"向东再造一座城"。

在产业发展层面，深圳发布了具有超前性的产业政策，具备良好的招商引资条件。并且，在深圳进行新兴产业和未来产业布局和产业结构优化升级之际，深汕飞地为深圳提供了广阔的空间。通过

第七章　产城融合：实现经济社会双跨越发展　175

图 7.1　深汕中心区动工仪式

资料来源：深汕特别合作区管委会供图。

承接深圳先进制造产业的转移，以及嵌入深圳战略性新兴产业和未来产业的产业链之中，合作区开始迈向创新驱动发展之路。并且，合作区打造了若干产业带动平台，以加速最优目标产业的形成与发展。这些产业平台的打造和完善，将是合作区实现产城融合发展的重要一环。

综上所述，深圳全面主导实现了合作区与深圳经济社会事务一体化的管理，树立了新型城镇化建设的重要目标，加大了资金、品牌、标准、管理、产业等要素的投入，有利于合作区从内外两个方面找到产城融合发展的动力之源。从内部看，合作区产城融合发展的动力来自深圳的产业升级和创新驱动发展战略需要；从外部看，党中央和广东省的战略规划和政策指引为合作区指明了方向，提供了重大发展机遇。具体来说，深汕特别合作区在当前阶段所承担的使命与任务，已经升级为着眼于释放深圳城市发展新动能、解决深圳资源约束问题，整合、导入粤港澳大湾区优势资源，带动粤东区域振兴发展，最终为全国解决区域发展不平衡不充分、后发地区高质量创新发展提供示范，探索飞地新型城镇化协同发展之路。

三 对产城融合发展与实现路径的思考

党的十八大以来，中央坚持民生优先和以民为本的原则，从解决教育、医疗、户籍、社会保障等一系列人民群众最关心、最直接的问题入手，大力改善民生，致力于建立更为完备的民生安全保障网络。新型城镇化规划也提出"要走以人为本、'四化'同步、优化布局、生态文明、文化传承的中国特色城镇化道路"。这些执政理念和原则为合作区践行产城融合建设指明了方向，人是"产城融合"的终极目标，特别是人的思想观念及行为等与城市、产业发展的融合。"思想决定城市力量。"可以说，人的发展促进了"产城融合"各主体以及各要素之间的协调，如果只有城市规模的扩张，而没有人的城镇化，"城"只能是空城。

在飞地经济的发展中，需要充分考虑到飞入地与飞出地民众在政治、思想、文化、创新思维、管理方式等各个方面的差异，这要求合作区在产城融合建设的过程中，既要矢志不渝地坚持人本导向，关注两地人民群众的思想交流，实现创新文化与传统文化的融合；也需要注重民生工程建设，丰富区域公共服务的内容，提升公共服务的水平。产城融合发展的目的是推动合作区的持续健康发展，是实现深汕人的新型城镇化，建设现代城市文明。如何实现产业与城市的互惠共生，如何实现生产与生活的融合，如何保障就业、实现经济增长并为深汕广大人民群众创造宜居的生活环境，提升居民福利水平，这些都是合作区产城融合建设的题中之义。

产城融合发展是产业、城镇、人之间通过依靠土地、交通、资金等基本要素形成的相互作用、相互联系的区域创新网络系统，它是生产功能、生活功能和生态功能高度协调的空间融合体。[1] 有学者提出，产城融合的主要目标就是形成产业链条，保障区域可持续性；完善生活和生态服务，满足居民生活诉求，提升城市可持续发

---

[1] 石忆邵：《产城融合研究：回顾与新探》，《城市规划学刊》2016 年第 5 期。

展。在产城融合的实施路径方面,有学者研究指出,对于欠发达的区域来说,可以通过以城带产,在基础设施等硬件条件与制度、管理模式等软件条件方面,主动与发达城市对接,复制和推广发达城市"环境+服务+制度"的一揽子发展经验,从而承接产业转移实现飞地经济。通过产业双迁以及城市之间在价值链、商品链、人才链、就业链、创新链方面的多链共生和共荣,将产业链融入城市群整体发展之中,实现城镇化的区域联动。[1] 合作区正是采用这一产城融合发展模式的先行区域。合作区倡导复制、推广深圳的先进要素和产业发展经验,依托深圳进行基础设施的适度超前布局和建设,构建深汕两地的价值链条、商品链条、人才链条、创新链条等。概括来说,在以人为本、规划引领、功能协调和职住平衡的原则指导下,合作区的"产城融合"发展路径有以下三方面内容。

一是以产业发展为基础,工业化推进城镇化。产业集群理论认为"产业集群不仅是将产业与企业集聚到某些特定区域,更是将资源要素进行集聚,从而为企业创新提供一个很好的平台和外部环境"[2]。产业是推动城市发展的不竭动力,其发展需要劳动力和资本为原动力,需要区位条件和配套设施为支撑。综观国内外知名的产城融合地区,如法国索菲亚·安迪波斯科技城、上海浦东新区,无一不是以产业为依托。由此可见,产业一端连着经济发展,一端连着城市建设,是一条使人口、资金、技术等生产要素在二者之间实现自由流动的纽带,能够带动工业和城市协同发展。此外,产业的一切特征要素都会对城市整体产生影响,产业发展水平的高低决定了其对城市功能支撑的强弱,产业结构影响了城市人口的就业结构,进而影响服务配套设施与消费方式,产业的类型决定了城市整体的外部环境。

二是以基础配套为前提,城镇化助推工业化。配套设施包括城市的生产性配套设施和生活性配套设施。如果剔除历史积淀和历史

---

[1] 丛海彬、段巍、吴福象:《新型城镇化中的产城融合及其福利效应》,《中国工业经济》2017年第11期。

[2] [美]迈克尔·波特:《竞争优势》,陈小悦译,华夏出版社2005年版,第227—265页。

变迁的差异性，那么一个城市居民享受到的配套服务水平，往往与区域内的产业发展水平高度相关。反之，配套设施也会影响一个地区的产业发展，许多城市产业发展不景气，就是受到生产和生活配套设施的制约。完善的配套设施，可以为城市吸引来更多企业、资金和人才，能够激发产业的集聚效应和累积循环效应；而产业集聚又可以帮助企业节约生产成本和运输成本。在产业发展壮大后，其所带来的税收收益可以通过政府，以改善居住环境、教育、医疗、公共交通等形式反哺给当地居民。

三是以"三生"融合为目标，实现宜居、宜业、宜游。习近平总书记在《中央城市工作会议上的讲话》中强调"统筹生产、生活、生态三大布局，提高城市发展的宜居性。城市发展要把握好生产空间、生活空间和生态空间的内在联系"。合作区应当将习近平总书记的生态观贯穿于城市的规划、建设、发展的全过程。如果说产业发展是人民幸福生活的物质保障，那么生态环境将是人民生活整体质量的最终保证。在优越的生态本底条件下，面对快速实现工业化的现实要求，如何平衡好产业发展、生态保护与生活空间营造之间的关系，是合作区践行产城融合理念过程中需要谨慎处理的问题。

第二节　深汕"产城融合"先行尝试
——聚焦鹅埠

鹅埠镇是合作区的前身"深圳（汕尾）产业转移工业园"所在地。自 2008 年至 2019 年，鹅埠片区已经积累了一定的产业基础，已有 14 个项目竣工投产。将制造类产业项目优先安排在鹅埠集聚，是为了通过产业集聚带来人口集聚，以人口集聚促进城市规模经济效应，同时避免产业投资向粗放式、同质化的方向发展及土地的低效、破坏式开发。此外，在短期内产业资本的总量毕竟是有限的，在招商引资过程中将存在相对的"赢家"和"输家"，某一城市企业增多的代价可能是区域内其他城市企业数量的减少。因此，这也是合作区在单个片区快速形成一种产业发展的品牌效应。合作区循着"工业化推进城市化，城市化助推工业化"的飞地产城融合发展路径，将鹅埠片区定位为先进制造产业区，先行尝试，精心打造。

一　优先产业集聚，为城镇化奠定基础

（一）做好规划，与深圳互补发展

按照规划引领和功能平衡的原则，在前期局部地块规划的基础上，2017年8月，完成《深汕特别合作区鹅埠片区控制性详细规划》编制，这是鹅埠片区"产城融合"发展的关键性一步。与此同时，合作区启动鹅埠片区产业规划研究，提升产业定位，开展产业共建及创新发展。2018年，在正式转为深圳全面主导后，合作区遵循"区域导向、生态优先、智慧引领"的产业选择原则，积极嵌入深圳的产业体系，为深圳发展战略性新兴产业提供补充，助推深圳实现产业升级，因此，在鹅埠片区主要抓好制造业核心区的项目落地，谋划先进制造业集聚区建设。根据深圳转移和扩展产业的分类，建设"四大主题"子产业园：上北片区集聚材料的研发和生产企业，主要引进金科、万泽、万达杰等[1]新材料产业项目；管委会周边区域依托腾讯、华润和天威数据中心为基础，引进大数据产业项目，打造云计算产业园；东北片区重点建设生物医药产业园，目前已进驻海崇、海纳等生物类产业项目；田寮村以东片区发展电子信息产业，例如永丰源、好兄弟声学。[2] 此外，合作区积极探索"深圳总部+深汕基地""深圳研发+深汕生产"的产业链整合模式，与深圳实现错位发展、互补发展。截止到2020年，鹅埠片区已供地76个产业项目且有69个来自深圳，其中已竣工投产14个、主体施工31个、桩基施工7个、开展前期工作的有24个。

（二）宁缺毋滥，由"引资"向"选资"转变

土地资源终归是有限的，因此合作区从一开始就非常注重引进

---

[1]　金科是指深汕特别合作区新金科材料有限公司；万泽是深汕特别合作区万泽精密铸造科技有限公司；万达杰是指深圳万达杰环保新材料股份有限公司投资建设的深汕园区。

[2]　永丰源是指国瓷永丰源瓷业（深汕特别合作区）有限公司；好兄弟声学是指深汕特别合作区好兄弟声学有限公司。

企业的质量，避免落后、过剩类型的产能占用土地。对此，合作区一方面提升产业准入门槛，强化重大产业项目的支撑带动作用。综合考量企业的投资规模、产业先进性和资金来源等因素，明确提出引进项目的投资规模不低于 5 亿元；调整产业引进思路，以"切实可行"为原则，以"产业升级、生态环保"为底线，对标深圳同等标准，利用土地资源优势，充分引进和承接深圳的战略新兴产业；优化产业布局，实行"三个优先"原则：重大项目优先、高端技术产业优先、规模集聚项目优先，例如谋划引进新能源汽车动力装备等产业链集聚型的专业产业园；另一方面，抓好工作重点，实施精准招商。按照鹅埠片区产业规划的总体要求，重点引进新材料、新能源和工业互联网制造业等重大产业项目；合作区一边加强对新材料、新能源和机器人产业等相关产业的研究，并积极与新材料、新能源协会合作，借力精准招商；一边加强企业的信息收集和分析工作，重点对 500 强企业、行业 100 强企业和纳税大户开展定向招商。

此外，引进社会力量协助对产业项目进行筛查，保障项目质量。例如委托专业会计师事务所等第三方机构，对拟引入项目展开全面、深入的财务尽调。通过"专业、尽职、高效"的尽调，评估企业持续稳定发展的可能性，为项目准入决策提供科学依据，保障入园项目的质量和效益。

（三）综合保障，加快产业项目建设进度

2017 年 2 月，合作区管委会组建"产业新城建设办"，加强项目安全生产管理，落实企业主体责任、行业监管责任和属地管理责任，并做好企业服务工作，推进鹅埠片区已落地项目尽快动工建设，保障工业项目落地。此外，为确保完成产业项目建设目标，启动"百日攻坚战"活动。同时加大督察督办力度，灵活采用会议督办、现场督办、走访督办和约谈督办的方法，促进项目早日开工建设。采取"请进来、走出去"的方式服务企业，既把企业请进来集中座谈，解决他们在动工建设中存在的问题，也深入工地、深入企业办公场所进行协调督促，帮助企业明确进度，倒排工期、倒逼进度。在产业项目用地挂牌后，及时与企业签订动工协议和投资监管协议，对落地项目的投资强度、动工和竣工投产期限等内容进行规范约定。例如预先收取开竣工保证金，以保障项目建设进度。针对重大项目，采取"一事一议"的方式解决难题。例如，深圳市特发集团与深圳市赛格集团联合开发的特发赛格新一代信息技术产业园项目，前期由于用地准入的问题影响了项目开工。合作区专门召开项目开工会议，现场解决有关难题，明确开工、竣工期限，保证项目进度。

随着产业项目的逐步落地、开工、建设、投产，鹅埠片区的产业工人越来越多，鹅埠镇原有的生活配套等服务功能越来越不能满足日益增多的员工的需求。例如，来合作区注册的企业的人多了，但区内提供注册地址的商业办公供给已严重不足。相比于产业项目而言，服务缺口巨大。为此，完善城市功能已成为鹅埠片区产业繁荣和发展的重要因素。

二 优选公共服务，为城镇化提供动力

产业是城市发展的动力引擎，吸引人们来到这座城市；公共服务供给则是城市发展的平衡机制，决定了居民生活的幸福感，"产城融合"的终极目标是实现人的可持续发展。2017年4月7日，胡春华书记第六次调研合作区时明确指示，合作区一定要把学校、医疗、住房等配套设施同步建好。同年6月，广东省委副书记、深圳市委书记王伟中调研合作区时，也特别对合作区的产业布局和生活配套设施建设提出了要求。为此，合作区秉持"以人为本"的原则，在鹅埠片区全力建设交通、通信、水利、电力、能源等生产类公共服务配套设施，以及"深圳标准"的教育、医疗、住房等民生公共服务设施，以"三生融合"为目标，打造优质生产生活生态圈。

（一）完善生产类公共服务配套

道路交通设施是实现城市人流、物流、资金流互联互通的关键所在。鹅埠片区道路分为区域道路、一级主干道路、二级主干道路和次干道路（见表7.1），在施工安排上，秉持"两个优先"的原则，优先打通学校、幼儿园、医院周围的区内主干道路和次干道路，例如深汕大道、创文路、新园路、产业路、创富路、同心路、

同德路、创强路、鹅埠路等。

表 7.1　　　　　　　　鹅埠片区道路分级情况

道路等级	道路宽度	具体道路
区域道路	—	深汕高速、河惠汕高速
一级主干道路	40 米	深东大道（珠东快速）
二级主干道路	40 米和 60 米	深汕大道、创新大道、红海大道、发展大道、通港大道、创智路、创元路、创文路、新田路
次干道路	20—40 米	建设路、创业路、鹅埠路、产业路、新安路、同心路、创富路、创强路、同德路、新光路、新风路、新园路

资料来源：《深汕特别合作区鹅埠片区控制性详细规划》。

为加快基础设施的建设速度，合作区引进深圳大型国企作为开发建设的主力军，按"深圳标准"快速建设通信、水利和供电设施，满足企业落地生产的基本需求。例如，交通配套设施有 2 个公交首末站、3 个社会停车场、1 个汽车加气站和 1 个汽车加油站；给水排水设施包括 1 个自来水处理厂、1 个自来水厂和 1 个给水加压泵站；电力设施有 1 个 220kv 变电站和 4 个 110kv 变电站；通信设施有 1 个通信机楼、1 个中型介入网机房、1 个有线电视分中心和 1 个电信端局。2017 年 12 月，服务鹅埠片区的西部水厂开工建设，次年 12 月一期工程建成投产。

在生态环境保护方面，2016 年 3 月，鹅埠园区生活污水一体化处理项目首期工程通水运行。为进一步解决鹅埠片区固废处置的难题，弥补深圳市垃圾处理能力的不足，由深圳市支持在鹅埠片区建设深汕生态环境科技产业园。产业园以高标准设计、高质量建设运营、高水平安全监督、按照最严格的排放标准，致力于将其打造成为国际一流的环保产业园区。园区规划面积 5.9 平方千米，依托"山林相间、河湖相连、绿带成网"的生态基质，打造成包括创新性资源循环示范区、传统型资源循环示范区、综合服务区、产业发

第七章　产城融合：实现经济社会双跨越发展　　183

展区和总部研发区组成的"一带、两谷、两廊、五区"①的绿色生态空间体系，建设成为节能环保产业与公共服务相结合的城市综合体（见图7.2）。

图7.2　生态环境产业园

资料来源：深汕特别合作区管委会供图。

（二）保障生活类公共服务配套

根据鹅埠片区控制线详细规划安排，鹅埠片区总建筑面积达1290万平方米，常住人口规模约12万人。生活类公共服务设施供给主要有：文化娱乐设施10处，包括1所文化活动中心、9个文化活动室。体育设施11处，包括综合体育活动中心2处，社区体育活动场地9处。教育设施24处，其中高中、初中各1所，九年一贯制

---

① "一带、两谷、两廊、五区"中"一带"是指以九度水自然生态水廊道为依托，结合沿岸生态绿地，共同组成一条南北向贯穿产业园的滨江景观绿带；"两谷"是指顺应园区自然山谷地势，借助山谷地形对固废处理设施的天然屏障作用，分别构筑创新生态谷和传统静脉谷；"两廊"为规划区中部与南部的生态联系通廊，分别作为垃圾填埋处置区与固废综合处理区以及产业发展区之间的防护绿带；"五区"分别指综合服务及宣传展示区、创新型资源循环示范区、产业发展区、传统型资源循环示范区和总部研发区。

学校4所、小学5所、幼儿园13所。医疗卫生设施12个,包括综合医院1个、门诊部1个和社区健康服务中心10处。社会福利设施10所,包括养老院1处、社区老年日间照料中心9所。

截至目前,深汕西体育馆已竣工落成,邻里商业中心、创业广场、生活中心和创业村公租房已投入使用。区内燃气、水务、通信、有线电视等均由深圳国资企业提供服务,片区居民生活便利度大幅提升。医疗方面,北京大学深圳医院门诊部已投入使用,市属三级综合医院动工建设。教育方面,与深圳南山区共建办学,引进深圳市南山外国语学校作为办学主体,建设南山外国语学校深汕校区,2020年9月开始招生运行。品牌教育机构打造的京师幼学幼儿园也已投入使用。

住房是公共服务均等化的重要内容,是产城融合建设的"牛鼻子"。在诸多实践中,工业集聚的地区往往没有将农业转移人口所依托的家庭落户视作营造地区未来竞争优势的有效途径。[①] 对此,合作区在鹅埠产业片区积极投资建设高品质人才保障性安居社区——深耕村(见图7.3)。该项目占地5.3万平方米,总建筑面积达30万平方米,其中,住宅18.7万平方米,商业2.0万平方米,

图7.3 深耕村社区效果图和实景图

资料来源:深汕特别合作区管委会供图。

---

① 马野驰、祝滨滨:《产城融合发展存在的问题与对策研究》,《经济纵横》2015年第5期。

包含1所公办幼儿园，总投资21.8亿元。社区建设中也高度重视自然景观的打造，小区内景观面积超过2万平方米，融合了粤东岭南园林和海洋文化特色，并注入深圳的多元创新元素，开创现代岭南善美家园。预计2020年完成主体结构封顶，2021年年底竣工验收，届时可提供2502套品质住房，保障产业员工的居住。同时，振业时代花园、辉煌一号、开元大厦等商品房项目2017年启动建设，截至2020年年底，两个商品房一期项目已售罄。

市内交通方面，合作区联合深圳市公交集团在区内开通了3条公交路线，保障居民日常出行需要；开通2条跨区（合作区至深圳龙岗、罗湖）长途巴士，保障员工、居民往返深圳的需求。深圳北站至鲘门站厦深高铁捷运顺利运行。

（三）提升商业服务设施配套

瞄准市场需求，建设建材一条街。全面考察产业建设和市政建设的建材需求，规划"智安居"一条街，建造管理一流、运营创新、配套完善的一站式家居购物广场和综合建材市场。此外，吸纳一批质量优等、证件齐全、管理规范、符合环保要求的建材家居品牌入驻"智安居"，打造集建材、精装、展销、餐饮和办公为一体的单元模块式建材市场。同时集中力量淘汰一批铺面形象差、经营模式落后的建材商铺，采取重组合并与淘汰取缔两步走的方式，对商铺进行改造升级，提升合作区建材市场的品质。

引导消费升级，建设浸入式商业集群。全面整合自然风景资源和优质品牌资源，高标准建设区内首个集高端商务旅游、休闲娱乐、生态农场于一体的浸入式商业休闲配套设施。充分考虑居民的消费需求，引导消费升级，加快推进以商业街、酒店、精品民宿为代表的一体化全新消费场景体验街区建设。目前，3个四星级酒店投入使用，其中维也纳酒店最早于2018年对外营业。深圳特建发集团建造的东部大厦、绿地集团投资建设的深汕绿地中心等高端写字楼已动工建设，万豪、格兰云天2个国际大酒店于2021年年底投入使用。

三 优化生态功能，为城镇化提供品质

在鹅埠片区先行先试中，合作区以生态保护作为先决条件，在

城市建设风貌上打造"山水绿谷、科创智谷、活力小城"三大风貌片区，体现产业新城的生态、生产与生活的融合。为保证生态风貌、突出产业新城的特征，严格要求合理控制建筑高度，确保显山露水、营造舒适的小城氛围。依托"五纵一横"水系控制山水通廊，在划分组团空间的同时形成绿色渗透。打造连续的滨水景观带和空间景观节点，创造"两带、五廊、多节点"现代产业小城的山水特色空间。

为实现土地资源的集约节约使用，合作区按照"生产区"与"生活区"的活动和需求特征，为生产和生活区量身定制不同类型的街道尺度。产业园区的街道尺度根据引进项目用地规模的需求，按照制造业 800×800 米，都市型产业 300×300 米尺度进行控制。生活区则采取小街区、密路网的形式，按照 200—300 米控制。为更好落实"生态"与"生活"融合的理念，在鹅埠片区中北部、创新大道一侧，建设长约 550 米，宽约 22 米，占地面积约 1.3 万平方米的边溪街心公园。

鹅埠片区是"产城融合"的先行试验区，合作区紧紧围绕着以人为本的原则，通过规划引领和控制，优先推动产业集聚，优选公共服务配套供给，实现生产和生活的平衡，并大力推动生态环境建设，最终实现"三生"融合，使得来区就业的企业和员工能够有一个和谐、美好的就业、生活乐园。遵循同样的理念和原则，合作区将鹅埠片区的实践经验逐步向东部组团、南部组团、北部组团和中心组团推广。例如，在鹅埠片区基本公共服务有保障的前提下，合作区大力推动中心城区的规划与建设，发展教育、文化事业；在南部组团，依托港口等海洋优势资源，同步推进深水港口的建设，并规划建设文旅小镇，发展高端滨海旅游业；在东部组团，以人工智能和机器人产业为核心，打造机器人小镇；在北部组团，依托山水田园、温泉湿地，推动生态康养小镇建设。

西部组团所在鹅埠片区是产业集聚区，外来就业人口的服务与保障是工作重点；与此同时，如何做好区内农村人口的城镇化，是合作区需要认真面对的另一个产城融合的核心问题，为此，在深圳市委、市政府的大力支持和有力领导下，合作区旗帜鲜明地启动

"美丽乡村振兴"工程,以产城融合推动乡村振兴。

第三节 精准扶贫5.0:以产城融合推动乡村振兴

一 飞地经济发展中的乡村振兴与精准扶贫

实施乡村振兴战略是合作区落实党中央、国务院"三农"工作部署、推进新型城镇化建设的重要举措。2018年1月2日,中共中央、国务院出台的《关于实施乡村振兴战略的意见》(以下简称《乡村振兴意见》)指出,党的十八大以来,在以习近平同志为核心的党中央坚强领导下,坚持把解决好"三农"问题作为全党工作重中之重。实施乡村振兴战略是党的十九大作出的重大决策部署,是决胜全面建成小康社会、全面建设社会主义现代化国家的重大历史任务。在新时代历史条件下,实施乡村振兴战略,是解决人民日益增长的美好生活需要和不平衡不充分的发展之间矛盾的必然要求,是实现"两个一百年"奋斗目标的必然要求,也是实现全体人民共同富裕的必然要求。《乡村振兴意见》确立的总体要求和主要任务,描绘了宏伟的政策蓝图,为合作区开展乡村振兴工作指明了方向:以产业兴旺为重点,提升农业发展质量,培育乡村发展新动能;以生态宜居为关键,推进乡村绿色发展,打造人与自然和谐共生发展新格局;以乡风文明为保障,繁荣兴盛农村文化,焕发乡风文明新气象;以治理有效为基础,加强农村基层基础工作,构建乡村治理新体系;以生活富裕为根本,提高农村民生保障水平,塑造美丽乡村新风貌;以摆脱贫困为前提,打好精准脱贫攻坚战,增强贫困群众获得感。[1] 同年9月,党中央、国务院印发了《乡村振兴战略规划(2018—2022年)》,明确了《乡村振兴意见》的阶段性任务,对此后五年的主要工作作出了具体安排和部署。

在新时代、新经济发展条件下,实施乡村振兴战略是党中央国务

---

[1] 国务院新闻办公室:《〈关于实施乡村振兴战略的意见〉政策解读》,http://www.scio.gov.cn/34473/34515/Document/1623029/1623029.htm,2018年2月6日。

院在全面建成小康社会决胜阶段的重要战略举措，对解决当前社会主要矛盾以及农业农村的发展，实现中华民族伟大复兴的中国梦具有重大而深远的意义。作为深圳的第"10+1"区，深汕特别合作区是唯一拥有农村的区域，因此成为深圳贯彻落实的乡村振兴战略的主阵地。对合作区而言，乡村振兴的意义尤为突出，特别在深汕飞地农村城镇化建设的初级阶段，实施乡村振兴战略有利于破解城乡二元结构的隔阂，缓解城镇化带来的社会矛盾；有利于让农民共享城镇化带来的收益，支持深汕特别合作区新一轮的快速发展；也可以为当地村民的城镇化过程起到引导和促进的作用，有利于村民逐步进入并适应城镇化的角色。同时，打好精准扶贫攻坚战是合作区实施乡村振兴战略的优先任务，要使革命老区彻底摆脱贫困落后面貌，需要将推动脱贫攻坚与乡村振兴有机结合，使之相互促进。

合作区党工委、管委会认为，在中国特色的飞地经济建设中，必须把产业发展、城市建设与乡村振兴紧密结合起来，推动新型工业化、信息化、城镇化、农业现代化同步发展，加快形成工农互促、城乡互补、全面融合、共同繁荣的新型工农城乡关系。一方面，合作区坚持产城融合的发展路径，将给乡村经济带来新的发展契机。随着规划中的目标产业的不断引进、发展，将极大地扩大当地种植类、养殖类等农产品的需求，拓宽本地居民的就业渠道，显著增加新的就业机会，实现以产业化、城镇化带动农业现代化，提升农业发展质量，培育乡村发展新动能；另一方面，产城融合发展是科学统筹产业的引进发展与城市功能提升和完善，只要将乡村振兴的战略规划与产业规划和城市规划有机衔接在一起，乡村就能借飞地高新智慧新城建设的东风，快速提升公共服务基础设施水平，推进公共服务均等化，增强贫困群众的获得感。

产城融合对精准扶贫的意义尤为重大，合作区党工委、管委会提出通过产城融合发展推动扶贫攻坚这一思路，力争在飞地经济建设中创新出"精准扶贫5.0版"。在扶贫模式上，最早大多是单纯地提供资金、物资等援助，这种类似于救济的模式可称之为"扶贫1.0版"；继之采用的"驻村式扶贫"，除了物质性支持外，还给予人力帮助，是"扶贫2.0"版本；以产业梯度转移为主要形式，让资金、人员、技术流入贫困地区,这种依靠导入产业的扶贫模式是"扶贫3.0"版本;变被动导入为主动选择,通过扶贫主体与扶贫对象优势互补性的要素投入建立起比较优势,合作共建适合贫困地区的产业,同时适当弥补交通、教育、医疗资源,这种能够充分挖掘贫困地区要素禀赋潜力的合作式扶贫是"扶贫4.0"版本;而通过产城融合发展全面加速贫困地区的现代化进程,不仅与贫困地区在产业上合作共建,而且高标准地进行市政基础设施建设,快速提升公共服务水平,并以城市发展带动乡村振兴,实现经济社会双跨越发展,实现城乡双跨越发展,这种以产兴城、以城带乡的一体式扶贫,不仅兼具此前四种模式之长,并且充分发挥了中国特色飞地经济建设的独有优势,有望走出一条具有飞地特色的脱贫之路,建设一座新城来带动周围发展,实现共同富裕,让深汕合作区成为中国飞地经济发展模式首创者、飞地治理模式首创者、飞地农村城镇化实践首创者和区域协调发展的生动范例、创新典范,可称之为"精准扶贫5.0版"。

二 合作区乡村的基本情况

合作区建制镇面积为6.12平方千米,村庄面积为7平方千米,区内有34个行政村、5个社区,共187个自然村,户籍人口约7.73万人。其中,赤石镇11个行政村,2个社区,共87个自然村,2.69万人;鹅埠镇10个行政村,1个社区,共54个自然村,2.45万人;鲘门镇7个行政村,1个社区,共28个自然村,1.88万人;小漠镇6个行政村,1个社区,共18个自然村,1.43万人(表7.2)。由表7.2可知,区内四镇的人口数量和分布差异较大,赤石镇大安村、鹅埠镇的鹅埠村和蛟湖村,以及小漠镇的旺官村和旺渔村人口相对较多。

乡村产业以第一产业为主,沿海村落多发展海洋捕捞业、水产养殖业;内陆村落多发展种植业,以水稻、蜜柚、番薯、沙葛、砂姜等经济作物为主,总体发展水平相对较低。乡村自然环境优美,山海资源丰富,有遗留的村寨、古迹等,例如赤石明热村的温泉庄园、鲘门的百安村等,具备发展乡村旅游业的条件。基于合作区整体的产业布局时序,目前各镇呈现出了不同的发展状态。例如从户籍人口和常住人口的比较来看（见表7.2），赤石镇呈现整体人口流出的现象；鹅埠镇的下北村、上北村、西湖村、西南村等人口整体流入。这一现象说明合作区聚焦鹅埠的发展策略使得区内各镇的发展出现了某种程度的不均衡。因此在现阶段，合作区很有必要通过乡村振兴战略，逐步提升其他村社的经济发展水平，最终实现全区的共同发展。

表7.2　　　　　　　各行政村人口数量与分布　　　　　　　单位：人

	村委名称	赤石村	赤石社区	新城村	新联村	新里村	大安村	碗窑村	冰深村	明热村	明溪村	落坑村	圆墩村	园林社区	合计（万人）
赤石镇	户籍人口	2950	3800	2345	3190	2284	4945	1017	1343	1692	679	1210	1088	376	2.69
	常住人口	2450	3000	2090	2797	1948	4051	775	1115	943	411	800	1100	358	2.18
鹅埠镇	村委名称	鹅埠村	鹅埠社区	田寮村	新园村	水美村	西南村	西湖村	蛟湖村	下北村	上北村	红罗村	合计（万人）		
	户籍人口	5430	5100	1360	730	960	850	2900	4500	910	1560	190	2.45		
	常住人口	2966	2039	474	891	1151	1522	3076	2052	1606	1989	242	1.80		
鲘门镇	村委名称	百安村	民安村	民新村	鲘门社区	民生村	朝面山村	红泉村	红源村	合计（万人）					
	户籍人口	900	3200	1630	4300	3270	830	2100	2600	1.88					
小漠镇	村委名称	元新村	旺官村	云新村	南香村	东旺村	大澳村	旺渔村	合计（万人）						
	户籍人口	1692	3485	2390	1164	1704	1475	2400	1.43						

资料来源：《深汕特别合作区农村居民点规划》。

在未来，随着合作区城镇化进程的逐步推动，农村社会结构、城乡利益格局将发生深刻的变动和调整，特别是转变为深圳全面主导，调高了飞地经济发展的战略定位之后，原有的经济社会结构将会出现重大的调整，一方面乡村将被激发出巨大的发展活力；另一方面也必将遇到一系列的治理难题。

为了有序推进乡村振兴工作，合作区按照广东省委省政府、深圳市委市政府的工作部署，根据合作区乡村的具体情况，制定了《深圳市深汕特别合作区推进乡村振兴战略"345—187 工程"工作方案（2019—2020 年）》（以下简称《工作方案》），对标广东省最好最优标准，加快推动区内 34 个行政村、5 个社区、187 个自然村的具体工作。

三　加快乡村治理体系建设

党的领导是中国特色社会主义的本质特征和根本保证，实践证明，新中国成立 70 多年来中国乡村的巨大变革和有效发展始终离不开党的领导。[1]《乡村振兴意见》指出，"乡村振兴，治理有效是基础。必须把夯实基层基础作为固本之策，建立健全党委领导、政府负责、社会协同、公众参与、法治保障的现代乡村社会治理体制，坚持自治、法治、德治相结合，确保乡村社会充满活力、和谐有序"。合作区的《工作方案》将加强基层党组织对乡村振兴的领导放在首位，在乡村治理体系建设方面，毫不动摇地坚持和加强党对农村工作的领导，健全党管农村工作方面的领导体制机制和党内法规，确保党在农村工作中始终总揽全局、协调各方，为乡村振兴提供坚强有力的政治保障。

深圳市委、市政府高度重视合作区的乡村振兴工作，由一名市领导包干一个行政村（社区），一个市级单位具体负责落实，同时建立了市、区、镇、村四级联络员沟通机制。合作区通过三级党群服务中心建设，推行"标准+一村（社）一特色"服务；实施"头雁"工程，健全从优秀村（社）党组织书记中选拔乡镇领导干部、

---

[1]　刘儒、刘江、王舒弘：《乡村振兴战略：历史脉络、理论逻辑、推进路径》，《西北农林科技大学学报》（社会科学版）2020 年第 2 期。

考录乡镇公务员、招聘乡镇事业编制人员常态化机制等，加强基层党组织的力量；加大整顿软弱涣散基层组织力度，开展扫黑除恶专项斗争，严厉打击乡村黑恶势力、宗霸势力以及黄赌毒等违法犯罪行为；加快涉农资金的统筹整合，规范财政专项资金的使用监管，提高财政资金的使用绩效。

此外，合作区着重从规划、土地管理、户籍制度等方面，加快乡村治理体系的构建。规划引领是合作区党工委、管委会建设飞地新城的重要原则，也符合《国家乡村振兴战略规划（2018—2022年）》的精神。农业农村部副部长余欣荣同志在国新办举行《乡村振兴战略规划（2018—2022年）》发布会上说"坚持规划先行。把规划作为人居环境的先手棋来抓，推动各地抓紧编制完善县域的乡村布局规划和村庄建设规划，尽可能体现出农民群众所思所想所盼，尽可能体现出乡村千差万别环境和农民群众生产生活之间的关系，引导乡村建设，努力打造出各具特色的农村现代版'富春山居图'"。对此，合作区注重规划先行，做好顶层设计，优先启动了《深汕特别合作区农村居民点规划》的编制工作，从乡村普查、规划协调、村庄分类、村落保护、拆迁安置等方面做了详细的规划，并特别注重该规划与中心区"共生绿都"规划、鲘门高铁片区规划、小漠港口片区规划以及西南环境园规划等之间的科学衔接。

在土地制度方面，合作区开展农村土地股份合作制改革，基本形成土地股份合作社多元化经营新模式。习近平总书记强调"我国农村改革是从调整农民和土地关系开启的。新形势下深化农村改革，主线仍然是处理好农民和土地的关系"[①]。为此，合作区出台了集体土地征收补偿暂行办法，创新留用地安置方式，规范留用地开发模式，专门成立区土地资产运营公司，参与留用地的经营管理。同时，出台农村宅基地和农房建设管理暂行办法，2020年基本完成了房地一体宅基地使用权确权，基本实现农民住房制度化管理。

在户籍制度改革方面，合作区加快推动本地户籍人口全部转为

[①] 中共中央文献研究室：《论坚持全面深化改革》，中央文献出版社2018年版，第258页。

深圳市户籍人口,建立合作区与深圳一体化社会保障机制,真正实现深汕飞地与深圳的融合。

合作区通过加强党对乡村工作的统一领导,构建乡村治理新体系,将有效促进合作区乡村振兴战略的具体落实,为建设好都市乡村提供强有力的组织保障。

四 培育乡村产业发展能力

农业是现代化经济体系的重要基础,正如马克思、恩格斯认为农业在社会两大部类生产中肩负提供消费资料和部分原材料的重任,在国民经济和社会发展中具有"基础性"和"决定性"的地位,农业劳动是其他一切劳动得以独立存在的自然基础和前提。[①]习近平总书记也曾指出:"农村经济社会发展,说到底,关键在人。要通过富裕农民、提高农民、扶持农民,解决好'谁来种地'的问题,让农业经营有效益,让农业成为有奔头的产业,让农民成为体面的职业。"[②] 产业也是城镇化的基础,在产城融合发展中,合作区的现实条件也要求我们必须激励和促进第一产业的快速发展,努力实现农业现代化。

乡村振兴战略中,大力发展富民兴村产业当属重中之重。为此,合作区首先是安排专项资金,高标准建设1个省级现代农业产业园,其主导产业产值将占产业园农业总产值50%以上。目前,天子山农业公园已通过省农业公园复审,获得AAA级省农业公园称号。其次是推进"一村一品,一镇一业",集中连片打造特色优势产业,创建"深汕字号"特色品牌,形成一批主导产业突出、区域优势明显、市场前景较好的"专业村",例如启动赤石新厝林寨、羊坑、新城、秋塘四个省文化古村落及10个红色革命遗址的修复与保护工作,打造红色乡村旅游带;再如,结合合作区海洋渔业历史悠久的特点,加快百安渔港等海鲜美食街、美食广场系列项目的建设,培训一批粤菜师傅,促进一、三产业联动发展。

---

① 《马克思恩格斯全集》第33卷,人民出版社2004年版,第27页。
② 中共中央文献研究室:《十八大以来重要文献选编(上册)》,中央文献出版社2014年版,第660页。

实现农业的现代化，需要依靠龙头企业的带头作用。合作区鼓励龙头企业、合作经济组织、专业大户入园投资办厂；出台农村集体经济组织与资产管理办法，鼓励集体经济组织与龙头企业合作兴业；启动助农服务中心、益农信息进村入户等工程，加快农业科技创新。

五 保障公共服务设施配给改善人居环境

要实现乡村振兴，除了大力培育乡村产业基础外，还需要推动公共服务向农村延伸，提升乡村的公共服务水平，这也是实现公共服务均等化的要求。对此，合作区计划借产城融合发展的东风，从道路、管网、电网、通信、医疗和教育等方面，加大乡村公共服务供给。

第一，加快推进"四好农村路"建设。开展通乡镇和建制村"畅返不畅"路段整治和连接林场、现代农业产业园、旅游景点的农村公路改造，开展农村公路安全生命防护工程和现有存量危桥改造。2020年基本完成非迁建村（社区）内道路硬化，其中通200人以上自然村全面完成村道路面硬化，通行政村公路达到安全通客车条件，农村公路列养率达到100%、路面铺装率达到80%。

第二，推进水资源保障和水系治理。加快集中供水及配套管网建设，完成非迁建村村村通自来水工程，提高饮用水入户率和水质达标率，2020年实现所有相对贫困村自然村集中供水全覆盖，基本实现全区行政村集中供水全覆盖；推进中小河流治理与美丽乡村建设、乡村旅游、乡村产业发展有机结合，开展现有27座小型水库的收编加固；推进南门河二期工程等工程建设，提高中小河流综合防灾减灾能力。

第三，加快推进农村电网改造。实施农村电网改造升级工程，提升农村供电可靠率、综合电压合格率、户均配变容量等三项关键性指标，计划2020年基本完成非迁建村"低电压"治理。

第四，加快推动信息基础设施建设。开展农村信息基础设施建设行动，推动4G网络深度覆盖，加快推进5G网络建设。2020年百兆用户占比达60%，实现行政村（社区）4G网络全覆盖，自然村普遍覆盖。

第五，全面推进健康村镇建设。改造四所乡镇卫生院为社区医院，加强基层医疗卫生服务体系和医生队伍建设，推进村卫生站公建规范化建设。2020年基本实现行政村（社区）建有公建规范化卫生站并投入使用。

第六，加快推进农村物流服务体系建设。建立农村物流网络体系，构建区农村物流服务中心、镇农村物流服务站、村级农村物流服务点，推进以镇为单位的物流配送中心、专业批发市场、冷链仓储物流等设施建设。

宜居宜业是城镇化建设的终极目标。良好的生态环境是乡村最大优势和宝贵财富，也是合作区城镇化的"宝藏"。进一步整治和保护乡村环境，是事关合作区产城融合发展的成败之举。为此，合作区开展环境整治示范行动，推进"美丽田园"建设，加快生活垃圾、生活污水处理设施建设，以及"美丽河湖"、国土绿化等行动。

第一，开展环境整治示范创建带动行动。2019年，启动8个示范村的示范创建，推进"美丽廊道"建设，达到干净整洁标准。2020年所有村庄达到干净整洁村标准，60%以上行政村达到美丽宜居村标准，示范村全部达到美丽宜居村以上标准，选择其中4个村打造特色精品村。

第二，推进"美丽家园"建设，开展"三清三拆三整治"行动。推进"美丽田园"建设，集中治理田园脏乱差问题；推进"美丽园区"建设，着力解决村级工业园区违建和环境污染等问题；加快推进乡村"厕所革命"，基本实现每个自然村按需建设1个标准化公厕，乡村旅游区等公共场所建设A级以上厕所；推进畜禽废弃物资源化利用，2020年畜禽粪污综合利用率达到75%以上。

第三，推广小型分散便利化生态工艺处理设施建设，基本实现生活污水处理全覆盖。建立村（社区）收集、镇（街道）转运、区处理的生活垃圾收运处理体系，建成4座大型垃圾转运站、40座小型垃圾分类转运站，基本实现每个自然村投放8个分类垃圾桶并配备2名保洁员。

第四，推进"美丽河湖"建设，2019年基本实现江河湖库无非法入河排污口、无成片垃圾漂浮物、无明显黑臭水体、无人为行洪障碍体、无违法违规建筑物。2020年基本实现"河畅、水清、堤固、岸绿、景美"目标。开展国土绿化行动,实施森林质量精准提升工程,2020年将生态公益林每亩平均补偿标准提高至40元。

综上所述,合作区在国家乡村振兴战略规划的指导下,按照产业兴旺、生态宜居、乡风文明、治理有效、生活富裕的总要求,从实际情况出发,把推进乡村振兴与推进农村城镇化相结合、与合作区总体规划相结合、与合作区的产城融合发展进程相结合,积极探索具有飞地经济特色的扶贫之路,力求在更高起点、更高层次、更高目标上实施乡村振兴战略,完成脱贫攻坚重任,努力将昔日的贫困村建设成为具有深圳标准、体现深汕特色的都市乡村。

第四节 深汕理念与价值的融合——基层治理

"产城融合"的终极目标是实现人的可持续发展,具体在于人的城镇化,乃至市民化。有学者提出农村现代化包含非农化、城镇化和市民化三个时序模式,依次渐进发展,市民化是最终落脚点。市民化不仅仅只是身份和职业上的市民化,还应该包括个人素质、价值观念、角色内涵、思想意识,以及生产、生活等各个方面向现代市民的转变,以实现对城市文明的对接和适应。[1] 对深汕飞地这样一个欠发达地区来说,要实现最深层次上的"产城融合"——人的市民化,需要合作区政府脚踏实地,从物质层面、制度层面和精神层面[2]分步骤开展工作,最终在飞地实现理念与价值的大融合。

物质层面的建设,主要依赖产业化带动城镇化,通过产业的集

---

[1] 文军:《农民市民化:从农民到市民的角色转型》,《华东师范大学学报》(哲学社会科学版)2004年第2期。

[2] 有学者提出乡村现代化,物质层面处于表层,制度层面是中间层,精神层面处于深层。具体参见刘钊《城市化视域中的乡土文明:冲突与整合》,《前沿》2015年第1期。

聚发展，为乡村居民提供新的市场，扩大扩宽就业机会。通过实施乡村振兴战略，促进乡村经济建设和发展，推动合作区户籍人口转为深圳户籍人口，享受深圳居民同等的养老、医疗和失业保险等社保待遇，加大医疗、教育等公共服务设施建设，基本实现乡村居民的公共服务均等化。在经济的建设和发展上为产城融合下一阶段的提升打下了坚实的基础的同时，还需要通过制度层面的建设，提升社会治理能力和治理水平，这对产业和经济发展也将起到巩固和促进作用。在现阶段，维护和改善社会治安状况是合作区政府的首要任务，社会治安既关乎人民福祉又决定着社会的和谐稳定，社会治安水平是社会治理水平和能力的重要体现。

一 制度建设，促进飞地融合

邓小平同志曾指出"制度是决定因素"。制度问题更带有根本性、全局性、稳定性和长期性。合作区在深圳正式接管后，成立以党工委书记为组长的制度建设推进领导小组，截至2020年年底制定了124项制度。2016年下半年在管理方面，参照深圳法规制度，实行"并联审批、同步推进"。

在合作区早期阶段，基层警务力量较为薄弱，仅有四个派出所，每个派出所4—5名干警。随着企业和员工的不断进驻，原有治安力量越来越难以满足需求。为此，合作区在社会治理方面成立了深汕保安大队，负责日常的社会治安工作。深圳全面接管后，深圳市公安局深汕分局于2019年1月24日正式揭牌成立，两天后全面接管合作区公安工作。除了加强治安的力量外，合作区不断创新社会治安管理的手段，从严从实做好维护社会和谐稳定的各项工作，努力提高社会治安管理法治化、专业化水平。具体工作主要有构建安全生产和治安管理机制，构筑安全防护网并加大执法力度，以及开展交通综合整治工作等。

（一）构建安全和治安管理新机制

安全生产是保障经济发展、社会安全的基本条件，特别是在新城建设的起步阶段，区内安全生产的任务最为繁重，压力也最大。合作区通过建立健全安全生产"党政同责、一岗双责、齐抓共管、失职追责"的工作机制,实行企业主体责任制,压实生产企业的主体责任、行业监管责任和属地的管理责任。对安全生产整改项目进行密切跟踪问效,实施安全督办通报制度。明确市场监管和应急管理部门的监督职责,加大对安全生产的监管力度,并建立激励约束机制,将安全生产目标管理考核纳入对干部的年度考核之中。

合作区特别重视加强预防和化解社会矛盾的机制建设,既处理好维稳和维权的关系,又处理好活力和秩序的关系,对相关机制进行了改进和完善。一是建立调解机制,健全以人民调解为基础、以行政调解为主导、以司法调解为保障的调节机制,坚持"预防为主、调解优先、因情施策、分类处置"的原则,形成社会矛盾化解的"五入手"措施:从第一时间入手,从苗头倾向入手,从规范执法入手,从信息采集入手,从追踪问效入手。二是主动作为,广泛掌握社情民意,搜集矛盾纠纷苗头,跟进化解和处置工作,发挥调解手段和杠杆作用。联合政府各部门重点对征地拆迁、环境保护、山林土地权属、拖欠民工工资等问题引发的矛盾纠纷开展摸底排查,做好教育、化解、稳控工作,对敏感重点人员进行梳理,将矛盾纠纷和问题隐患处理在萌芽状态。三是实行治安巡警巡防机制,进一步完善深汕治安防控体系。积极调解、疏导民间纠纷,缓解社会矛盾,消除不安定因素;坚持打击和防范并举,治标和治本兼顾,打击违法犯罪活动;遵照上级部署,认真开展扫黑除恶专项斗争,加强重点人员管控,打压黑恶势力的生存空间,从源头上遏制黑恶势力滋生,尤其是坚决打掉把持基层政权、欺行霸市、横行乡里等人民群众深恶痛绝的违法犯罪行为,重塑基层政府治理逻辑,为合作区大开发大建设创造良好的法治环境;成立应急值班中心,及时掌握动态;开展法治文明、平安文化的宣传教育,提高人民群众的法治理念,着力建设平安深汕,构建自治、德治、法治相结合的新型基层治理体系,确保人民群众安居乐业和社会和谐稳定。

(二)构筑安全防护网 加大执法力度

社会治安的管理是以便民利民为根本,合作区不断推进基层"平安街道""平安乡村"的创建工作,强化群众安全防范意识,加强对治安和信息基础设施建设,为平安深汕打牢根基。

首先，全面采集信息，为提升治安打下信息基础。"采集就是工作，工作就是要采集"，合作区通过采集人、车、屋、路、网、场和组织等治安要素数据，加强数据梳理和筛选，提升信息化预警水平。用足、用好深圳市公安局的各类信息系统，坚持"以情报引领警务，以情报主导警务"，提升驾驭社会治安的能力。

其次，以科技建设为依托，为合作区的公安工作插上信息化翅膀，走上向科技要警力、要支撑的发展之路。通过视频、网警和技侦的硬件和队伍建设，一方面搭建起前端的感知传输网络，建立起后台存储、算法平台；另一方面在建设实践过程中为警队灌输信息化理念，提升信息化应用水平。

再次，以联合规划为前瞻，布局视频监控网络全覆盖的数字化合作区。公安部门积极主动参与合作区的智慧城市和道路规划交通设计，以在蓝图阶段就把建设平安深汕的理念融入到合作区智慧城市建设的规划之中。通过与城建局沟通，为道路规划提出建议，确保交通管理和公共安全管理的前瞻性和科学性。合作区分三个阶段规划视频建设目标，努力建设起覆盖全深汕的视频监控网络。针对当前犯罪行为向"智能化、专业化"发展的特征，合作区通过大力推进公共安全视频监控建设和互联网应用，打造数字化城区，实现纵向到底、横向到边的网格化管理模式，全面掌握网格内的基础信息，推动社会治理重心向基层下移。大力推进以"天网、地网、车网、栈网"四网合一的"雪亮工程"建设。到2021年年底初步实现政府行政管理部门与基层群众的有效衔接和良性互动，公共安全视频监控建设联网应用全域覆盖、全网共享、全时可用、全程可控，社会治安防控体系基本健全。

最后，健全综合执法机制，实施相对集中的行政处罚权，加大城市环卫、环境保护和违法建筑等领域的执法力度，为美丽洁净文明新深汕提供法治保障。加强对施工单位施工用具的管理整治力度，开展"泥头车"违章污染路面专项治理；加强建筑工地源头管理，逐步形成"谁产生谁负责"的责任机制；加大环境卫生整治力度，推行机械化清扫和"公交式"垃圾收运模式，提升深汕大道、创新大道、创元路和创文路等重点区域的保洁标准和保洁水平，以深圳标准的管理和执法，打造具有深圳品位的优美城市环境。

（三）开展交通综合整治

由于当地居民交通安全意识薄弱，基础设施落后、路灯照明不足，再加上夜间过往的货运车辆较多，交通安全成为牵动合作区领导神经的大问题。为打赢交通安全整治的攻坚战，合作区有针对性地提出了"建设+整治+教育"的系统性方案，解决道路交通安全问题。

首先，补齐交通设施的历史欠账，解决路灯照明、车辆测速、桥梁隐患整改、信号灯建设和减速带安装的问题。在路灯照明方面，由于324国道深汕段的路灯照明严重不足，夜间过往车辆较多，容易引发交通事故。对此，合作区党工委、管委会要求2019年年底前完成324国道路灯照明建设；为加强辖区桥梁隐患整改，按照轻重缓急将需要整治的桥梁分类纳入大中修项目库。为确保交通安全，在324国道深汕段增设车辆固定点测速和区间测速设备，落实创新大道—创富路口、创新大道—创元路口、排角路口、吉水门路口交通信号灯建设，部分路段的减速带安装问题正在协调落实。

其次，针对隐患车辆开展专项整治。开展夜间道路交通整治行动、泥头车违法整治行动、"猎虎"整治行动等，严查泥头车超速超载、酒后驾驶机动车、无证驾驶摩托车等违法行为。开展泥头车统一执法日行动、瓶装液化石油气安全专项整治、打击危化品运输专项整治、超限超载专项检查和维修业安全检查等专项行动。仅2019年10月，合作区就开展"蓝箭"行动、道路旅客运输市场专项执法行动等执法检查39次，出动人员162人次，主要在合作区四镇及鲘门高铁站等重点区域开展工作，检查各类车辆351辆次，教育劝导司机212人次，路政巡查1145公里，检查路政现场9处，联合检查维修企业22家，联合纠正查处各类交通违法违规案件71宗。

最后，有针对性开展宣传教育。为加强运输企业驾驶员的道路安全意识，开展多种形式的交通文明宣传。合作区的居民出行方式以电动车和摩托车为主，为减少此类事故发生，区交安委办开展

"赠头盔送安全"行动。

二 凝聚共识，推动社会融合

精神层面的融合，是"产城融合"的高级形式。城镇化进程将不可避免地导致城乡人口和社会结构的重组，因而在各个领域不可避免地出现移民与原住民、"新深汕人"与"老深汕人"、不同背景"新深汕人"之间各种观念的冲突。例如原住民具有深厚的乡土观念，土地是农民赖以生存的基础，对土地的依恋使农民们一般不会轻易的改变自己的生活和居住地。① 即便城镇化后，他们仍然保持着对乡土的特殊感情，以及对原有生产、生活方式的路径依赖。当前合作区尚处于城市开发的早期阶段，新的社会结构还在形成之初，尚未出现大规模的社会冲突，但"暗于成事不如见于未萌"，合作区对社会结构整合问题已经在做一些前瞻性的思考，力求"治于未病"。

(一)"社会—居民"互构 凝聚价值共识

加强主流文化价值建设，实现个体价值选择与社会发展的统一。一方面，以社会引领个体，塑造和培育社会共识。例如，合作区提倡以"我们"的价值观，增强多元主体参与，在政府和市民社会之间、市民与市民之间构建良性的互动关系；另一方面，实现"社会—个体"互构是社会整合的本质要求，为此，合作区适应社会结构的变化，科学构建个体价值共识体系。在城市价值共识体系构建的过程中，合作区既注重保持个体的主动性，更重视社会对个体的吸收，对社会结构的变化保持充分及时的反应。例如，在面对逐渐成为城市建设和发展主力军的外来务工人员时，合作区提出"新深汕人"的价值观念，旨在包容各个群体的合理主张，实现"深汕人"与"新深汕人"和谐共处。在价值共识传播的实践上，以"我们"的价值观呼唤市民的公共意识，引导各阶层公民积极参与社会公共事务；让各社会群体在互帮互助的过程中，体味"我们"的价值；同时，依托"深汕视点""深汕网"等网络社交平台，进行科

---

① 何宁：《解析城镇化进程中农民新旧思想观念的冲突》，《前沿》2012年第18期。

学系统的公民教育。

（二）组织引导与资源配置双管齐下，推动社会融合

首先，加强党的全面领导，增强党群机构在社会管理中的作用。针对流动人口密集的社区，加强党对基层治理的全面领导，利用群团组织开展工作；认真开展党建工作，加强党组织对社会组织的扶持和指导。例如，结合乡村振兴战略实施，在村集体中建立党群服务中心。

其次，积极培育社会组织，并鼓励其承担社会结构整合功能。社会结构分化激活了社会发展的动力，为社会组织的成长提供了空间。充分发挥社会组织的整合功能，将强化成员的自我约束。例如，合作区积极推进"深汕商会"筹建，成立党员先锋队、共青团员先锋队、深汕志愿者服务队等。

再次，以"服务"促整合。经济的增量发展能够激发和维持人们对现存制度的向心力，但经济成果若不能在社会各阶层中合理分配或者共享时，就会产生认同危机。合作区注重强化政府的公共服务职能，以有效的公共服务凝聚人心，形成"服务导向"的社会整合机制，这有利于促进社会的协调和融合。

以人为本的"产城融合"是深汕飞地经济发展的理念和目标，那就是要将产业集聚、基础设施的建设与社会福利体系的完善、社会治理能力的提升、人居生态环境的构建、优秀传统文化的传承、社会安全体系的建设等各个层面整合、协调起来，实现各服务项目之间的协同发展，进而实现经济、政治、文化、社会和生态五个层面的统筹协调发展，让深汕人感受到在这里与在深圳享受到了一样的服务，在与深圳交通畅通、人才流通、资金融通、政策贯通的同时，进一步实现民心相通。

参考文献

［美］艾伯特·赫希曼：《经济发展战略》，曹征海、潘照东译，经济科学出版社1991年版。

［美］马尔科姆·吉利斯、德怀德·H.帕金斯、迈克尔·罗默、唐纳德·R.斯诺德格拉斯：《发展经济学》，李荣昌、胡和立译，经济科学出版社1989年版。

［美］迈克尔·波特：《竞争优势》，陈小悦译，华夏出版社2005年版。

［美］约瑟夫·熊彼特：《经济发展理论》，邹建平译，商务印书馆2019年版。

林毅夫：《新结构经济学》，北京大学出版社2019年版。

《海陆丰历史文化丛书》编纂委员会：《海陆丰历史文化丛书（卷一）·人文志略》，广东人民出版社2013年版。

《马克思恩格斯全集》第33卷，人民出版社2004年版。

彭碧玉：《广东区域协调发展40年》，中山大学出版社2018年版。

施祖麟：《区域经济发展：理论与实证》，社会科学文献出版社2007版。

王缉慈：《创新的空间——企业集群与区域发展》，北京大学出版社2001年版。

中共中央文献研究室：《论坚持全面深化改革》，中央文献出版社2018年版。

中共中央文献研究室：《十八大以来重要文献选编（上册）》，中央文献出版社2014年版。

安增军、许剑：《发展"飞地工业"：区域经济协调发展的新思路》，《东南学术》2008年第6期。

曾国安、冯涛:《增长极、产业集群与落后地区的区域经济发展》,《生产力研究》2004年第8期。

陈友莲:《"旅游飞地"对旅游扶贫绩效的影响及其防范》,《市场论坛》2011年第12期。

丛海彬、段巍、吴福象:《新型城镇化中的产城融合及其福利效应》,《中国工业经济》2017年第11期。

冯云廷:《飞地经济模式及其互利共赢机制研究》,《财经问题研究》2013年第7期。

管彦波:《关于民族地理学学科体系建设中相关概念的辨析》,《北方民族大学学报》(哲学社会科学版)2010年第3期。

何宁:《解析城镇化进程中农民新旧思想观念的冲突》,《前沿》2012年第18期。

黄丹晨:《产业飞地的形成与发展》,《科协论坛月刊》2010年第1期。

李骏阳、夏惠芳:《开发区"飞地经济"发展模式研究》,《商业经济与管理》2006年第2期。

李瑜:《飞地经济发展模式研究》,《科技信息》2007年第31期。

刘儒、刘江、王舒弘:《乡村振兴战略:历史脉络、理论逻辑、推进路径》,《西北农林科技大学学报》(社会科学版)2020年第2期。

刘云刚、叶清露、许晓霞:《空间、权力与领域:领域的政治地理研究综述与展望》,《人文地理》2015年第3期。

刘钊:《城市化视域中的乡土文明:冲突与整合》,《前沿》2015年第1期。

罗俊、李凤翔:《双向驱动:以新兴信息通信技术为支撑的社会治理创新》,《社会发展研究》2020年第1期。

马野驰、祝滨滨:《产城融合发展存在的问题与对策研究》,《经济纵横》2015年第5期。

佩鲁:《略论发展极的概念》,《应用经济学》1955年第8期。

石金友、袁卫民:《青海发展"飞地经济"重点领域及模式选择》,《青海经济研究》2007年第2期。

石忆邵:《产城融合研究:回顾与新探》,《城市规划学刊》2016年第 5 期。

苏林、郭兵、李雪：《高新园区产城融合的模糊层次综合评价研究——以上海张江高新园区为例》，《工业技术经济》2013 年第 7 期。

孙红军、李红、赵金虎：《产城融合评级体系初探》，《科技创新导报》2014 年第 2 期。

王先锋：《"飞地"型城镇研究：一个新的理论框架》，《农业经济问题》2003 年第 12 期。

王晓红、冯严超：《中国产城融合的影响因素识别和空间效应分析》，《南京财经大学学报》2018 年第 5 期。

文军：《农民市民化：从农民到市民的角色转型》，《华东师范大学学报》（哲学社会科学版）2004 年第 2 期。

杨树旺、成金华、吕军：《产业集群应顺应市场经济的要求——基于深圳产业集群的实证分析》，《湖北社会科学》2005 年第 10 期。

姚丹燕、刘云刚：《从域外领土到飞地社区：人文地理学中的飞地研究进展》，《人文地理》2019 年第 1 期。

姚士谋、王书国、陈爽、陈振光：《区域发展中"城市群现象"的空间系统探索》，《经济地理》2006 年第 9 期。

易信：《转变经济增长方式的实践探索：深圳例证》，《改革》2018 年第 8 期。

张德明：《文化飞地的空间表征》，《杭州师范大学学报》（社会科学版）2012 年第 6 期。

赵永杰：《漯河市发展"飞地经济"的思考》，《社科纵横》2010 年第 5 期。

郑文博、丰雷：《制度变迁中的冲突与协调——理论发展回顾与探讨》，《经济学动态》2020 年第 1 期。

钟坚：《深圳经济特区改革开放的历史进程与经验启示》，《深圳大学学报》（人文社会科学版）2008 年第 4 期。

周波：《抗日战争前后海陆丰商业状况》，载中国人民政治协商协会汕尾市委员会文史资料工作委员会《汕尾文史（第二辑）》，汕尾市政协协议和文史委员会 1992 年版。

周广亮：《新型城镇化背景下的社会冲突根源及化解》，《郑州轻工业学院学报》（社会科学版）2016 年第 4 期。

周柯、谷洲洋:《飞地经济运行机制及实现途径研究》,《中州学刊》2017 年第 10 期。

周正柱:《推进上海郊区新城产城融合发展的思考和建议》,《科学发展》2018 年第 9 期。

邹千江:《"类飞地型"城市发展模式实例研究》,《商业时代》2009 年第 9 期。

Boudeville Jacques-Raoul, *Problems of Regional Development*, Edinburgh: Edinburgh University Press, 1996.

Davis Lance E. and Douglass. C. North, *Institutional Change and American Economic Growth*, Cambridge University Press, 1971.

Gallagher Kevin P. and Zarsky Lyuba, *The Enclave Economy*, Cambridge: The MIP Press, 2007.

Chandra Amitabh and Eric Thompson, "Does Public Infrastructure Affect Economic Activity? Evidence from the Rural Interstate Highway System", *Regional Science & Urban Economics*, Vol. 30, No. 4, July 2000.

Craig Emerson, "Mining Enclave and Taxation", *Word Development*, Vol. 10, No. 7, 1982.

Gupta Kaulik and Manash R. Gupta, "Foreign Enclaves and Economic Development: A Theoretical Analysis", *Journal of Economics*, Vol. 67, No. 3, 1998.

Parks Virginia, "The Gendered Connection Between Ethnic Residential and Labor-Market Segregation in Los Angeles", *Urban Geography*, Vol. 25, No. 7, 2004.

Porter Michael E., "Clusters and the new economics of competition", *Harvard Business Review*, Vol. 76, No. 6, 1998.

后　　记

　　从 2018 年仲夏开始动笔写作这本书，至今已四年有余。深汕特别合作区从一片贫穷落后的农村，毫无现代工业的空白之地，建设起高新产业新城，很多方面几乎是从零开始的。作为这里的主要负责人，我每天需要面对的工作千头万绪，预料之中和意料之外的问题纷至沓来，包括休息日在内每个白天基本上都是在忙碌中度过，所以只有晚上的一点时间用于写作。经常是窗外人声渐稀之时，才拧亮书桌上的台灯，尽力把白天的种种事务从脑海中暂时清空，静下心来专注于写作。起初，有时会觉得写这本书是一桩劳役，甚至会笑自己在疲累之余还要自寻苦吃。但随着写作的进展，渐渐发现其中有莫大的益处。平日里工作繁忙，无暇去把合作区十年来走过的道路从头到尾细细审视，也无暇把自己这几年的理论思考与实践探索做一番系统的反思，而本书的写作正好让我能够进行一次全面的"复盘"。就像围棋高手对弈，会在一局终了的时候，将下过的棋重新摆布一遍，对自己的大局判断、行棋计算、决策得失做一次自我评判。

　　窗外或是春雨潇潇，或是蛙声一片，当思绪在静夜中回到过往，当年的一幕幕情景被重新在脑海里唤起：第一次踏过起步区泥泞道路时的感慨，挂杖于羊蹄岭石板驿道上的沉思，小漠港建设工地上挑灯夜战的豪迈激情，狂风暴雨中查看水库大坝的紧张焦灼，独自漫步于无灯暗路上的苦苦思索，伫立于红海湾沙滩上与拍岸惊涛一同起伏的心潮……渐渐地，合作区十年艰辛历程在头脑中拼接出了一个完整的画卷，深汕人顽强跋涉的足印连接成了一条清晰的轨迹，尤其是几年来自己尚未思考透彻的问题，在写作过程中终于慢慢理清了思路。

"看似寻常最奇崛，成如容易却艰辛"。十年辛苦不寻常，2011年合作区正式成立之时，这里还是长着茅草的荒芜之地。2016年7月初，我来到这里的时候，沿途所见依然是贫瘠的丘陵山地，只有十几栋破厂房。那时，产业新城的概念还主要是管委会大厅里悬挂的那张规划效果图。如今，深汕人十年磨一剑，终于把蓝图一点一点变成了现实。作为亲历者之一，我感受良多也感慨良多。深汕特别合作区的十年是不断实践探索、不断攻坚克难的十年，走过了一段艰辛发展历程，闯出了一条升级赶超发展之路，锻造了"特别能担当、特别能创新、特别能务实、特别能吃苦、特别能包容"的干事创业队伍；特别是2019年8月9日，中共中央、国务院印发的《关于支持深圳建设中国特色社会主义先行示范区的意见》里明确提出，"创新完善、探索推广深汕特别合作区管理体制机制"，虽然只有二十一个字、两个标点符号，但"深汕"二字从此写进了人类发展历史。每每想到，过去所有的苦、所有的累、所有的委屈，都是值得的。那种夜不能寐的焦虑感、食不知味的苦痛感、身心疲惫的压力感，感感交集的时候，都是值得回味的，也是值得骄傲的。

21世纪中国兴起的飞地经济，首先是为了服务于区域经济协调发展战略，为解决欠发达地区的低位徘徊与发达地区的高位过坎两种困境；其后，随着新一代信息技术革命与第四次工业革命的浪潮，国家大力推动创新驱动发展战略，深汕特别合作区又主动请命，承担起在飞地培育内生性创新增长动能的探索任务。深汕人在飞地经济发展模式与飞地经济管理模式上的探索与创新，在飞地经济发展具体实现路径上的思考与实践，如今已经见到了成效，一座滨海智慧新城已经显出了雏形。本书尽力将我们的经验教训系统地总结出来，或许对国内的飞地经济建设者有一定的参考价值。

历时四载，终于可以如愿将这部深汕人对飞地经济发展的理论思考与实践探索的真实记录呈送到读者面前。这既是结束更是开始，因为深汕特别合作区的飞地经济建设依然在路上，并且现在正逢深圳进入粤港澳大湾区、深圳先行示范区"双区"驱动，深圳经济特区、深圳先行示范区"双区"叠加的黄金发展期，又迎来深圳综合改革试点、全面深化前海合作区改革开放"双改"示范的重大战略机遇期。当前，国内国际形势也正在发生前所未有的深刻变化。在内，新冠肺炎疫情的常态化防控对产业调整、城市公共卫生体系建设等提出了新的更高的要求；在外，西方一些国家对中国创新发展的打压持续升级，国际格局将会经历较长时期的动荡，会给中国经济发展带来更为严峻的挑战。面对百年未有之大变局，党中央高瞻远瞩，提出"构建国内国际双循环相互促进的新发展格局"的战略方针。深圳担负起了社会主义市场经济先行先试的重任，作为深圳的一个功能区，深汕特别合作区已经做好了迎接新使命的准备。如何为探索中国特色社会主义市场经济贡献自己的一份力量，如何在飞地打造一个更加有为、有度的政府，如何形成一个更加有效、有利的市场，合作区党工委、管委会已经开始了新的思考。

"雄关漫道真如铁，而今迈步从头越"。未来的深汕特别合作区还将请命先行，并且一定会在推动经济和社会高质量发展、可持续发展，实现政治清明、城市文明、民生幸福等各个方面交出优秀的答卷，成为中国飞地经济发展模式首创者、飞地治理模式首创者、飞地农村城镇化实践首创者。有幸作为21世纪中国特色飞地经济建设者之一，我也万分期待在深汕飞地经济的探索与实践再创辉煌之时，为本书写出更为精彩的续篇。

产耀东

2022年9月